地図で楽しむ京都の近代

上杉和央／加藤政洋 編著

風媒社

はじめに

上杉和央

「古地図で楽しむシリーズ」もいよいよ二ケタに乗り、地理的な広がりをますます見せるようになってきた。個人的なことを言えば、このシリーズは初期からのファンで、愛知にはじまり、三重や滋賀（近江）などと来たので、次はいよいよ京都かな、などと思っていたのだが、なんと書く側に回ることになってしまった。しかも編者の一人になろうとは、まったくの想定外。

ただ、編者となってしまったがゆえに、寄稿いただいた原稿を最初に読めるという役得に恵まれた。ご寄稿いただいた皆さんの見識からくる奥深さとそれを感じさせない筆致から繰り出される近代京都と地図の物語を手にする私は、もはや完全なる一読者の目線。皆さんよりも一足も二足もはやく、楽しませてもらうことができた。皆さんにも、ぜひ本書の楽しさを味わっていただければと思う。

さて、少しばかり編者らしい仕事を。

明治改元から百五十年が過ぎ、平成の元号も変わろうとする今、あらためて近くて遠い「近代」という時代に焦点を当てて、「京都」を「古地図」から読み解いてみる。これが本書の基本的なスタンスとなっている。一枚、もしくは複数枚の地図を使い、章ごとに違う話題が提供されているので、どこから読んでいっていただいても構わないのだが、一つの目安として、本書では全体を大きく三つのパートで構成することにした。

Part1「京都近代地図さんぽ」では、近代の京都が描かれた地図のうち、代表的な3種類の地図を紹介している。一つめは近代の出版社によって作られた出版図、二つめは「京都市明細図」と呼ばれる詳細な市街図、そして三つめは吉田初三郎による鳥瞰図だ。おなじ近代に作られた地図とはいえ、地図にはそれぞれ個性があり、また読み取れる情報の種類も随分と違う。そうした地図資料のもつ面白さを味わっていただければ、と思う。

Part2は「地図に秘められた京都」とした。地図に表現された場所や地物について個別に取り上げる部分であり、特定の時代、特定の場所におこった出来事が語られている。そうした出来事の痕跡が現在の京都にどのように表れているかといった点にも言及されているので、歴史まち歩きのガイドとしても使える内容となっている。

地図に表現された地域を取り上げているという点では、Part3「地図が語る、地図と語る」も変わらない。ただ、Part3では京都の文化や歴史と呼応する内容を色濃く含んだものを集め、近代京都の奥行きと広がりを感じてもらえるようにした。ここでも現在の京都の風景との対比があちらこちらでなされており、外をそぞろ歩きしたくなるような内容が満載だ。

京都を描いた古地図は数多く、古地図を紹介する良書もいくつか編まれているが、どちらかと言えば近世以前の地図を重視しがちで、近代の地図についてはまとまって取り上げられることは少なかった。その意味で、「古地図で楽しむシリーズ」のなかで近代京都が取り上げられたのは、実に喜ばしい。

今回、取り上げられた地図のなかには、紹介されるのが初めての地図もいくつか含まれている。当然ながら、そういった地図を使った近代京都の読み解きには、これまでにはなかった切り口がちりばめられることになる。また、写真や文学作品など、地図以外の資料も使って、多角的に近代京都を読み解き、そうした近代の痕跡を現在の景観のなかに見出している章も多い。そのため、京都についてあまり知らない人はもちろんのこと、京都が「当たり前」になっている人にとっても、今まで気が付かなかった京都を見つけられるだろう。

さぁ、地図の織りなす近代京都へ、いざ出発！

地図で楽しむ京都の近代

【目次】

[Part 3] 地図が語る、地図と語る

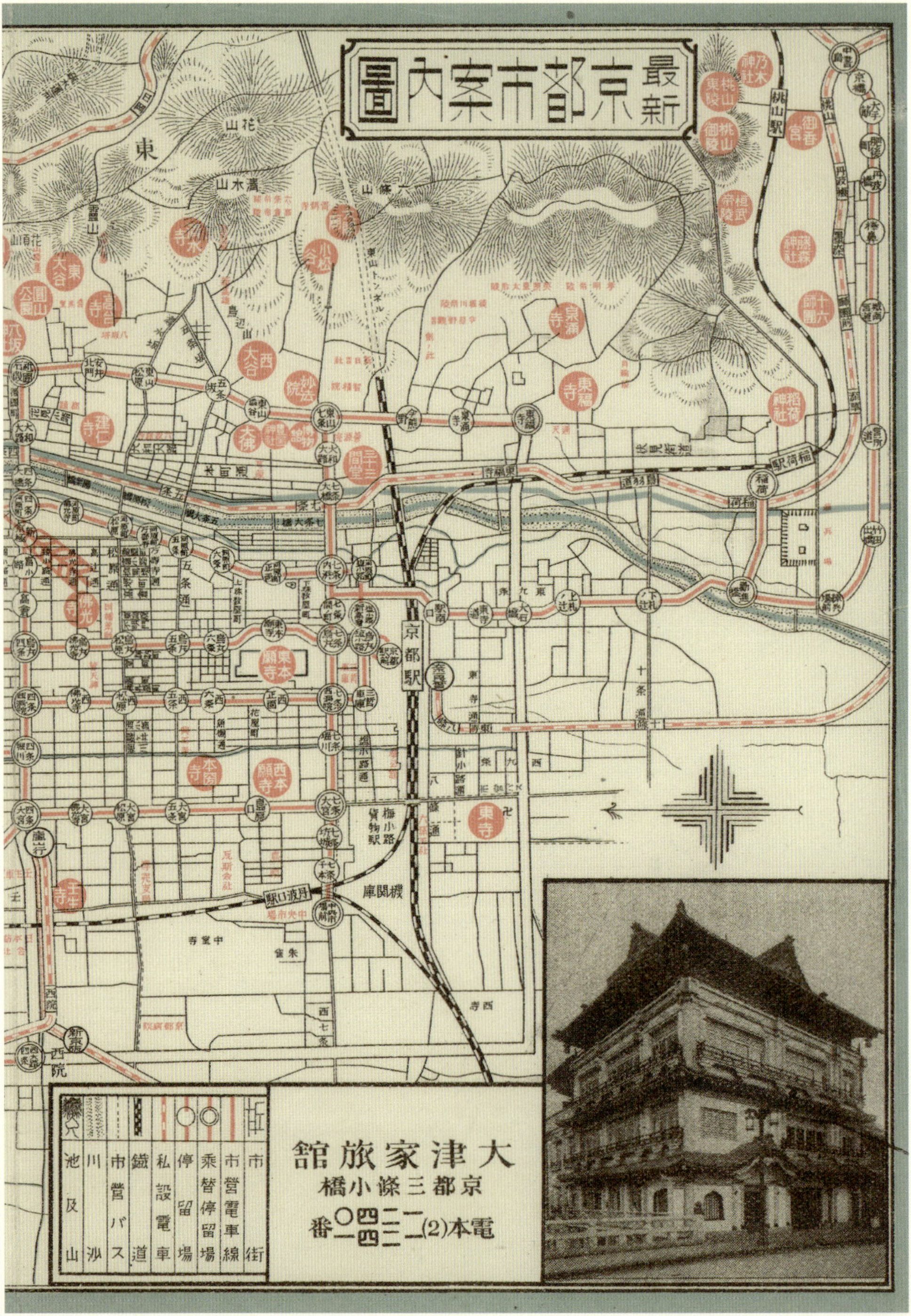

最新京都市案内圖
市街
市営電車線
乗替停留場
停留場
私設電車
鐵道
市営バス
川沙
池及山
大津家旅館
京都三條小橋
電本(2)一二四〇 一二四一番

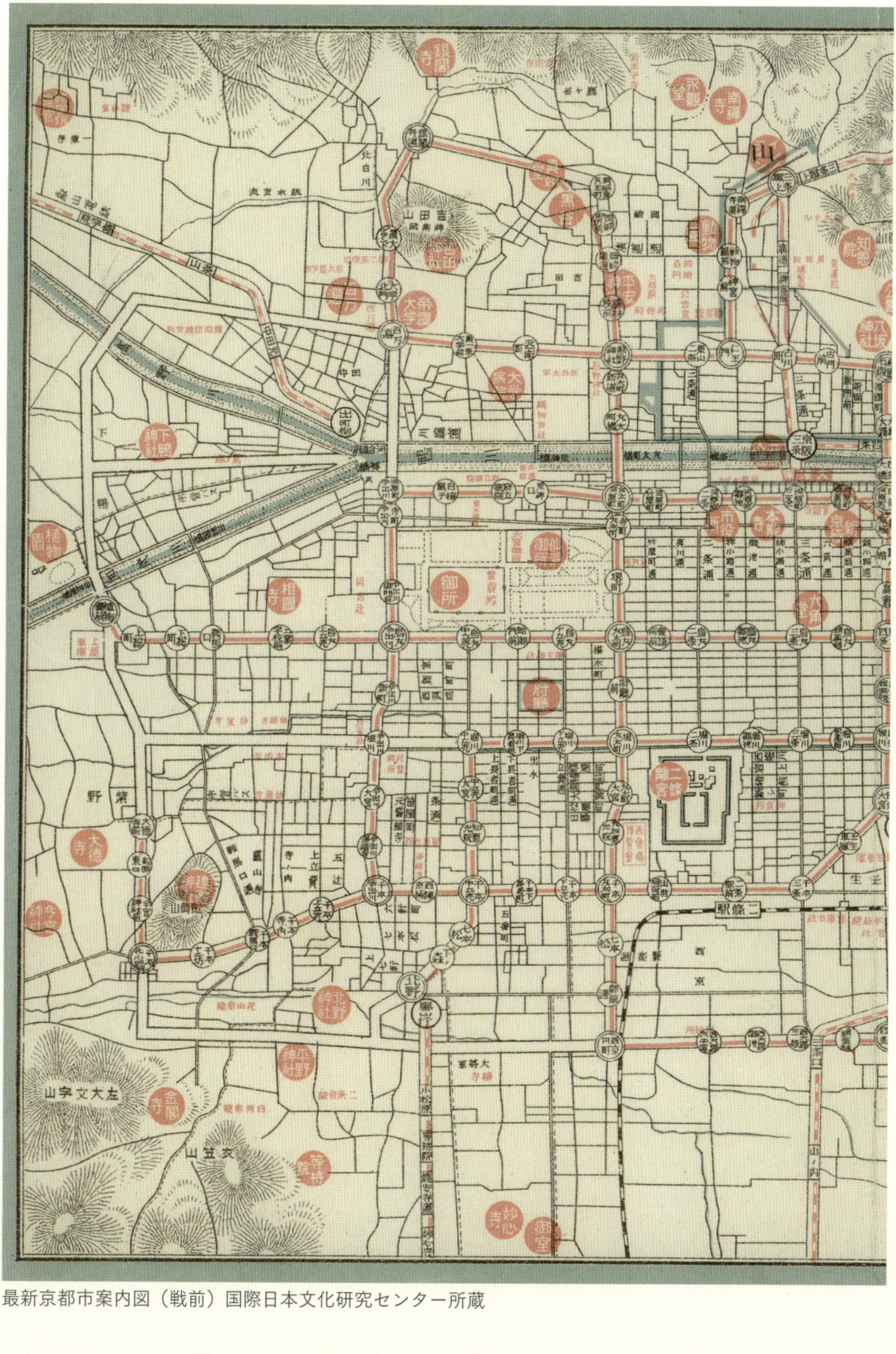

最新京都市案内図（戦前）国際日本文化研究センター所蔵

輝く都大路（絵はがき）

Part1

京都近代地図さんぽ

京都と近代地図

上杉和央

地図の歴史と京都

京都は歴史に彩られた都市だが、地図の歴史ともまたかかわりの深い土地である。さすがに古代の平安京を描いた図の原本は残っていないのだが、それでも平安京の左京・右京を描いた図や内裏を描いた図は中世段階のものが残されている。また、美麗な洛中洛外図屏風も都市図としての側面を有している。

近世になると、洛中の支配管理のために測量図が作られたことが知られる一方、出版文化が花開くなかで、盛んに京都図が出版されていくようにもなった。現在知られている最古の出版京都図は『都記』で、1626年頃の刊行だとされている（図1）。

『都記』は墨一色の木版だが、その後、手で彩色した図が作られ、やがて多色刷りの図も刊行されるようになる。

また、『都記』では洛外はまったく表現されていなかったが、次第に洛外を描写していこうとする動きが強まっていく。それは洛外にある多くの名所を訪ね歩く旅行文化が社会のなかに

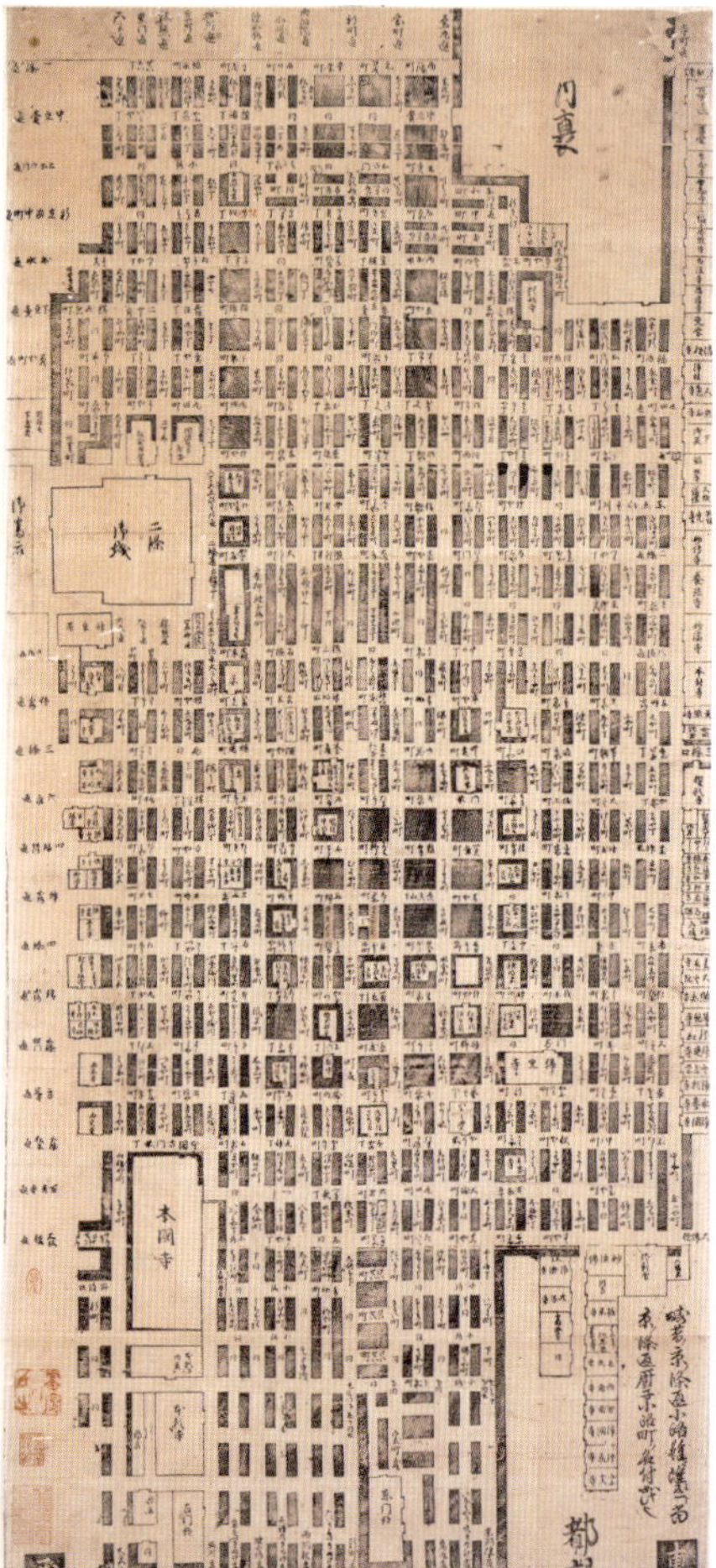

図1　都記（1626年頃）
京都大学附属図書館所蔵（大塚京都図コレクション）

広まっていったことと軌を一にしていた。そして、江戸時代の中頃には、南は宇治川・巨椋池《おぐらいけ》・淀川といった水流、その他の三方は東山・北山・西山の峰々によって、囲われる範囲を描き入れることが京都図の定型となった。

　このように、京都図は近世に飛躍的な展開と成熟をみせたのだが、近代になると、そうした流れをさらに多様なものとする動きが現れるようになる。

近代の公刊地図

　近代の地図の特徴として、まず、地図の公刊という点を挙げておこう。

　近世までの出版京都図は、すべて民間の板元が作製・刊行したものだったが、近代になると、民間の出版社に加え、公的機関による出版図も登場した。たとえば、陸軍陸地測量部の刊行した二万分一地形図や、京都市の刊行した都市計画図が挙げられる。こうした公刊図は三角測量の成果を基本に作られており、正確さを重視していた。

　もっとも、地形図には測量の基準点が未整備な段階に作った二万分一図もある（図2）。そうした図は「仮製図」などと呼ばれたが、測量に基づく「正式図」と明確に区別されたところに、正確さを追求する近代の特徴がよく表れている。

　地形図には、地図記号が採用された。その中には今でも利用されている記号がある一方で、とくに仮製地形図には今とはまったく違う記号がいくつもみられる。たとえば学校の地図記号。現在の地形図上では、漢字の「文」を図案化した記号となっているが、仮製地形図では巻物の形をモチーフにした記号が採用されていた。図2には六つの学校が示されているので、探してみてほしい。

近代の民間地図

　民間地図についても、公刊地図と同じく、正確さを売りにする図が多数、作製・販売された。こうした地図のタイトルを見ると、「最

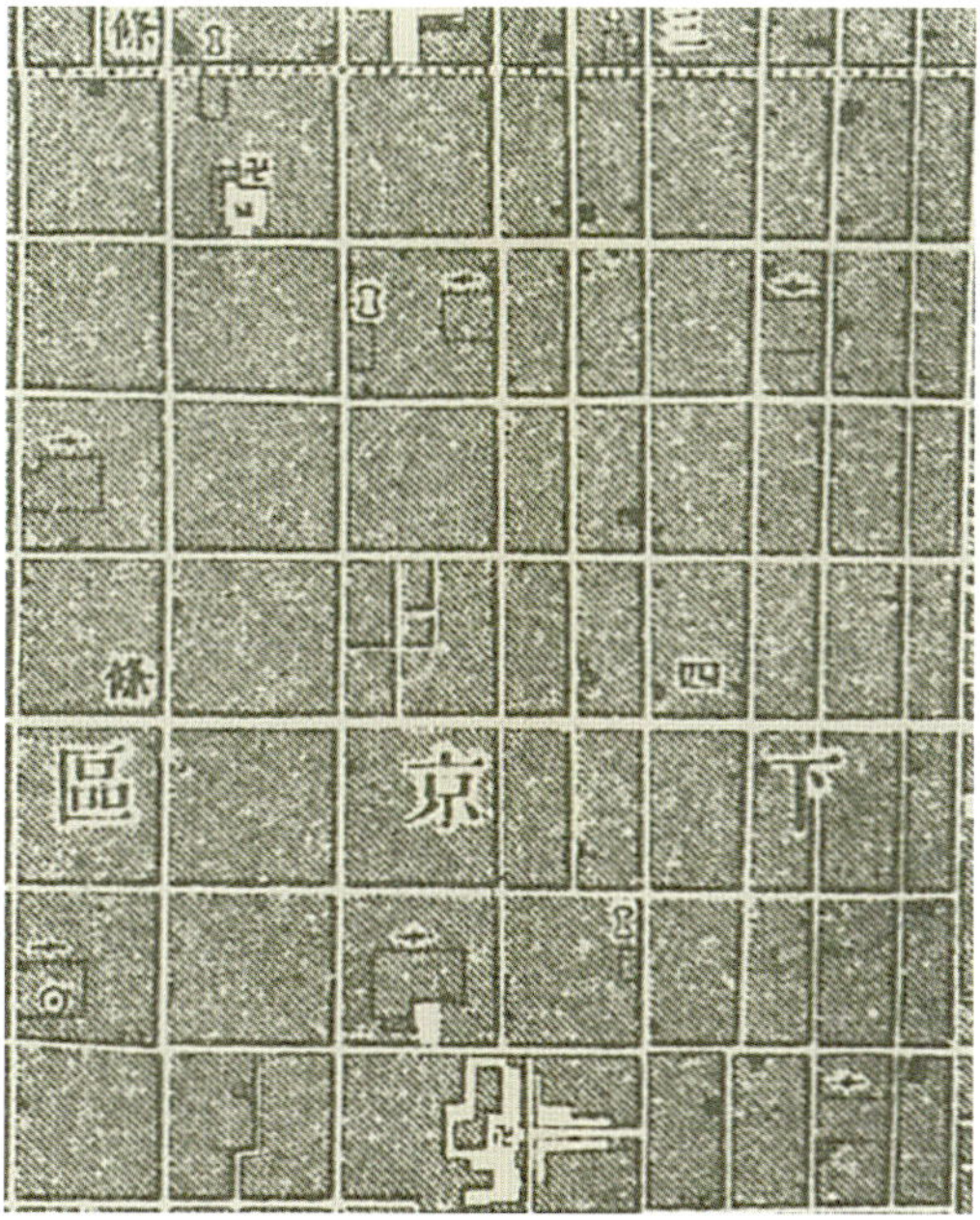

図2　仮製二万分一地形図「京都」（1892年発行）　四条通界隈

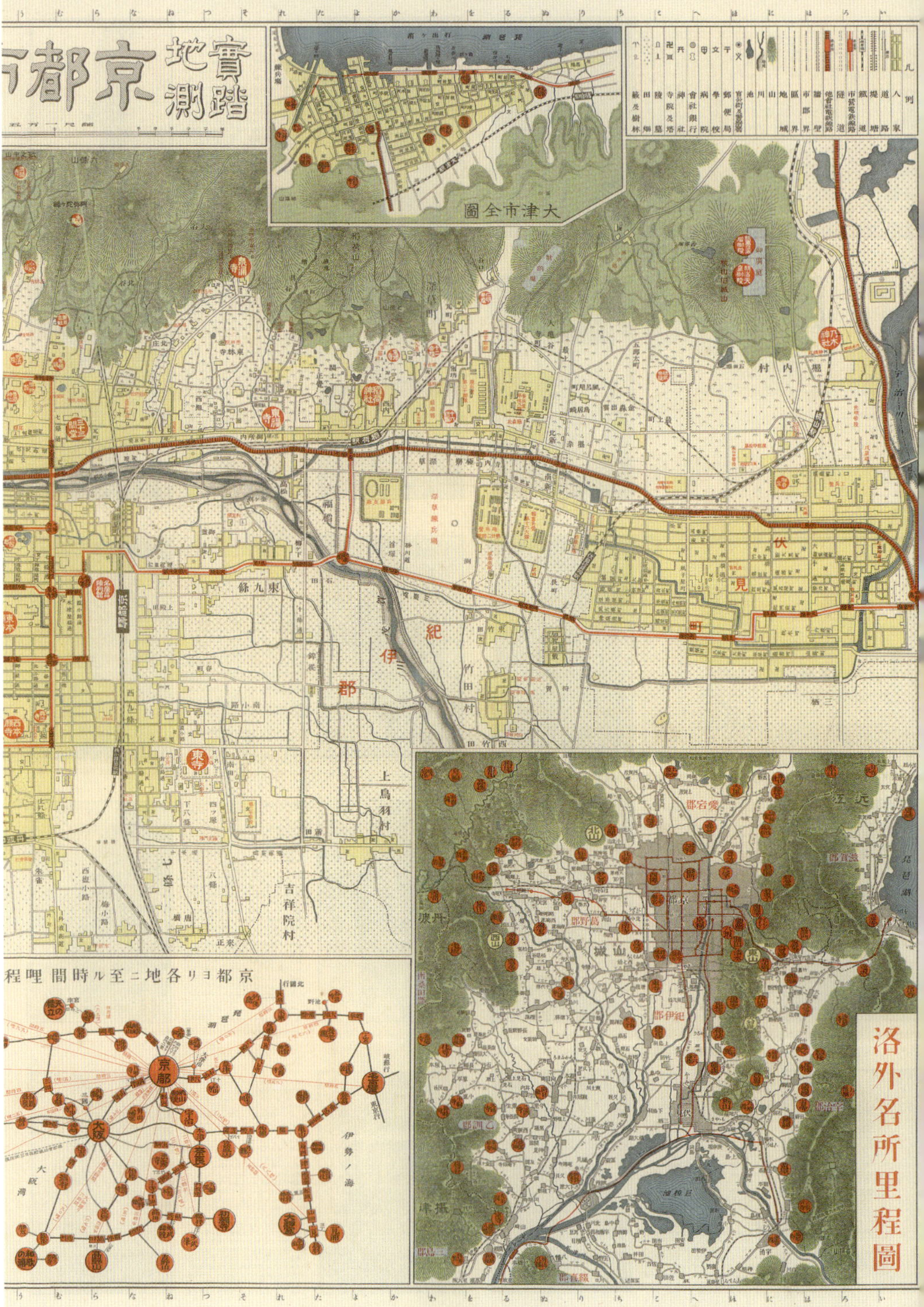
京都市
大津市全圖
凡例
伏見町
紀伊郡
東九條
竹田村
上鳥羽村
吉祥院村
京都ヨリ各地ニ至ル時間哩程
洛外名所里程圖

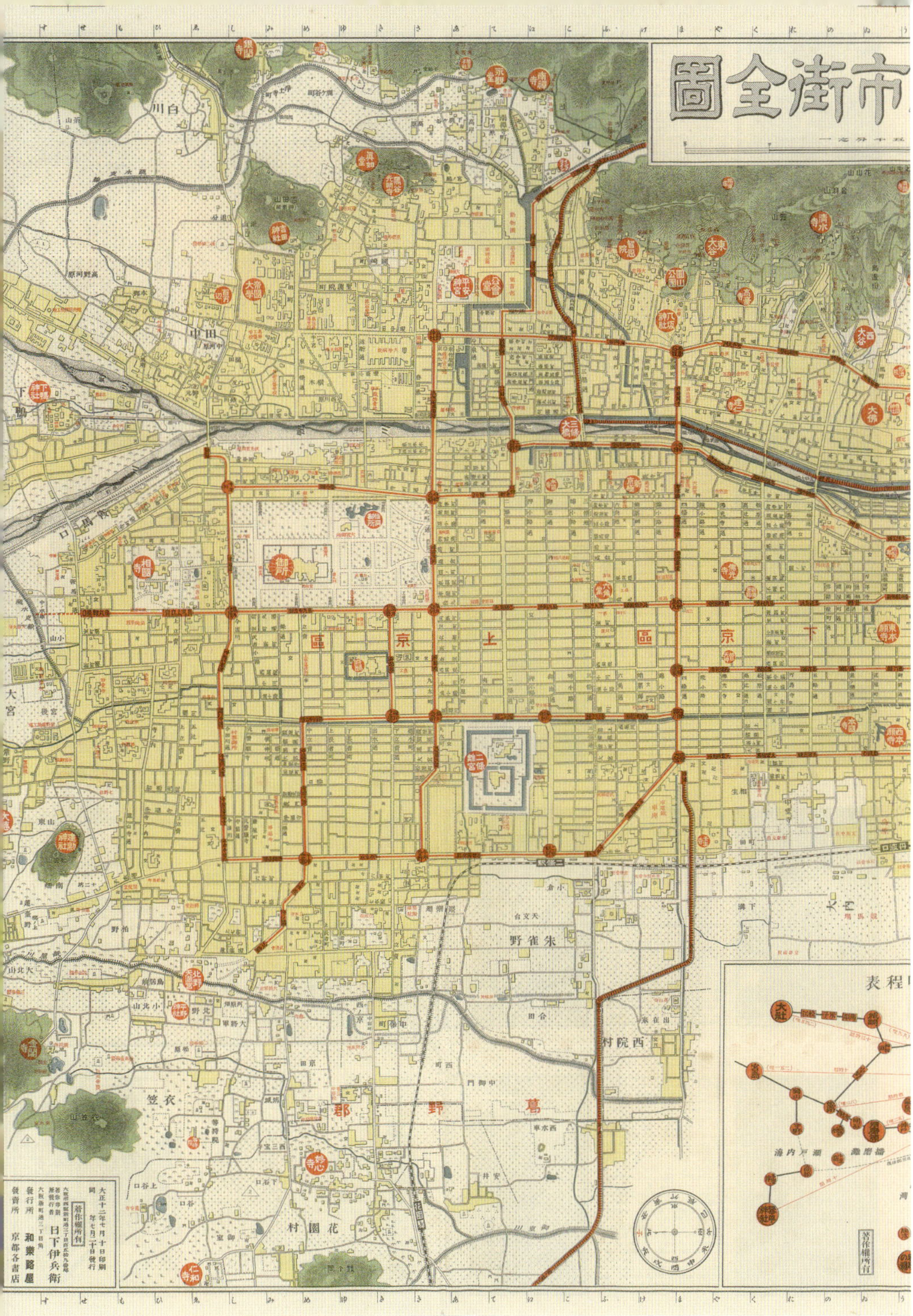

図 3　実地踏測　京都市街全図（1923 年）和楽路屋

新」や「改正」といった言葉、「実地測量」や「踏測」といった文言が躍っている。前者は情報の正確性を、後者は測量図としての正確性を、それぞれ読者に訴えているわけである。もちろん、この両方の正確さをタイトルに示した図も多かった。

また、民間地図の特徴として、作者や出版社ごとに個性ある地図が作られていたことを挙げないわけにはいかない。地物の描写や色使いといった仕上げに関する点はもちろんだが、地図のなかの場所を見つける方法を説明していたり、余白に掲載する割図に工夫を凝らしたりと、地図ごとの個性が実に豊富なのだ。これらは地形図や都市計画図といった公刊地図では味わえない、民間地図ならではの面白さである。

京都市街全図の売り方

ここでは民間地図の例として、1923年(大正12)に刊行された「実地踏測 京都市街全図」(以下「京都市街全図」と記載)をとりあげよう(図3)。

この図の発行元は、大阪の日下伊兵衛が起こした和《わ》楽《ら》路《じ》屋《や》である。和楽路屋は当時、幾種もの地図を刊行していたことが知られ、この「京都市街全図」についても何度も改版されていたことが確認できる。和楽路屋は大阪の出版社だが、発売所は「京都各書店」となっているので、京都の各所で購入可能だった。ちなみに定価は20銭とある。

この図は当時の袋も残されており、袋には「実地踏測 京都市街全図 最新大形」という少しだけ違うタイトルが印刷されている(図4)。書店に並んでいるときに目にするのは袋の題だっただろうから、「測量された最新で大形の京都市街図」というのがこの図の売りだったことがわかる。近代民間地図の代表とでも言うべきスタンスである。

しかも、袋にはこのタイトル以外にもいくつかのセールスポイントが記載されている。たとえば停留場が詳密に書かれているといった地図表現のアピールであったり、独自の地図索引(「日下式早ワカリ」)を採用しているといった利便性のアピールであったりである。また、いくつもの

図4 実地踏測 京都市街全図(袋)

「附記」があること、官公庁・学校・会社への採用実績があることなど、客に安心感やお得感を与えようとする文言も見える。販売者側からすれば、どれだけ優れた地図であっても購入してもらわないと話にならないわけだ。あの手この手で客の目を引こうとしていたことがわかる。

　こうした袋面を使った営業努力は他の民間地図でもみられるものだ。ただ、現存する近代図を見てみると、地図本体だけが残り、袋が失われてしまっている地図も多い。もちろん、地図本体がある以上、地図の中身を楽しんだり調査したりすることはできるのだが、こうした当時の出版社の思いや工夫を楽しめる袋がなくなってしまっているのは少し寂しい気もする。

　ちなみに「京都市街全図」の袋の裏面には和楽路屋の商品一覧が掲載されている。そこからは、京都図を手に取った客に対して、他の商品を売り出すことも忘れないしたたかさを感じることができる。

大正12年の京都

　それでは地図の中に描かれた1923年（大正12）当時の京都を見てみよう。図5は「京都市街全図」の三条大橋付近を切り取ったものである。文字が読みやすいように、東を上に配置している。

　道のなかに引かれた赤い線は鉄道である。単線なのは「市営電鉄線路」、太い

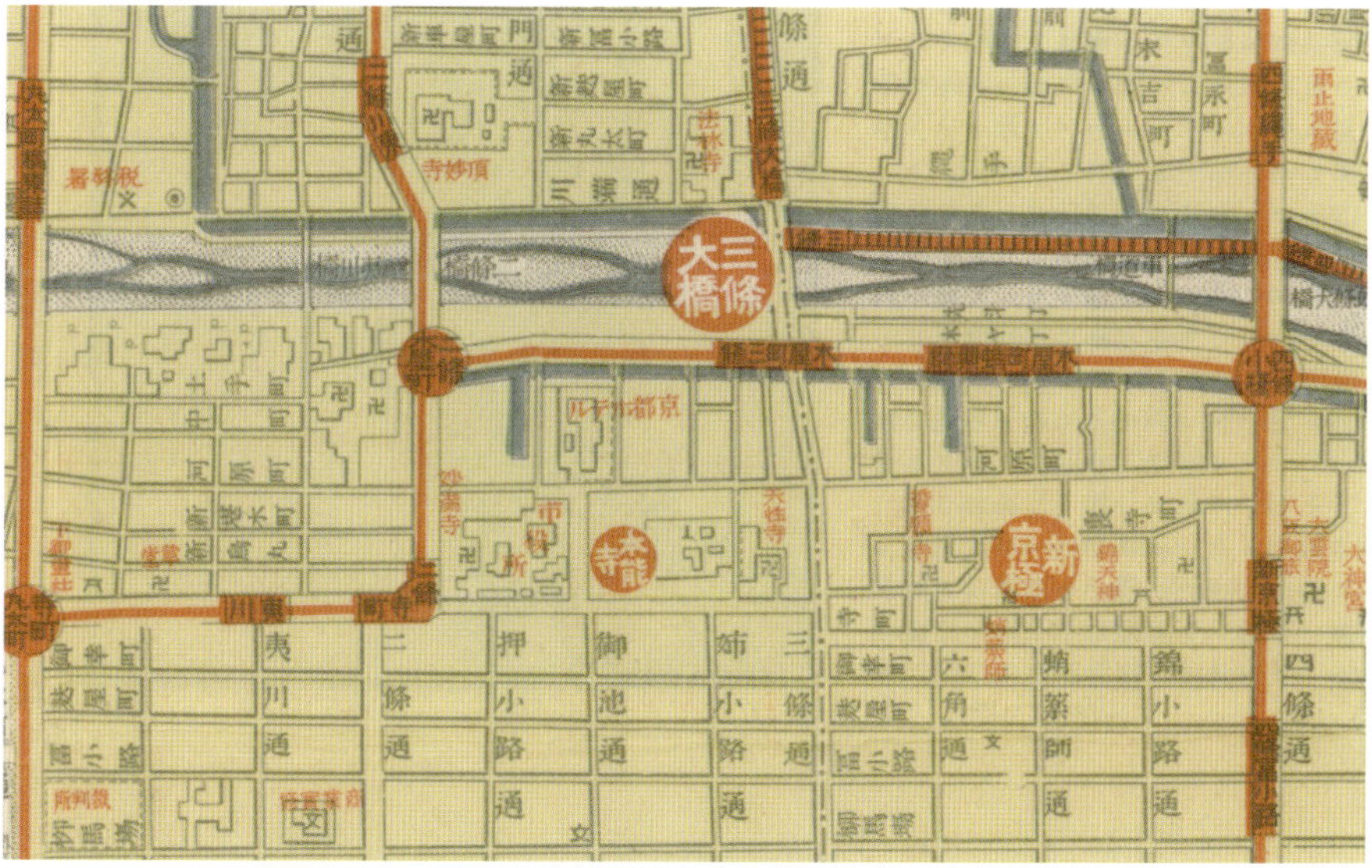

図５　実地踏測　京都市街全図（部分）三条大橋界隈

線に黒の縞模様となっているのはそれ以外の線路で、三条大橋から南（図右側）に延びているのは京阪電気鉄道株式会社、東（図上側）に向かうのは京津電気鉄道の路線である。

「京都市街全図」の裏面は名所の写真や名所案内記事、各地への里程表などが掲載されているが、名所案内記の記述は三条大橋からとなっており、三条大橋界隈が交通の要衝として位置づけられていた。

ここに挙げた二つの路線、現在はいずれも地下路線（京阪電鉄、京都市営地下鉄）となっている。また、北や西にそれぞれ延伸もしているため、今では三条大橋付近に鉄道の終着駅はなくなっている。しかしながら、今なお、バスや鉄道の交通ターミナルとしての機能は保持されており、多くの人で賑わっている。

図6　夷川橋跡

図5の範囲で鴨川には6本の橋が架かっている。しかし、地図上に「夷川橋」と「車道橋」とある橋は、現在なくなっている。ただし夷川橋については、架橋されていた同じ場所に飛び石が設置されているため、対岸に渡ることが可能である（図6）。

今とは違うところとして、河原町通にも注目しておきたい。現在、河原町通といえば、京都市街でもっともにぎわいのある片側2車線の広い通りである。しかし、図5にみえる河原町通は、路面電車も通過しない「普通」の通りである。

実は、「京都市街全図」の刊行された１９２３年（大正12）は、市電河原町線の敷設が京都市会で決定された年に当たる。この路面電車開設にともなって、河原町通は拡幅工事が進められることになったのであり、それまでは幅の広い道ではなかった。河原町通にとってみれば歴史の転換点にあたる時期の地図だということになる。ちなみに、図5の範囲（丸太町通～四条通）で河原町線が開通したのは１９２６年（大正15）であった。

都市化前夜

次に、北野天満宮のある付近から南側を切り取った図7をみてみよう。引き続き東が上になっている点は注意してほしい。

近世の京都は、御土居と呼ばれる土塁と堀によって周囲を取り囲まれる都市であった。御土居の建設を指示したのは豊臣秀吉である。

都市の西側、北野天満宮付近では、紙屋川を天然の堀とし、その横に御土居が築かれた。図7の中央を南北（図では左右）に流れているのが紙屋川である。ただ、北野天満宮から少し南に下がった付近では、御土居は紙屋川から逸れ、やや西側に膨れるかたちになっていたことが知られている。図7の右側に「西ノ京」という地名がみえるが、地名の左側を通る土手がそれで、そのさらに左にある池は堀の跡である。この頃、京都の市街地はまだそれほど西側に延びておらず、西ノ京付近は都市化の波にまだ飲みこまれていなかった。そのため、御土居も比較的きれいに残っていた。

しかし、西大路通が都市計画道路として敷設される1939年（昭和14）頃までには都市化が進み、御土居もその多くが失われてしまうことになった。

そうしたなか、先に示した「西ノ京」の文字近くの東西（図では上下）の土塁と堀だけは取り壊されるのを免れることになる。というのも、ちょうど「西ノ京」の文字付近に京都市立第二商業学校が開設され、その敷地内に取り込まれたからである。そして、堀の部分はプールとして利用され、御土居はプールの観覧席として利用されることになる。

現在、その場所は京都市立北野中学校となっている。そして御土居も校庭に現存している。プールも（新しくなってはいるが）そのままの位置である。

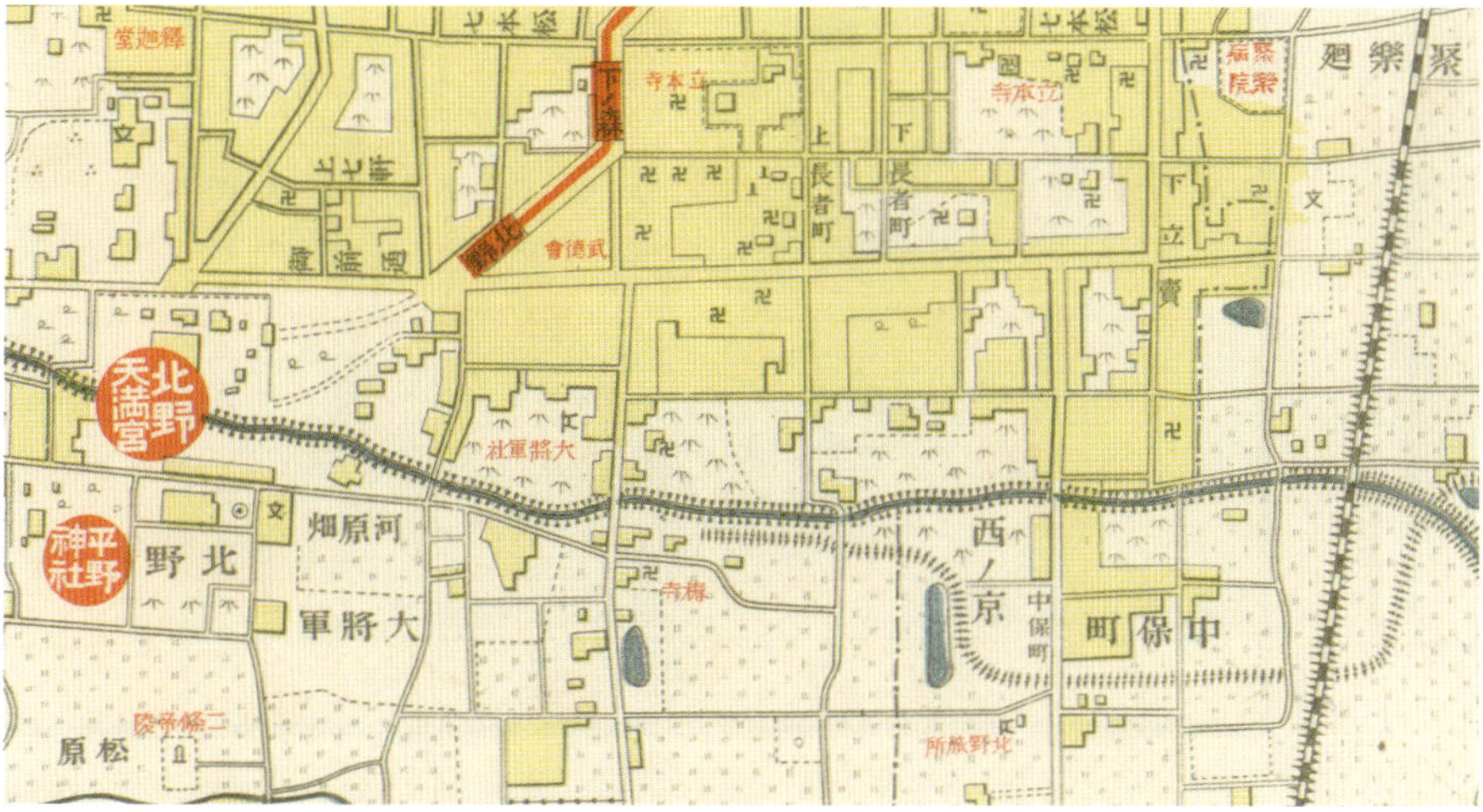

図7　実地踏測 京都市街全図（部分）北野界隈

近代行政区分のコスモロジー

「京都」なる領域を描く

島本多敬

明治初期の銅板京都図

1872年（明治5）10月、これまでの町村を複数まとめた「区」が全国的に設定された（1878年（明治11）まで存続）。近代京都を覆った新しい行政区分を知ろうとする人々の関心は、新しい地図の需要に結びついた。それが、1876年（明治9）4月に版権免許となり、銅板で刊行された「改正 京都区分一覧之図」（図1）である。

　余白に掲げられた附言には「維新以降土地之区画大ニ釐革《りかく》」したため、諸図を参考に改訂し、「題シテ京都区分一覧」という図を作製したとある。また、「此図特ニ市街之区域ヲ指示スルヲ要トス」という通り、本図の特徴の一つは、区の範囲を明瞭に示すため市街地に施された鮮やかな彩色である。上京33・下京の32の区、そして、伏見の市街地が、五色を用いて隣り合うことなく塗り分けられている。

都市京都を囲むもの

　ここではあえて、その市街地の外側に注目してみたい。都市京都を囲む山々や川筋の表現は、江戸時代に木版で刊行された京都図に描かれた近郊部を想起させる（図2）。伏見の市街地を附属させる表現もまた、江戸時代後期の京都図の様式を踏襲するものといえる。

図2　近世後期の大手京都図板元が手掛けた大型京都図（「改正 京町絵図細見大成」竹原好兵衛刊、慶応4年）（出典：大塚隆編『慶長昭和京都地図集成』）

　しかし、よく見てみると、

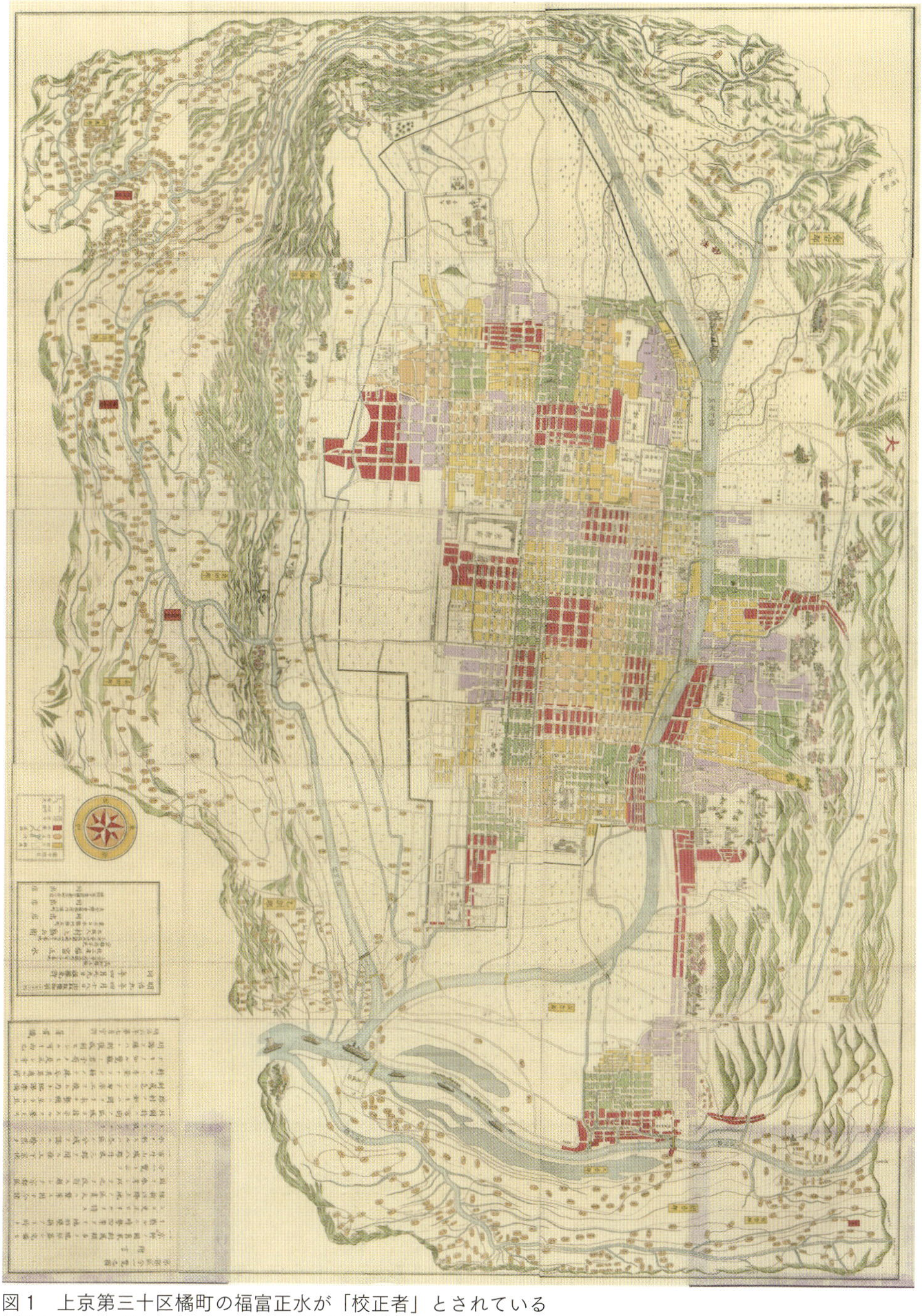

図１　上京第三十区橘町の福富正水が「校正者」とされている
（「改正 京都区分一覧之図」立命館大学歴史都市防災研究所所蔵、M-0026）

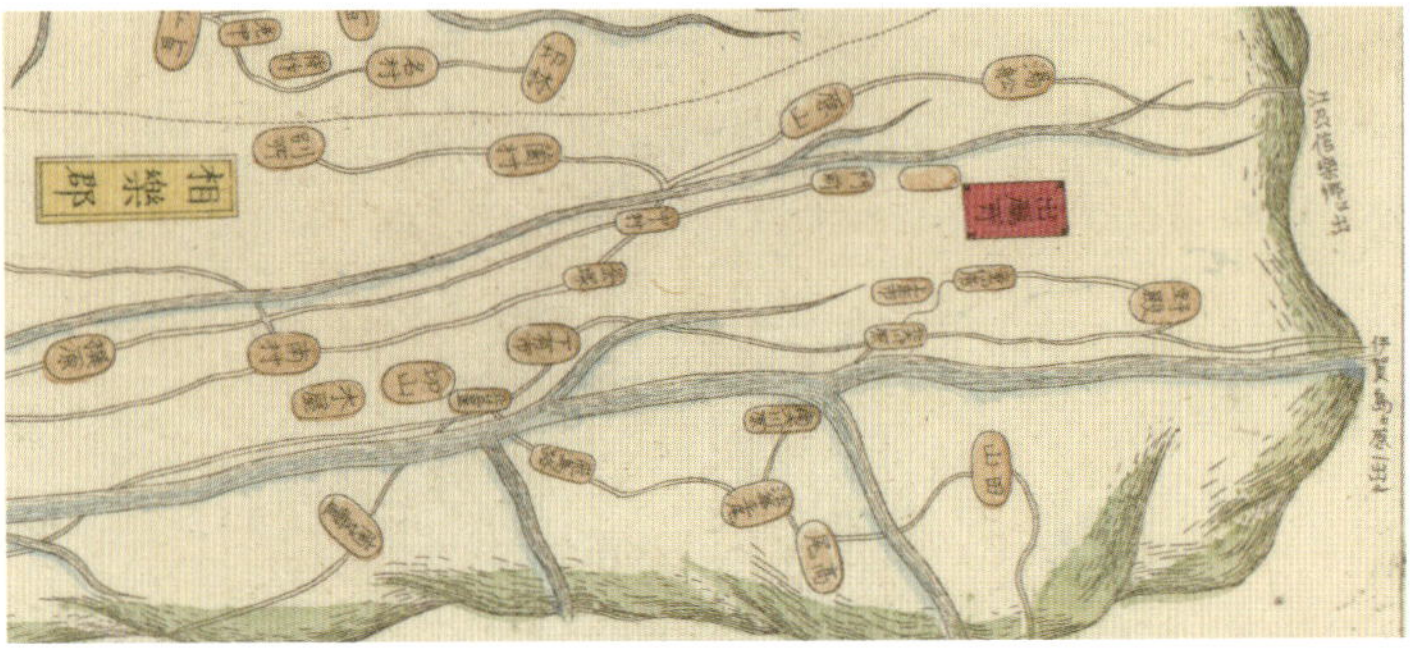

図3　明治初期からの開拓に伴い、童仙房支庁が設置された（現・南山城村）（「改正 京都区分一覧之図」立命館大学歴史都市防災研究所所蔵、M-0026）

南は木津川流域を含む山城国、北は丹波国のうち三郡におよんで、村名を記した楕円形が描かれていることがわかる（図3）。その表現様式は江戸時代に刊行されていた、国絵図の村型と同様である。本図の副題「附り山城八郡丹波三郡」の通り、図の表現範囲は近郊に限らず、都市京都から大きく離れた京都府下の郡部にまでおよんでいるのである。

附言には「郡村ノ如キハ固ヨリ未タ整頓ニ至ラス、且刻成急ニシテ匆卒工ヲ竣ム」とある。実際、郡部は図幅に収まるよう大きく圧縮されており、市街地と同等の正確さを期して表現しているとはいえない。本図の意図はむしろ、正確さを犠牲にしてでも、都市京都および伏見とともに京都府域を一つの図に収めるところにあったのではないだろうか。

「京都府」の領域編成

1868年（慶応4）、京都裁判所から改称された京都府は、1871年（明治4）末の段階で、山城国全域、そして丹波国桑田・船井・何鹿郡を管轄することとなった。のち、1876年8月には、丹後国5郡および丹波国天田郡からなる豊岡県が併合され、現在とほぼ同様の京都府域となった。本図に描かれている京都府は、新政府の廃藩置県・府県統合による領域編成の所産であった。

本図には、1877年2月開業の京都駅が描かれており、実際の刊行はこれ以後とみられる（京都駅を描かない別図も確認されており、本図は改訂版と思われる）。ただし、府域は版権が免許された段階の領域となっている。

「維新以降」の土地の「区画」の変化を図示することを目的に掲げる本図には、新規に区制がしかれた都市京都とともに、それをよりマクロスケールで包摂する京都府が描かれている。この点を深読みすれば、本図には、都市と府域という二つの「京都」の領域が重層した近代行政区分のコスモロジーが見出せる。

ひところ、洛中とその周辺地域における「京都」認識のズレの問題が巷で話題

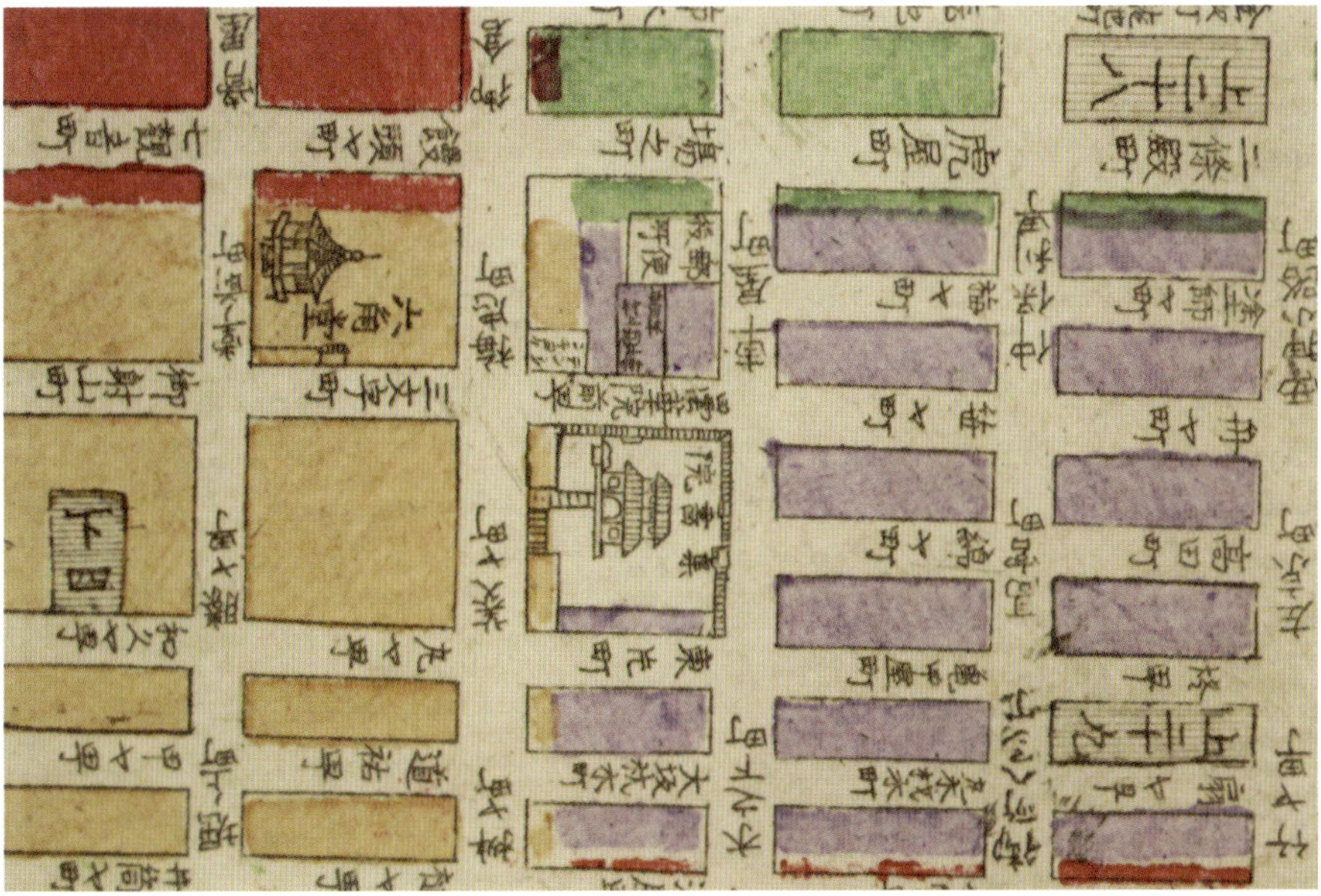

図4　西を上にして掲出。中央やや上、曇華院前町西側に「書林　村上勘兵衛」と印字されている（「改正 京都区分一覧之図」立命館大学歴史都市防災研究所所蔵、M-0026）

図5　筆者撮影。北方向を望む。道路左側奥に平楽寺書店、右側手前には中京郵便局

となったが、その淵源の一つが、この地図に表現されている。

地図に残る仕事

本図には官公庁・寺社などの施設名が記載されている一方、一般の商店の類はほとんど記載がない。この点も、江戸時代の刊行京都図にならうものである。

しかし、図の中央やや東、東洞院通三条上ルの辺りには、「書林　村上勘兵衛」との記載がある（図4）。本図の板元である村上は、近世以来の仏書を中心に手掛けた老舗書肆であり、明治初期に御用書林として新政府に関わる印刷物を手掛けていた（図5）。本図からは、明治初期という変化の時代における、板元の商魂の逞しさもまたうかがえよう。

現在、この地では村上の系譜を引く書肆、平楽寺書店が営業を続けている。また、図4で村上の北西に隣接している「郵便役所」の後身は、のちに集書院の位置に移転し、レンガ造りの局舎が特徴的な中京郵便局となっている。

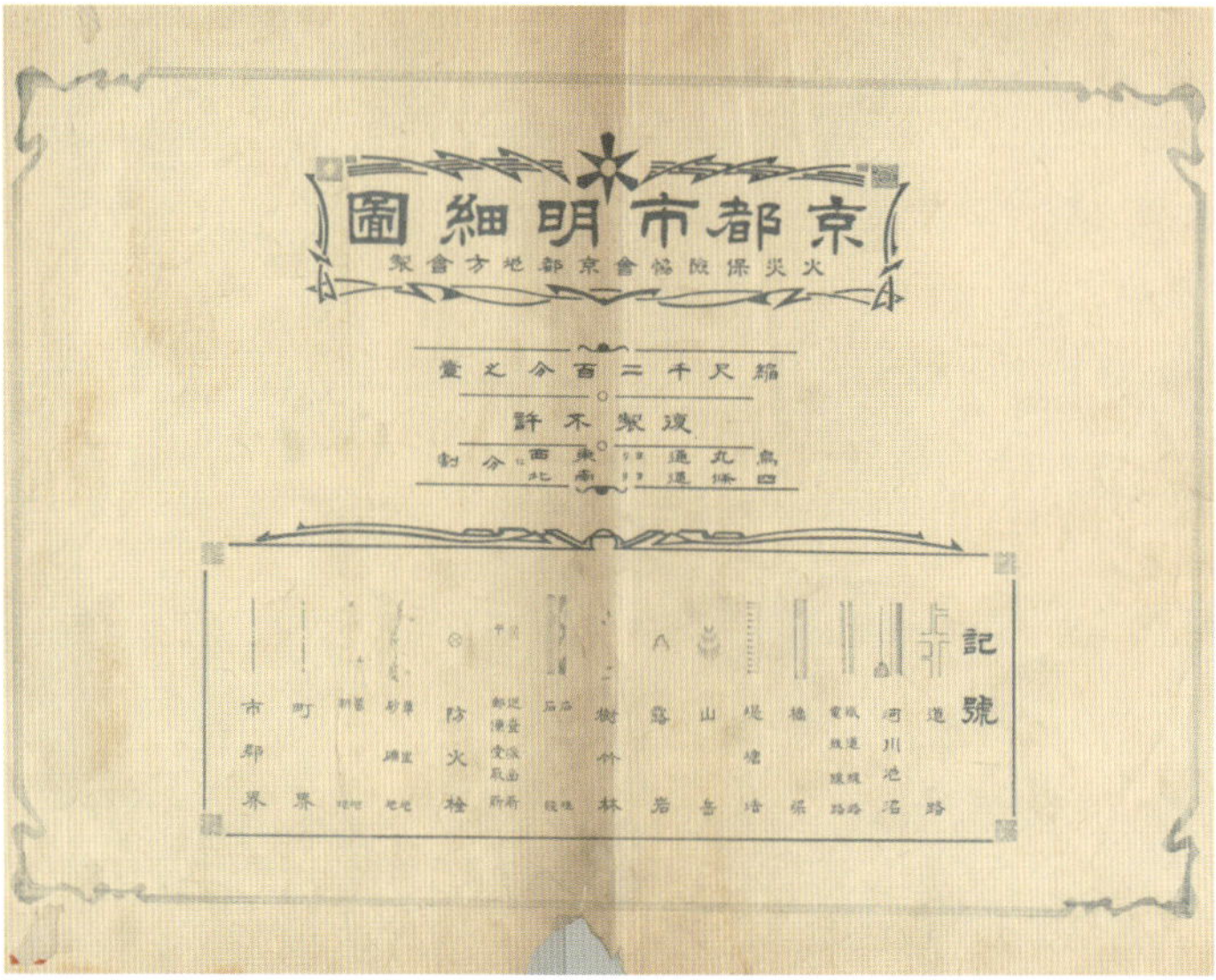

図１　長谷川家住宅所蔵「京都市明細図」の表紙
立命館大学アート・リサーチセンター提供

火災保険図としてつくられた地図

長谷川家住宅所蔵「京都市明細図」を読む

河角直美

「京都市明細図」の発見

現在、マンションやビルで占められる御池通や烏丸通には、かつて、どのように町家が立ち並んでいたのだろう。そのような過去の景観を思い描くとき、近代に作製された地図が参考になる。なかでも、個々の建物や、細かい路地まで表現された「京都市明細図」は興味深い。この地図を見れば、通りの両側を埋め尽くすように描かれた町家に驚くだろう。

「京都市明細図」は、２０１０年10月に、京都府立総合資料館（現在の京都府立京都学・歴彩館）、２０１４年9月に、京都市南区の長谷川家住宅で相次いで見つかった。ここでは、後者の明細図について、読みといてみたい。

「京都市明細図」は、１枚の地図ではない。Ａ２サイズに相当する２８４枚の図面が接合されると、京都の市街地を描画した地図となる。地図の縮尺は１２００分の１で、1枚ずつ番号が付されている。また、図面のほかに表紙が1枚、索引図が4枚ある。よって、「京都市明細図」は表紙などを含めると２８９枚で構成される。

「京都市明細図」の特徴は、道路や水域のほか、建物の形状が一つひとつ描かれていることにある（例えば、図6の東本願寺の描画など）。読み取れる文字情報は、漢数字による地番や通り名のほか、学校や役所などの公共施設、社寺、銀行、一部の企業、そして銭湯であった。また、建物の境界付近とみられるところに、カタカナで「ヘイ」と記されている場合がある。

このような情報をもつ「京都市明細図」は、何を目的として作製されたのか。そのヒントになるのが、表紙の「火災保険協会京都地方會製」という表記である（図1）。

この記載から、「京都市明細図」は、戦前から戦後にかけて、東京や大阪などの都市を中心に作製された火災保険図の一種と考えることができる。国立国会図書館の解説によると、火災保険図は「火災保険特殊地図」、「火保図」とも呼ばれ、保険料率の算定のため、昭和の初めから昭和30年頃までつくられた地図とされる。いくつかの製図会社が作製し保険会社に納めたとされ、なかでも、都市製図社による火災保険図が知られている。戦前に作製された同社の地図においても、建物が一つずつ描かれ、建築材や塀の素材、消火栓の位置など火災に関わる情報が記されていた。

いつの京都が描かれているか

「京都市明細図」に描かれた建物から、かつての景観を懐かしむこともできるが、ここではあえて、この地図の作製された時期の意義を考えてみたい。この地図の刊行年は、表紙や索引図、図面に記載されておらず、はっきりとはわかっていない。そのなかで、作製時期は１９２６年（大正15）頃から１９２７年（昭和２）の間と推定されてきた。そこで、「京都市明細図」に描かれた道路や市電、建物のうち、年次を特定できるような情報を読みながら検討してみたい。

大正末期から昭和初期にかけて建築された建物として、「京都市役所」がある。京都市役所の新東館は、１９２７年（昭和２）4月に竣工した。明細図を見ると、この新東館が描かれており、この図面の作製はそれ以降と考えられる（図2）。

次に、この時期におこなわれた道路の拡幅状況から検討したい。例えば、七条通（大宮～新千本間）は、１９２６年（大正15）3月25日着工、１９２７年（昭和２）5月10日に竣工した。ところが、明細図では、拡幅されていない（図3）。すなわち、この辺りの図面は１９２７年5月より前の状態を示すことになる。

四条河原町周辺についても見ておこう（図4）。四条河原町の交差点から北に延びる河原町通は拡幅されているものの、南の方は拡

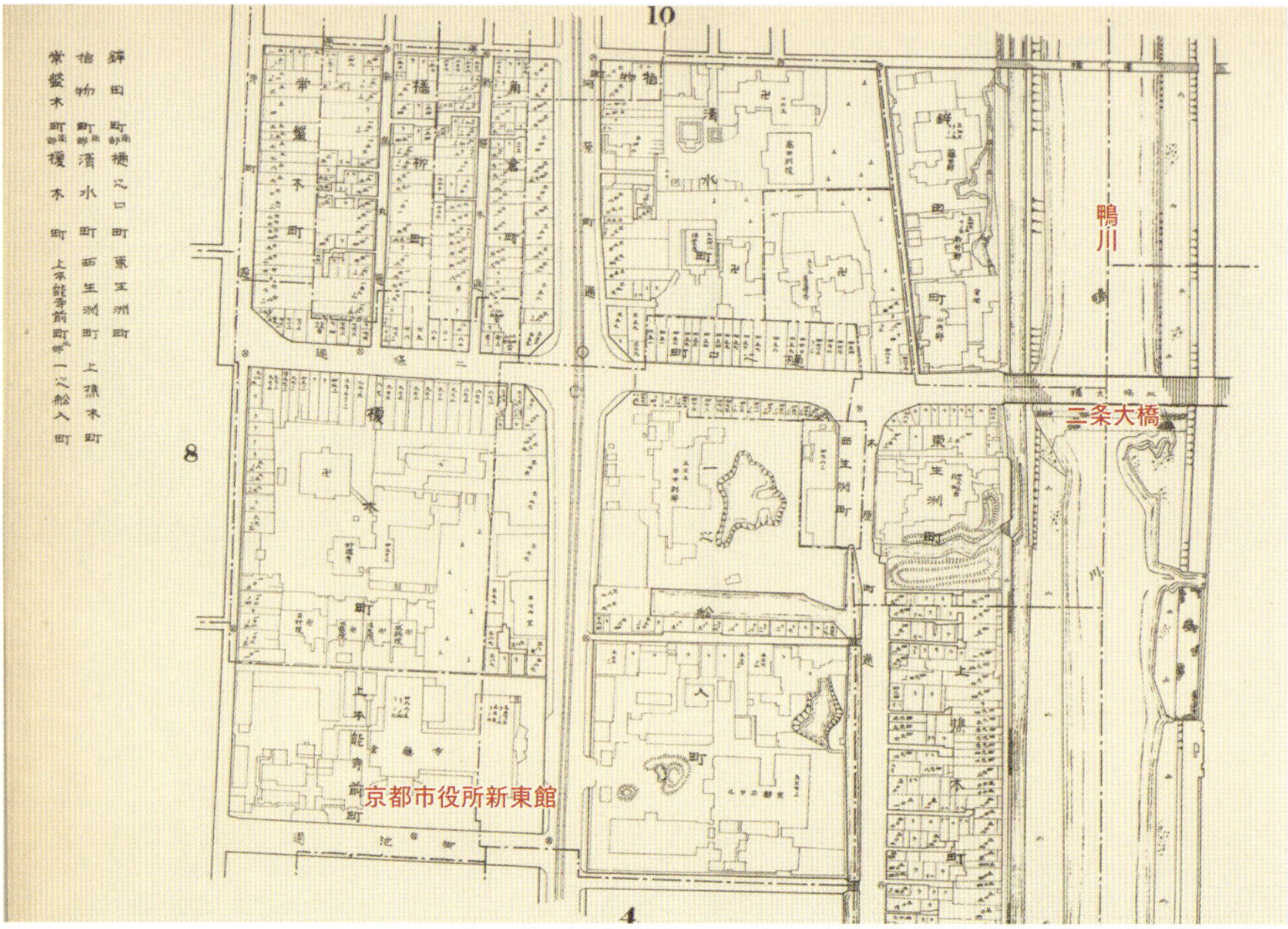

図２　京都市役所東館の描画（長谷川家住宅所蔵「京都市明細図」から）
立命館大学アート・リサーチセンター提供

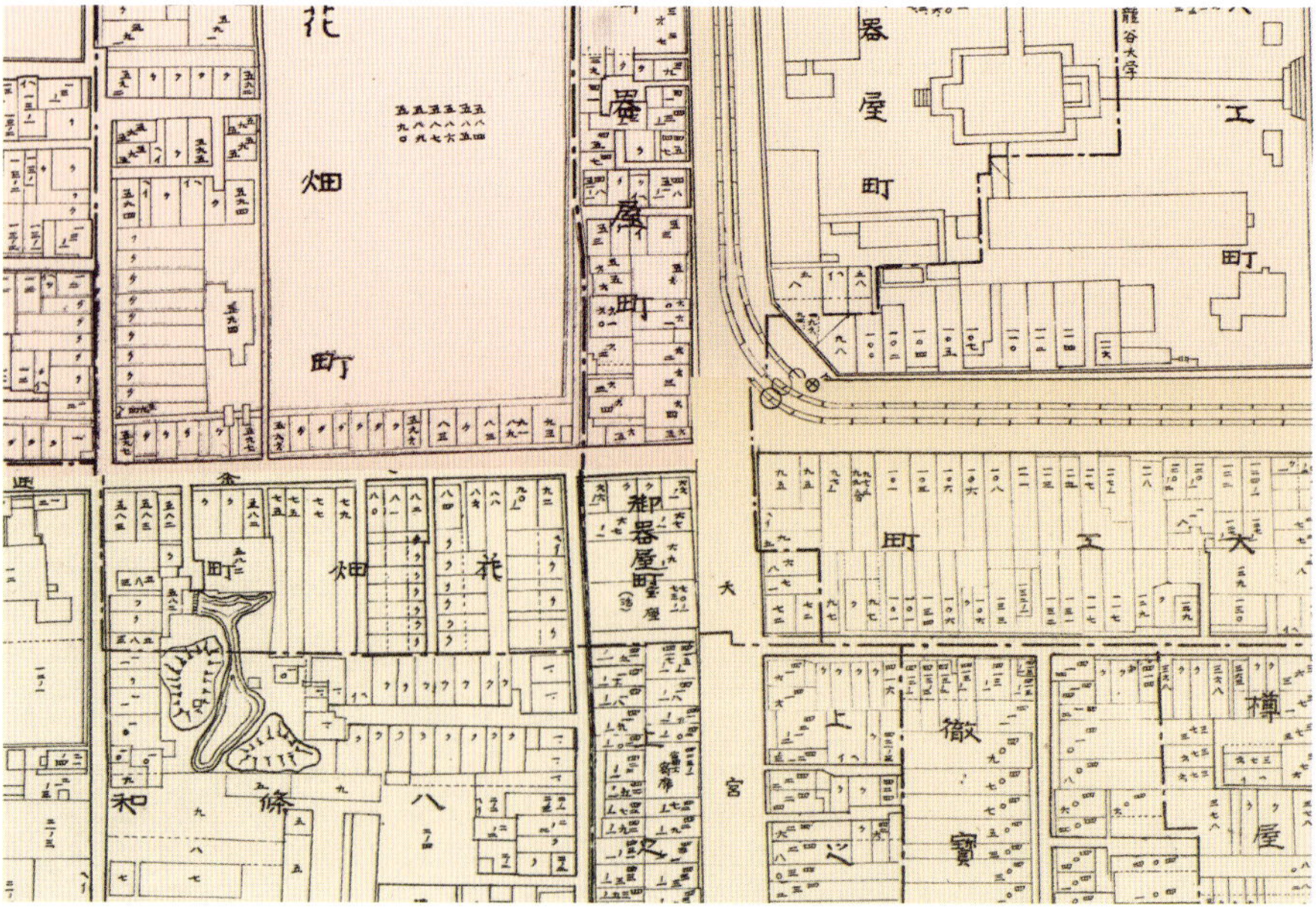

図３　七条通（大宮通～新千本通間）の描画（長谷川家住宅所蔵「京都市明細図」から）
立命館大学アート・リサーチセンター提供
南北の通である大宮通から西はまだ拡幅されていないことがわかる。

幅前の状態である。河原町通（河原町丸太町～七条内浜）は、１９２５年（大正14）5月29日～１９２７年（昭和２）４月30日に拡幅されたことから、ちょうどこの工事期間に地図が調査・作製された可能性がある。

もう少し詳しくみれば、四条通より北の河原町通には、１９２６年（大正15）4月9日に開業した市電が描かれているが、南の河原町通にない。河原町四条～河原町五条間の市電は、１９２６年（昭和元）12月25日に開業した。よって、四条河原町周辺については、１９２６年（大正15）5月29日から同年の12月25日の間を示しているといえる。

そのほかにも、丸太町通から二条通間の寺町通では、市電が一部にしか描かれていないことに気づく（図5）。この間の市電は、１８９５年（明治28）７月17日から１９２６年（大正15）７月14日まで運行していた。丸太町通から夷川通間の寺町通は、１９２６年（大正15）７月14日以前の様子を、夷川通から二条通間の寺町通は、７月14日以降を示していることになるだろう。

以上から、「京都市明細図」は、１９２６年（大正15）頃から１９２７年（昭和２）頃にかけて作製されたことがわかる。そして、調査・作製期間中も、京都の街が刻々と変化していたこと、近代都市へと変わりつつあったことを読み取れ

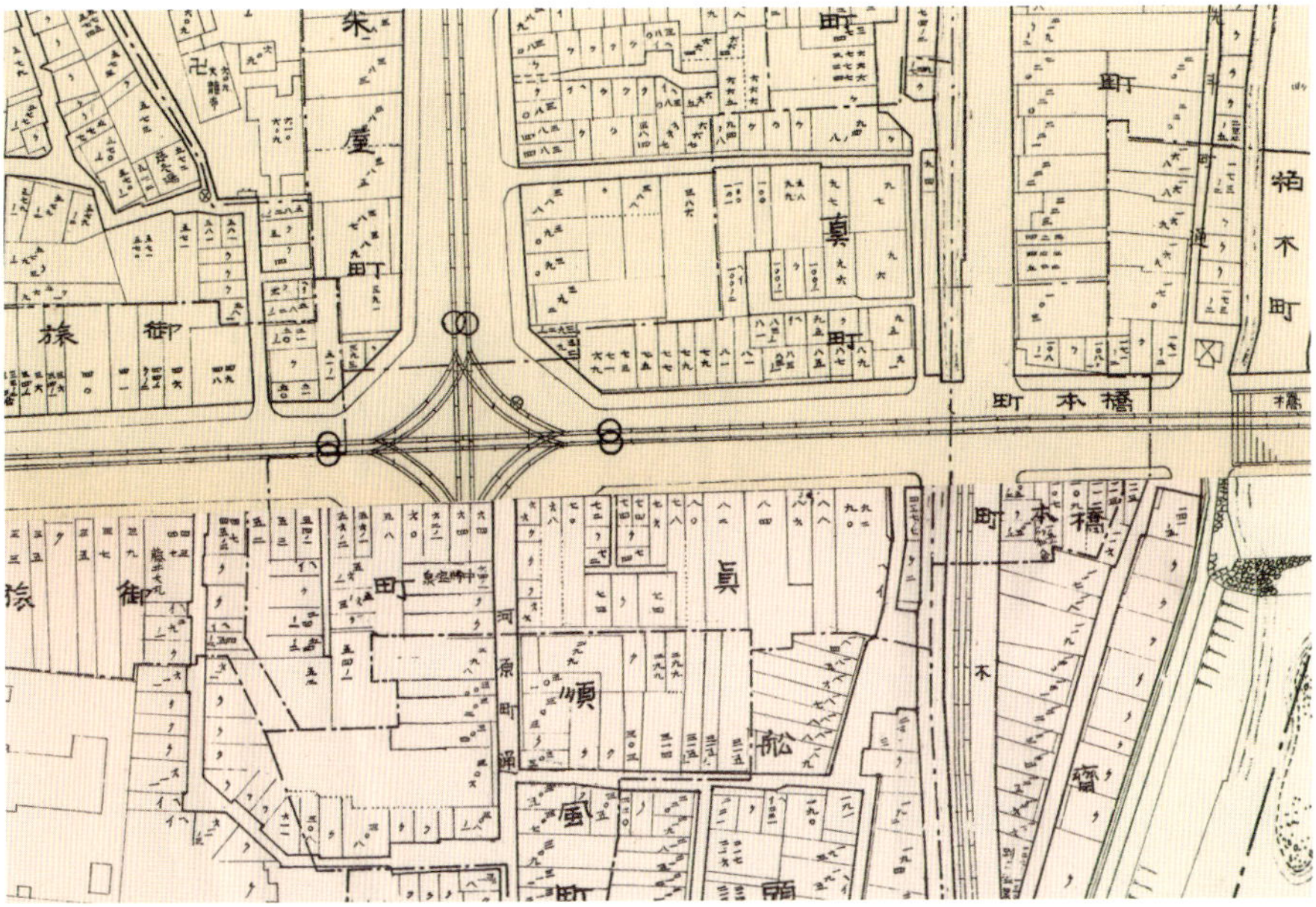

図４　四条河原町周辺（長谷川家住宅所蔵「京都市明細図」から）
立命館大学アート・リサーチセンター提供
四条通以南の河原町通が拡幅されていないうえ、市電もまだ通っていない。

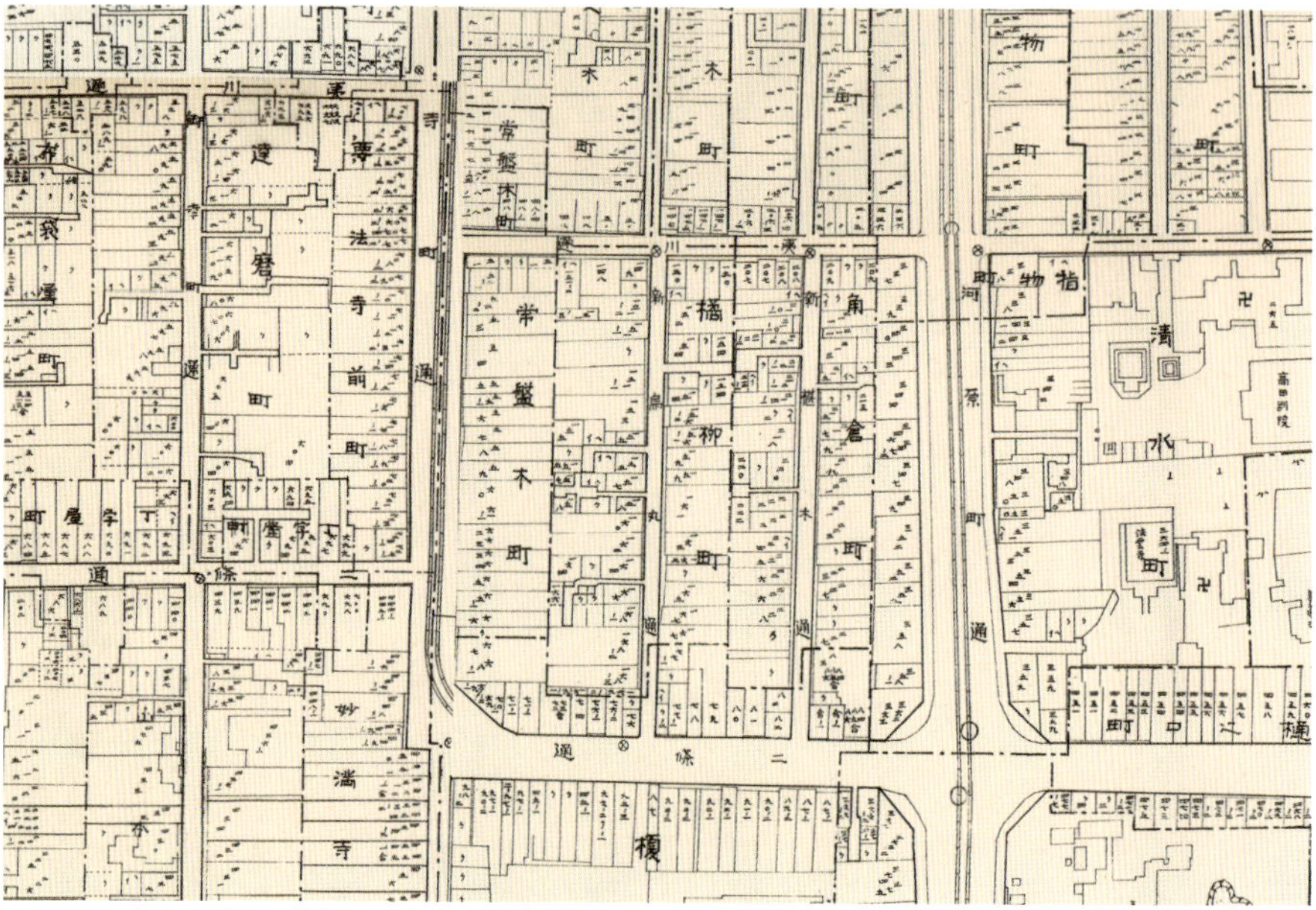

図5　二条寺町周辺（長谷川家住宅所蔵「京都市明細図」から）
立命館大学アート・リサーチセンター提供
市電の描画が途中で途切れている。

るだろう。

ところで、「京都市明細図」に描かれている建物の形状は、かなり詳細であった。京都大学が所蔵する京都で最も古い空中写真は、1927年（昭和2）の撮影である。この写真より前に作製された明細図では、何をもとにして、建物の形が描かれたのだろう。都市製図社は地籍図を参考にしていたことから、明細図についても同様と考えられているものの、詳しい方法については、今のところわかっていない。

火災保険図として

「京都市明細図」を火災保険図としても読んでみたい。「京都市明細図」には、建物の形状が一つひとつ描画されているものの、都市製図社のものと違い、建材や屋根材といった建築材についての記載はない。したがって、どの描画内容が火災保険の算出に関わってくるのか、よくわからない。地図に描かれている家屋の密集度や道路幅などが保険料算出の参考にされたのだろうか。

こうしたなか、火災保険図としての「京都市明細図」の役割を想起させるのは、「防火栓」の描画である。都市製図社の火災保険図には「消火栓」という凡例があり、明細図の「防火栓」とは「消火栓」のこととみてよいだろう。

表紙の記号一覧によれば、「防火栓」の記号は、⊗である（図1の表紙説明部分）。

現在の地形図でいえば、警察署に相当するような記号だ。「京都市明細図」を拡大すれば、想像以上にたくさんの防火栓を見つけることができる。ほとんどの交差点に描画されているといっても過言ではない。防火栓は、中心市街地に集中しているほか、平野神社周辺や等持院周辺でもみられる。鴨川より東側では、京都大学付近から南側の地域に見つけることができよう。

　大正末期の京都において、市街地化の進んでいた地域には、防火栓がほぼ整っていたと考えられる。

　こうした防火栓の分布として、とくに興味深い一帯がある。東本願寺とその周囲である。当該地域の「京都市明細図」をよく見ると、周辺地域よりも防火栓の数が明らかに多い（図6の赤矢印〔引用者による〕部分）。これは、東本願寺の伽藍の消防施設である、本願寺水道と取水口を描いていると考えられる。

　東本願寺は、度重なる火災の被害に対応するため、琵琶湖疏水の蹴上船溜の横に水源池を築造した。そして、全長4・6㎞に及ぶ鋳鉄管が、水源池から東本願寺まで届くように設置され、琵琶湖疏水から直接取水する放水施設が境内に整えられたのである。これらは、1896年（明治29）には完成していた。

「京都市明細図」に描かれた東本願寺の伽藍と、防火栓との位置関係を確認してほしい（図6）。御影堂と

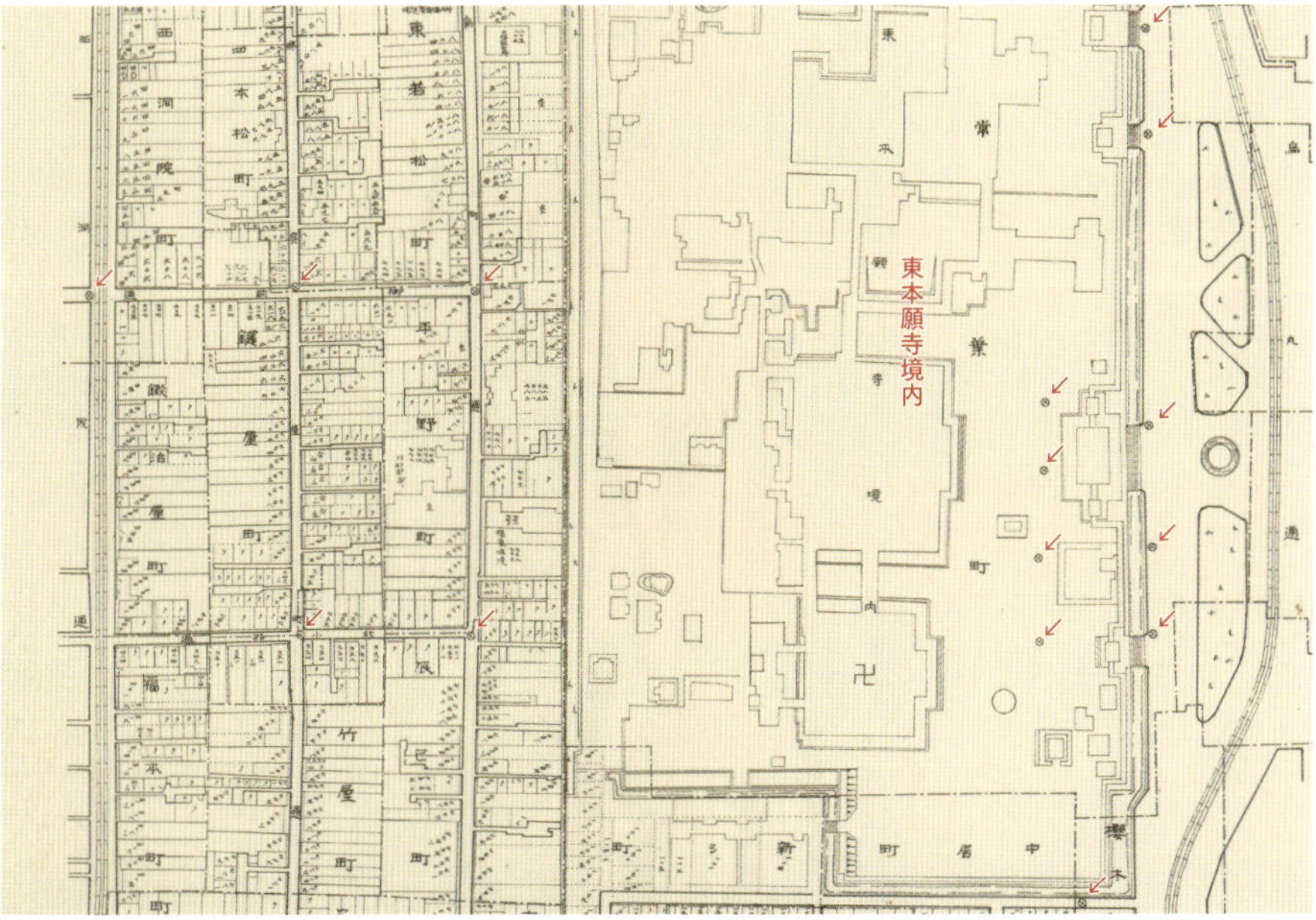

図6　東本願寺の防火栓（長谷川家住宅所蔵「京都市明細図」から）
立命館大学アート・リサーチセンター提供
東本願寺の境内以外にも、周辺に防火栓を確認できる。

阿弥陀堂に相応する建物の東側に、防火栓が四つ描かれている。さらに、東本願寺の北側の花屋町通や東側の烏丸通にも複数の防火栓がある。

防火栓の設置と上水道の整備

東本願寺の放水設備に対して、他の防火栓の設置については、明治末期に施行された「京都の三大事業」である、「琵琶湖第二疎水の開削」と「上水道の整備」が関わっていた。

『京都市水道百年史』の叙述編によると、1899年（明治32）、市参事会に提出された「京都市給水方法調査及其計画ニ付報告」という上水道計画において、すでに防火栓の設置が構想されていたことがわかる。それは、市街の四つ角に防火栓を設置するというものであった。琵琶湖第二疎水を開削する理由としても、「京都市は由緒ある寺社を多く有しているにもかかわらず、火災が生じると延焼を防ぐ方法がないため、市内各所に防火栓を設置するための水源を要すること」が挙げられていた。

1906年（明治39）の水道費予算案で示された水道工事計画には、およそ市街の四つ角に1個、60間（約109・1m）以内の間隔で、総計1272個の防火栓を設けることが提示されている。こうして、1912年（明治45）における琵琶湖第二疎水の完成と同年に開始された上水道の給水とともに、防災栓も機能することになった。

浄水場や配管の形状など、上水道関係の施設図と設計図を図示した『京都市水道圖譜』には、上水道の配水管敷設図に加えて、「京都市内制水瓣及防火栓配置圖」や「防火栓圖」、「制水瓣防火栓及排気瓣蓋圖」がある。これらから、上水道開設当初における防火栓の設置範囲を示すと、図7のようになる。およそ鞍馬口通、木屋町通、七条通、大宮通で囲まれる地域の交差点には、防火栓を設置することが計画された。加えて、西陣に相応する地域、そして島原にも上水道と同時に防火栓が配置されている。鴨川より東側については、京都大学以南の市街地、岡崎公園や祇園、建仁寺周辺、国立博物館から今熊野・泉涌寺付近までの市街地と、東福寺付近の本町通にも防火栓を確認できる。

水道事業の計画段階から企図された防火栓の設置は、その後の町村合併時にも引き継がれた。1920年（大正9）の市会では、編入した地域における配水管の設置計画案が可決され、同時に378個の防火栓が設置されることになった。

防火栓の配置が、上水道の配水管敷設と重なることを念頭にしつつ、「京都市明細図」を見れば、水道事業開始から約15年後の大正末期から昭和初期における上水道の敷設範囲を推測できるだろう。

では、戦前の防火栓（消火栓）とはどのようなものであったのだろうか。図8は、元立誠小学校に残されていた防火栓である。これは、先述した「防火栓圖」によく似ている。

　このように、「京都市明細図」によれば、京都における近代消防の広がり、さらに上水道の敷設も理解することもできる。

　1枚に接合された「京都市明細図」を、「近代京都オーバーレイマップ」というサイトにて閲覧することができる。(https://www.arc.ritsumei.ac.jp/archive01/theater/html/ModernKyoto/)

　ぜひ、地図を拡大し、防火栓を探しながら、近代都市へと変わりつつある大正末期の京都を歩いてみてほしい。

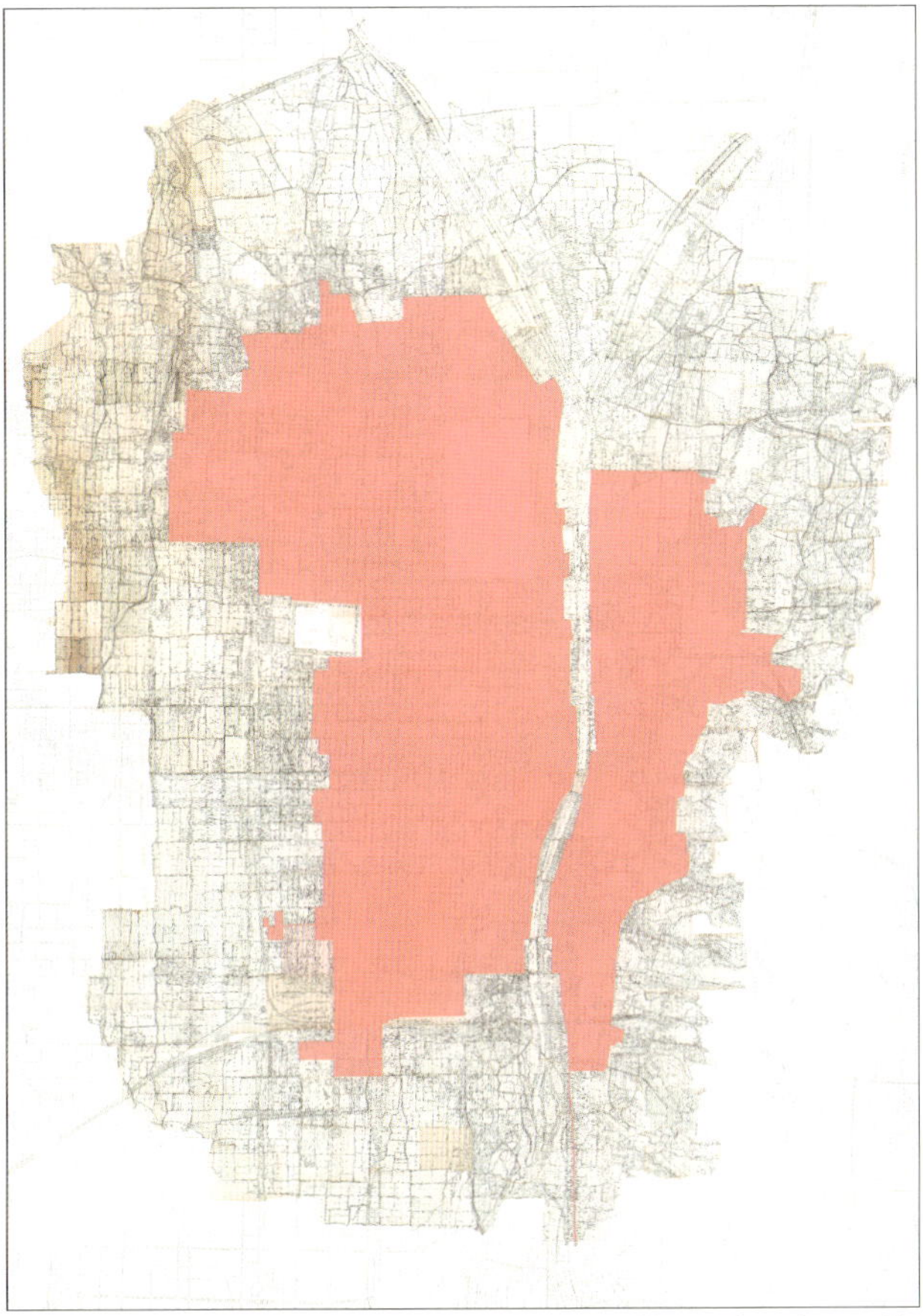

図7「京都市明細図」の全体と防火栓の敷設範囲　赤い部分が給水開始時の範囲

図8　元立誠小学校の防火栓（金度源氏所蔵）

目を凝らせば普段着の京都が立ち現れる

京都府立京都学・歴彩館所蔵「京都市明細図」を読む

河角直美

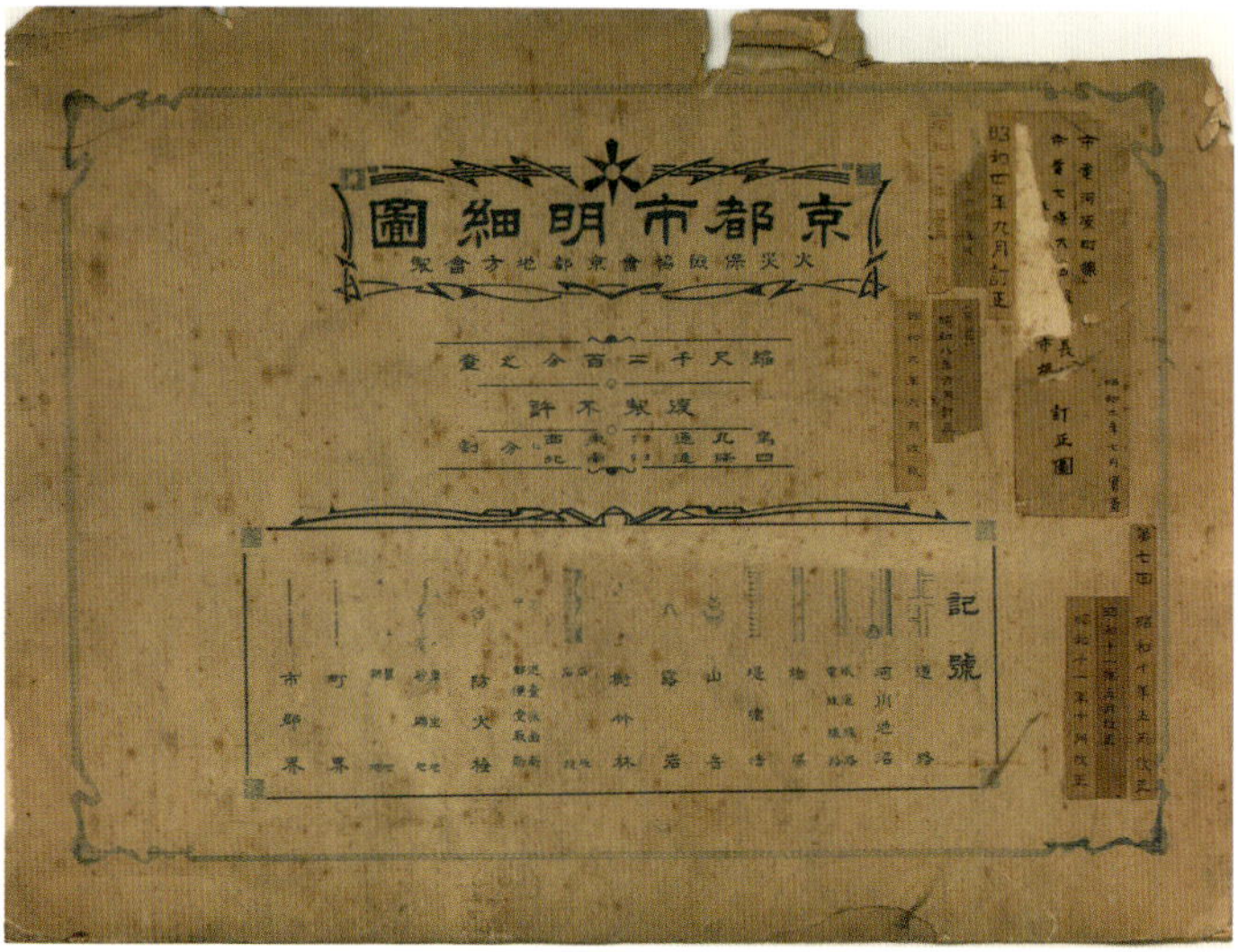

図1　京都府立京都学・歴彩館所蔵「京都市明細図」の表紙
京都府立京都学・歴彩館 京の記憶アーカイブから

もうひとつの「京都市明細図」

前項で長谷川家住宅所蔵の「京都市明細図」を紹介した。一方、京都府立京都学・歴彩館が所蔵する「京都市明細図」（図1）は、2010年9月、館内の蔵書点検で発見され、2010年10月には公表されていた。長谷川家住宅よりも先に見つかっていたにもかかわらず、京都学・歴彩館の明細図を後で紹介する理由は二つある。

一つは、「京都市明細図」は289枚（図面284枚、表紙1枚、索引図4枚）で構成されているのに対して、こちらは図面が286枚、表紙が1枚、索引図が5枚で、合計すると291枚と、枚数が異なっていたためである。

二つ目としては、表紙と一部の図面に「〇年改」と記載され、さらに、刊行時の状態の地図に着色や加筆・修正、更新図の貼付などが施されていたことによる。枚数の違いや書き込みが何を意味するのだろう。

このような、刊行後に施された点について取り上げながら、京都学・歴彩館の所蔵する「京都市明細図」

を読んでみたい。

何がいつ加筆されたのか

この明細図には、刊行時に描画された建物の形状と漢数字による地番のほか、建物の階数が記されている（図2）。ほとんどの建物に、①や②と表記されていることから、街は1階建、もしくは2階建で占められていたことがよくわかる。

また、個々の建物について、住宅に「緑」、銀行や企業、商店に「赤」、工場に「青」、神社仏閣に「黄」、官公庁や学校には「オレンジ（もしくは茶）」、遊廓に「紫」といった着色が施されていた（図2）。色によって建物の用途が大まかに分類されていたのである。さらに、建物ごとに具体的な用途や企業名、商店の場合は販売品目が記載されていた。現在の住宅地図のようなもので、その細かさには目を見張る。

一方で、図面のなかには、描画された内容を更新した図が、原図の上に貼付されているものもあった（図2の下部）。部分的に、あるいは全面的に更新図が貼られている図面は、市電の延伸や道路の拡幅がおこなわれたところや、市を外周する道路の周辺など、昭和初期から戦後にかけて土地区画整理事業が進められた地域であった。

例えば、表紙にある「昭和二年七月實査　市電河原町線　市電七條大宮線訂正圖」という記載は（図3）、昭和2年には河原町

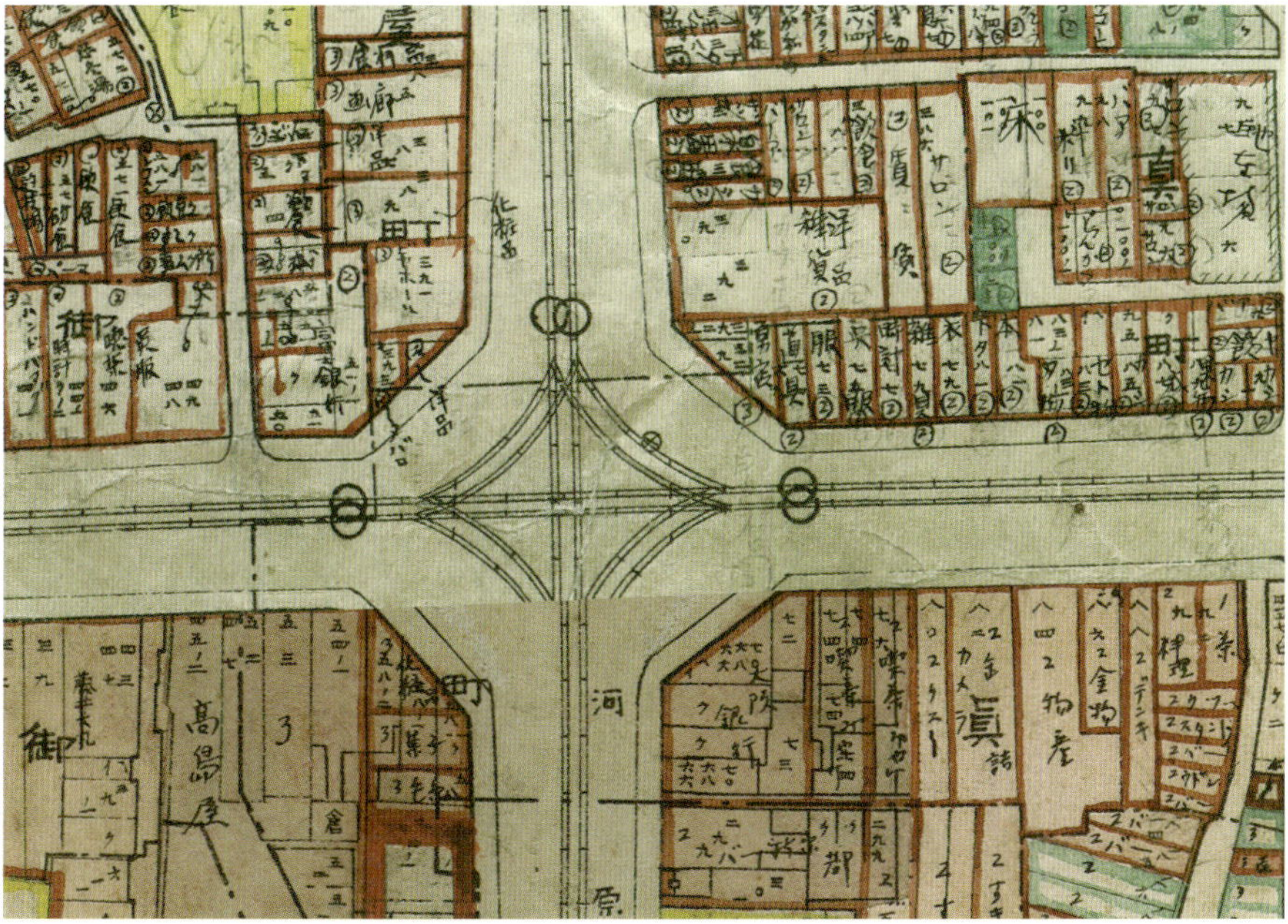

図2　四条河原町周辺（「京都市明細図」京都府立京都学・歴彩館 京の記憶アーカイブ から）
四条通以南も拡幅され、市電が走っている。

通の市電に関して修正し、更新図を作製したことを示すだろう。こうした修正の記載はいくつかみられた。また、NW63ノ1番とNW64ノ1番には、「昭和十三年四月新製」と記されていた。索引図にはない新しい図面が作製されたため、総枚数が増えていたのである。

　原図への書き込みや修正などは、表紙や一部の図面の記載から、刊行直後からおこなわれたことがわかっている。

　一方、着色や建物用途の加筆は、戦時中に建物が強制疎開された一帯にはない。したがって、戦後に施されたことが判明した（図4）。

　京都学・歴彩館の「京都市明細図」の図面に施された内容について、福島幸宏氏は、刊行後、少なくとも1942年まで部分的な更新がおこなわれたこと、戦

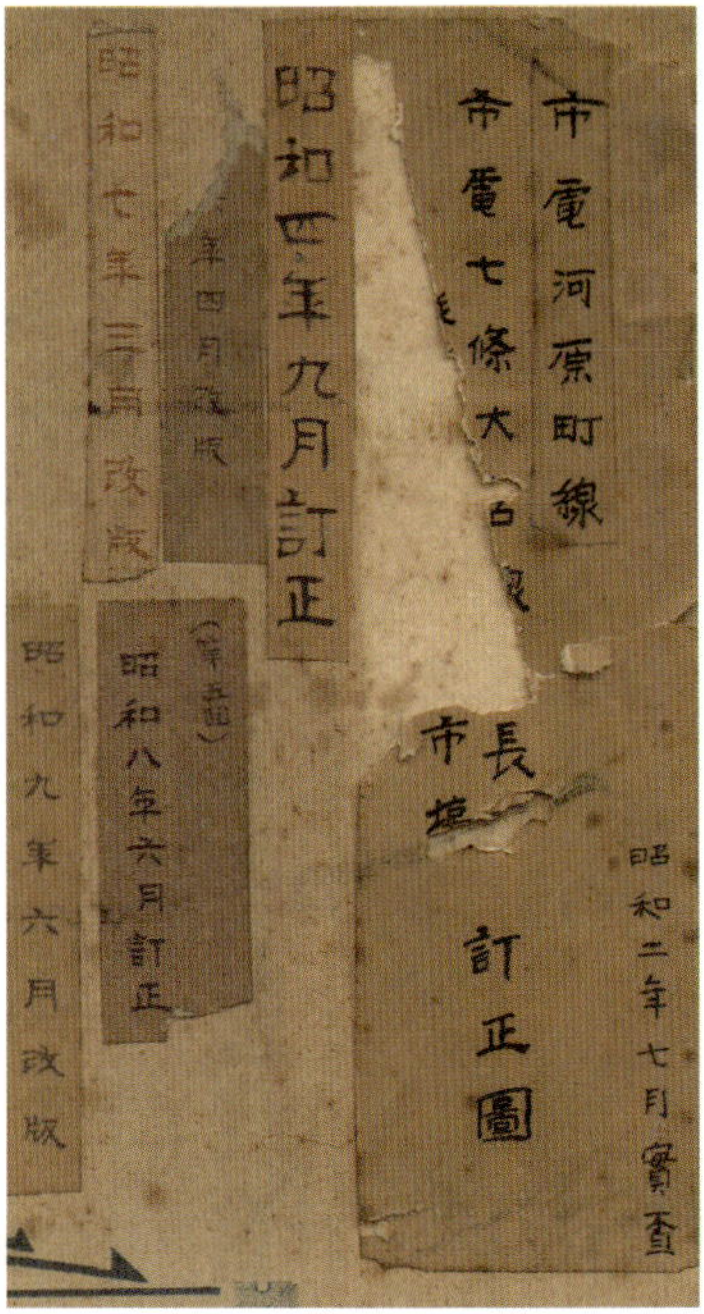

図3　刊行後の修正の記録（表紙〔図1〕の右端を拡大したもの）

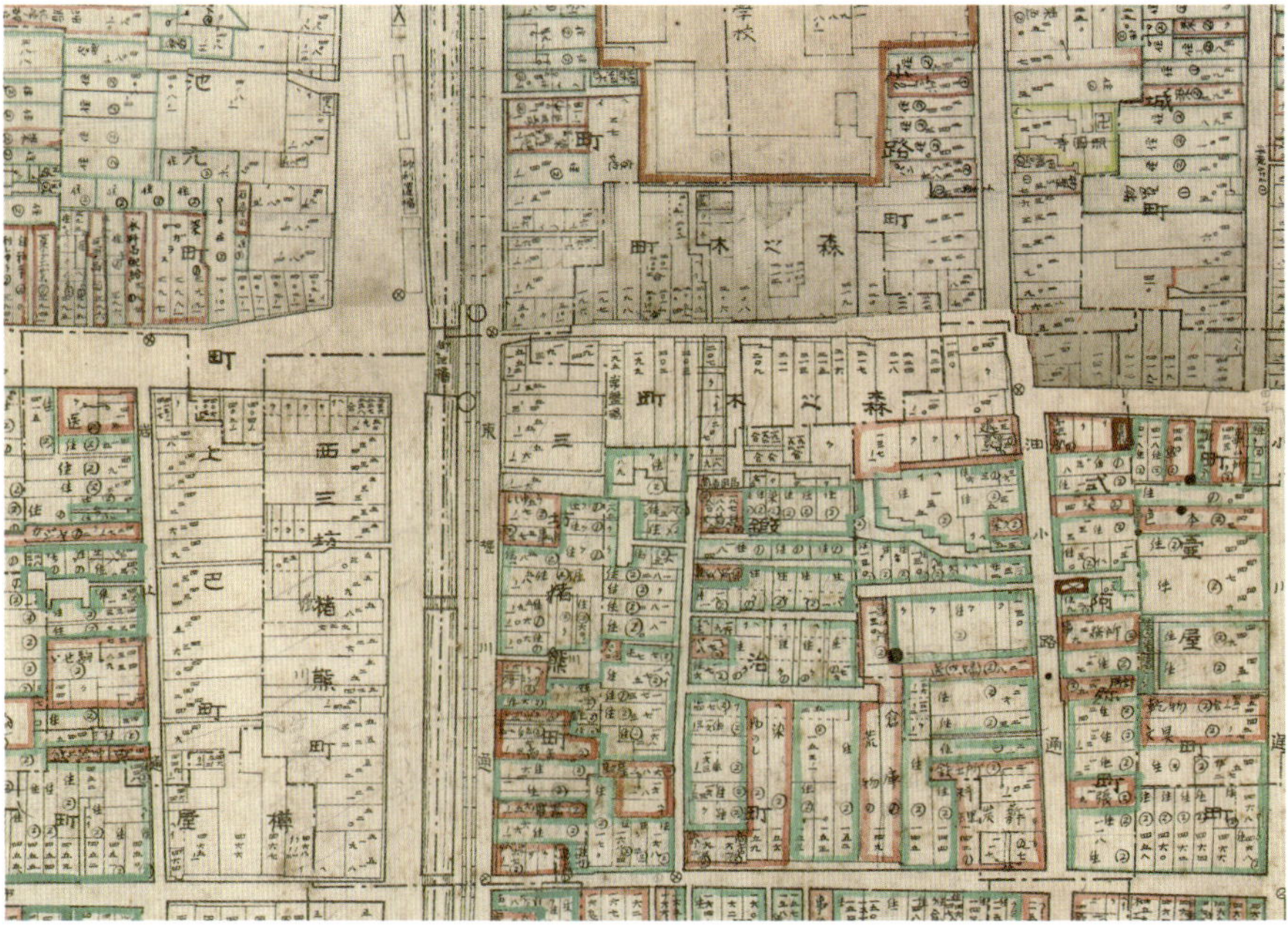
図4　堀川御池周辺にみられる建物強制疎開の跡（「京都市明細図」京都府立京都学・歴彩館 京の記憶アーカイブ から）

時中の建物疎開事業の参考資料として用いられたこと、建物への着色は、1950~1951年までの間におこなわれたと推定している。また山近博義氏によれば、手書きの加筆や修正は、1949~1951年までとされている。

　では、誰が何のために、こうした作業をおこなったのだろうか。福島幸宏氏の「1990年8月に京都府都市計画課から京都府立総合資料館に引き渡された」という記述や修正内容からみて、都市計画の現場において必要とされたためと推察される。しかし、はっきりとしたことはわかっていない。

　ただ、加筆・修正の意図は判然としないものの、変わりゆく街に対して、その都度新しい地図が作られるのではなく、「京都市明細図」への書き込みが続けられてきたことで、この地図が、街の変遷過程を示す貴重な史料となったのである。

色と建物の記載から

　わからないことは多いものの、「京都市明細図」を眺めていると、京都の街並みに関するさまざまな情報を得ることができる。

　西陣一帯を見れば、濃い緑色で着色された、「織」もしくは「オリ」と記述されたたくさんの建物がある(図5)。それは、西陣織の出機《でばた》を示すと考えられている。建物一つひとつに「織」や「オリ」と記載された周辺では、機織の音が

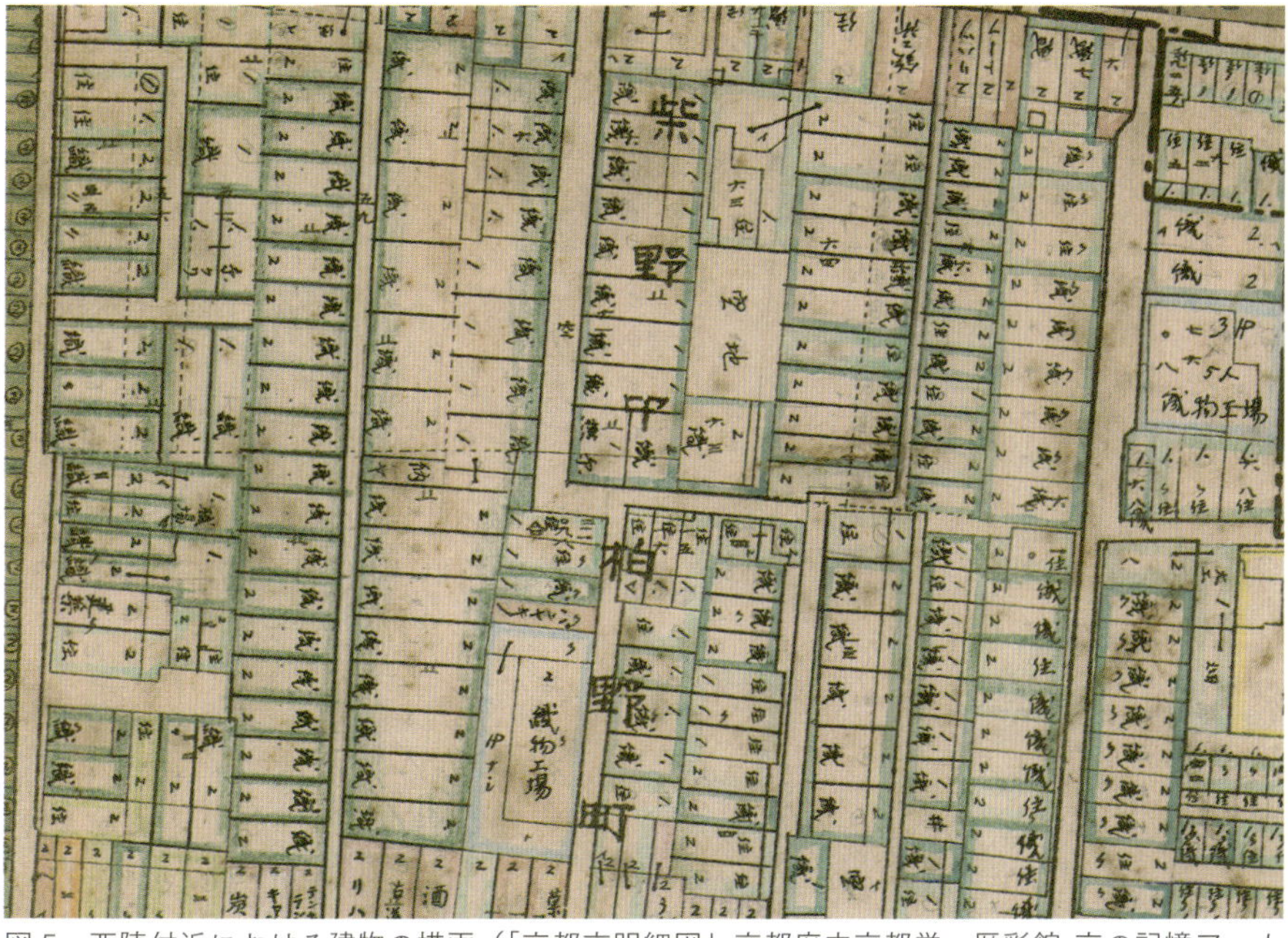

図5　西陣付近における建物の描画(「京都市明細図」京都府立京都学・歴彩館 京の記憶アーカイブ から)建物が濃い緑色で着色され、それぞれに「織」と記載されている。

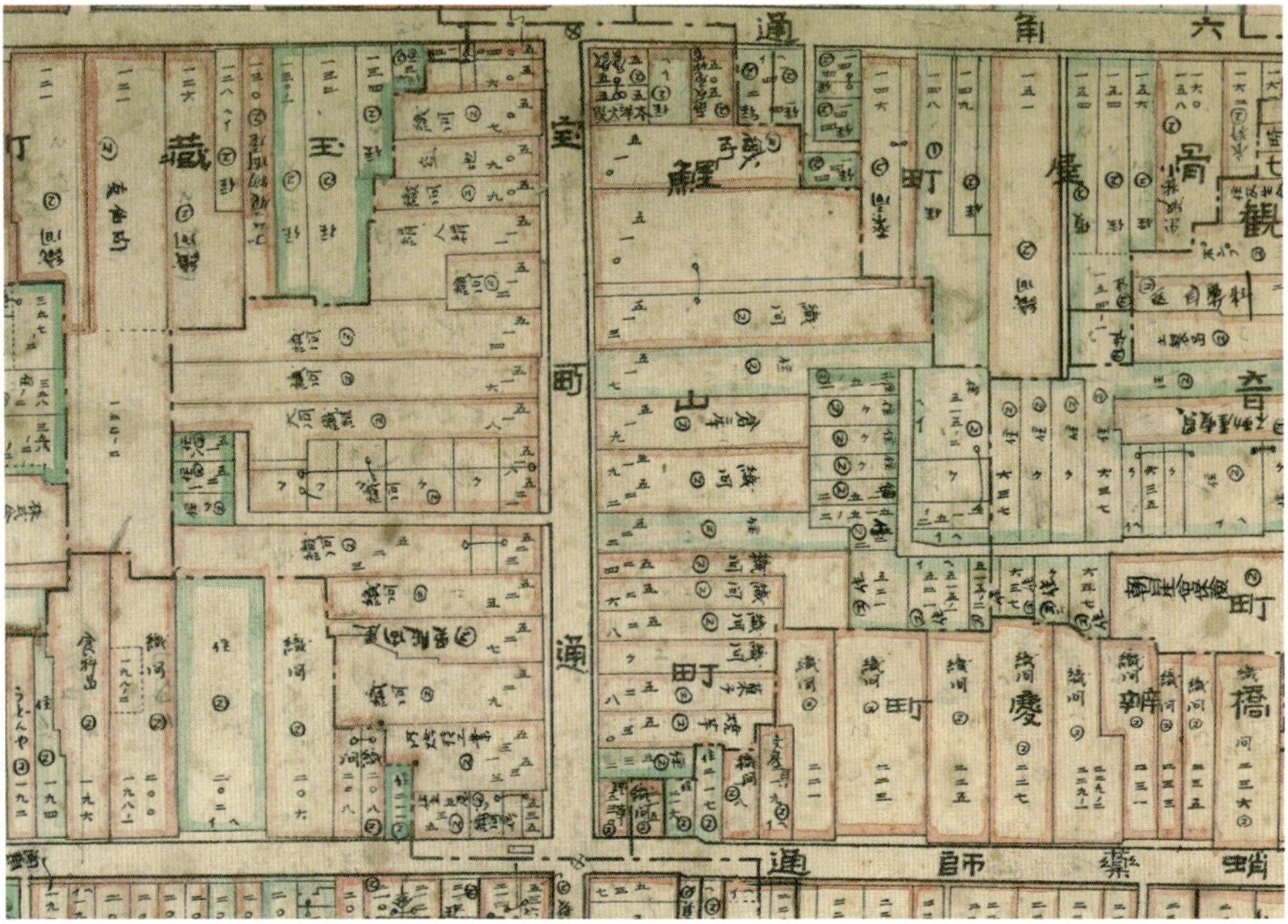

図６　室町通の織物問屋（「京都市明細図」京都府立京都学・歴彩館 京の記憶アーカイブ から）
赤色で着色された建物に「織問」と記載されている。

図７　五条坂の陶器工場とその卸問屋街（「京都市明細図」京都府立京都学・歴彩館 京の記憶アーカイブ から）「陶器工場」は青色で、「陶器卸」は赤色で着色されている。

聞こえてきそうである。

職人による生産の場に対して、問屋街は室町通にあった。室町通周辺では、いわゆるうなぎの寝床状の京町家に、「織問」と記された建物がいくつもある（図6）。

こうした京都の伝統産業としては、友禅染や京焼に関して見つけることができる。五条坂の南には、「陶器工場」「陶器」といった記載があり、山科へ移転する前の様子を確認できる（図7）。五条通の北側には「陶器卸」の文字が並んでいて、かつての賑わいを想像することができよう。

なにより、こうした建物ごとに記載された用途を読んでいくと、人々の生活の場としての、普段着の京都を覗いているような心持になる。

商店街の描画はとくに面白い。図8は錦通周辺を拡大したものである。今では観光客向けの店が増えてしまったが、明細図には「魚」「果物」「菓子」「乾物」「肉」「クツ」などと記され、日常的な買い物の場であったことがわかる。

このような細かい内容の真偽を、一つひとつ吟味することはとても難しい。そのなかで、この「京都市明細図」の内容をもっともよく理解し説明できるのは、この地図が作製された当時を知る人たちである。この地図を見た人々に蘇る京都の街の記憶は、非常に興味深い。

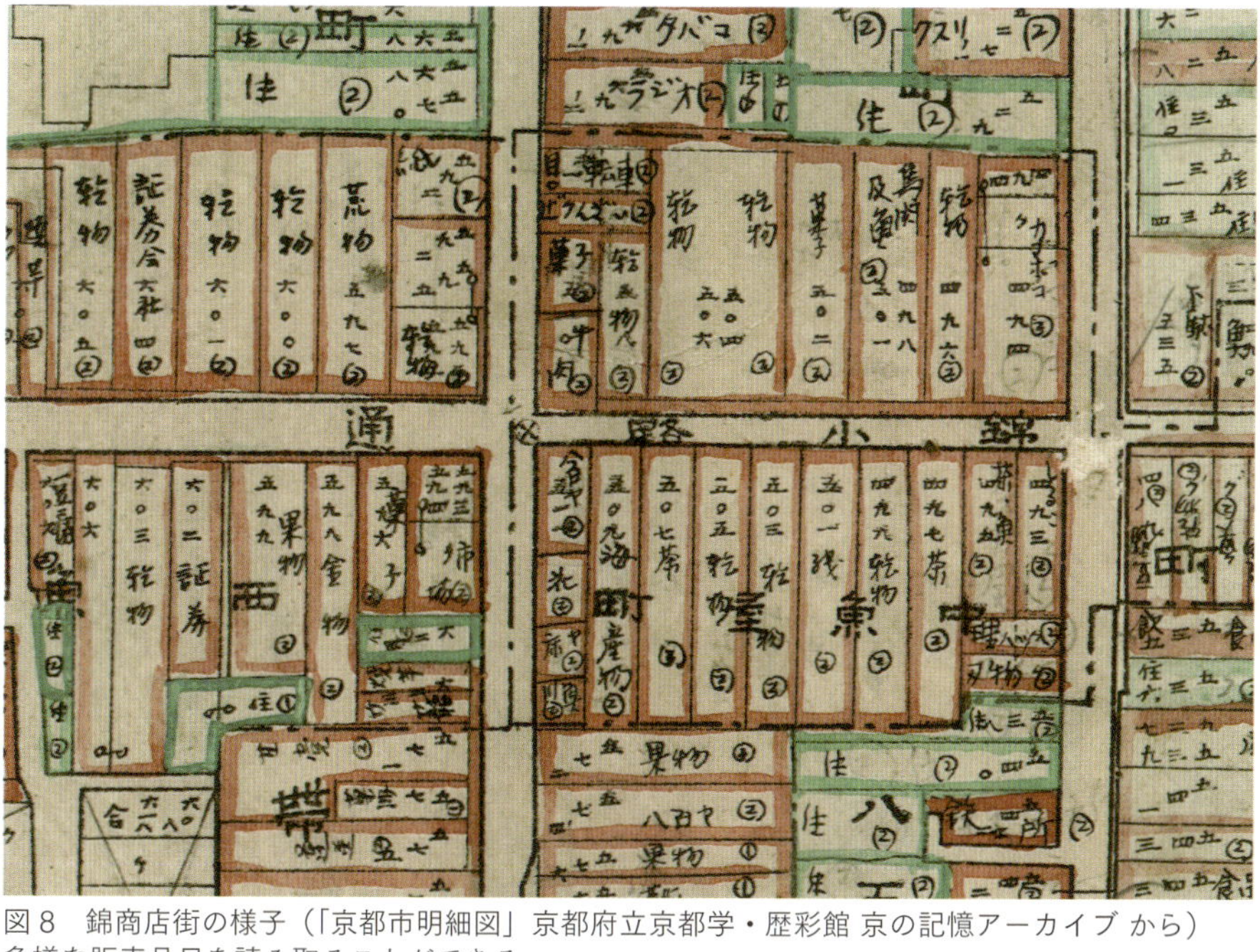

図8　錦商店街の様子（「京都市明細図」京都府立京都学・歴彩館 京の記憶アーカイブ から）
多様な販売品目を読み取ることができる。

「京都市明細図」と占領期の京都

河角直美

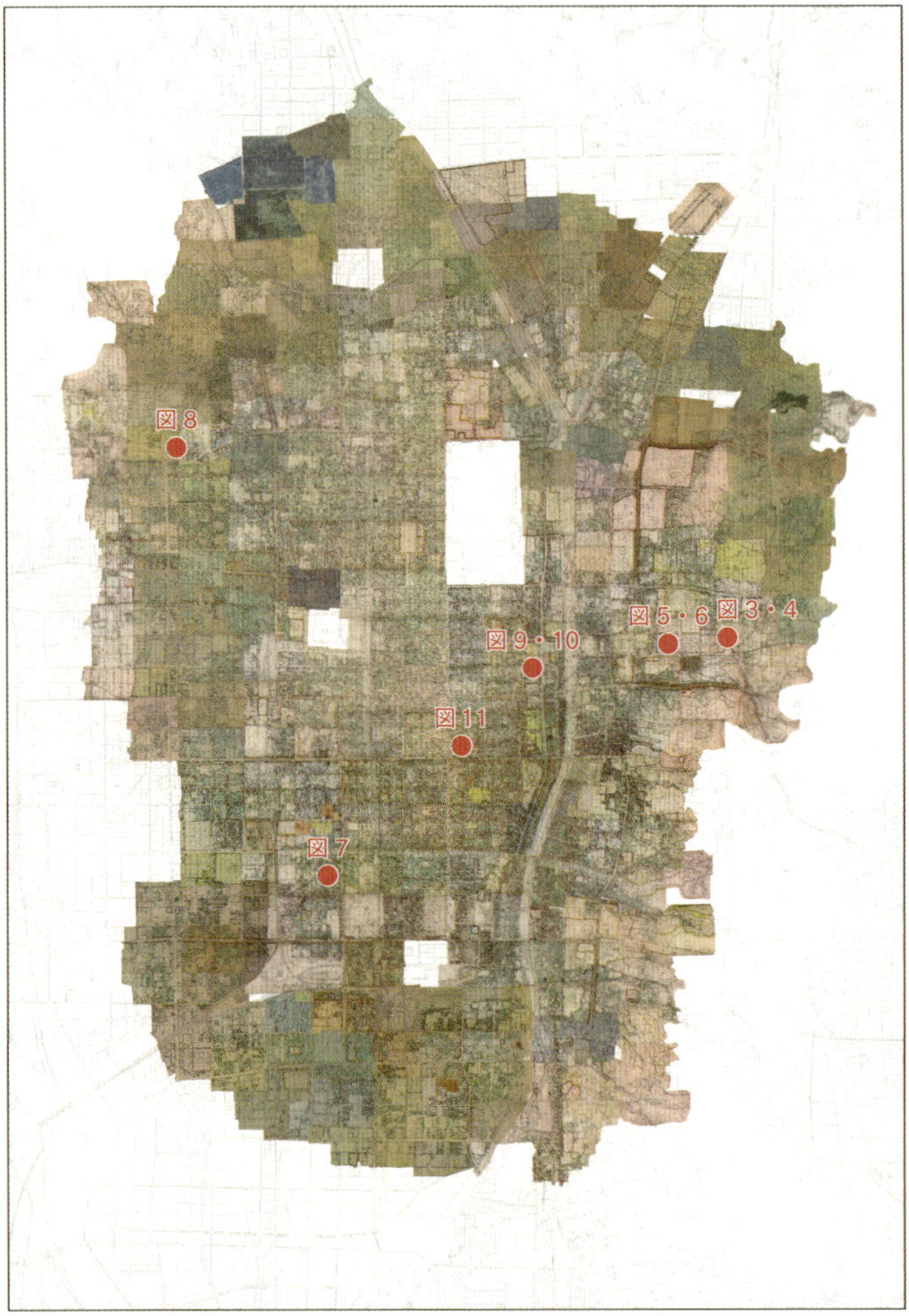

図１　「京都市明細図」の全体　京都府立京都学・歴彩館所蔵

「京都市明細図」と占領期

京都府立京都学・歴彩館所蔵の「京都市明細図」（図１）に施された描画は、一見すると雑多で、難解に思われる。そのなかで、加筆時期を特定でき、その内容を理解できる描画がある。第二次世界大戦後、日本が連合国軍の占領下にあった時期に関わるものである。

日本は、１９４５年８月15日に敗戦し、１９４５年９月２日にミズーリ号艦上にて降伏文書に調印した後、１９５２年４月28日のサンフランシスコ講和条約が発

図2　1945年秋の寺町四条周辺（衣川太一氏所蔵）寺町四条の南西角から北東を向いて撮影されている。

効されるまで、連合国軍の占領下におかれた。一般に日本の戦後の歴史というとき、敗戦、戦後復興、高度経済成長、オイルショックといった流れでよく語られる。しかし、「占領期」についてはあまりイメージが思い浮かばないだろう。こうしたなかで、2017年、西川祐子氏は『古都の占領』を刊行し、敗戦後約7年間の「占領」とは何かを問いかけた。その著書のなかで参考にされた資料の一つが、京都府立京都学・歴彩館の所蔵する「京都市明細図」である。

京都の占領は、1945年9月25日のアメリカ第6軍の進駐によって始まった（図2は、その頃の京都が写された写真である）。その後、5日間のうちに約1万7千人以上の進駐軍が京都に入っている。京都の占領について、先行研究と京都府立京都学・歴彩館所蔵の「京都市明細図」をもとに考えてみたい。なお、進駐した連合国軍は「占領軍」ではなく「進駐軍」と呼ばれたことから、ここでも進駐軍とする。

「進駐軍」という記載

日本に進駐した連合国軍は、占領を遂行し実務をおこなう場と、居住する場を必要とした。その時、すでに日本各地にあった公共施設、オフィスビル、病院、そして個人住宅などが強制的に収用された。京都市も例外ではない。「京都市明細図」を拡大すると、「進駐軍用地」や「進駐軍家族用住宅」など、占領に関係すると考えられる記載が複数あることに気がつく。

まず、岡崎公園とその周辺に目を向ければ、南禅寺の三門や本坊が描かれた付近の住宅街に、「進駐軍宿舎」や「進駐軍家族用宿舎」の記載を見つけることができる（図3）。一部の住宅には、「U.S.A住宅」、あるいは鉛筆書きで「U.S.A住」と記されている（図4）。京都に進駐した連合国軍はアメリカ軍で

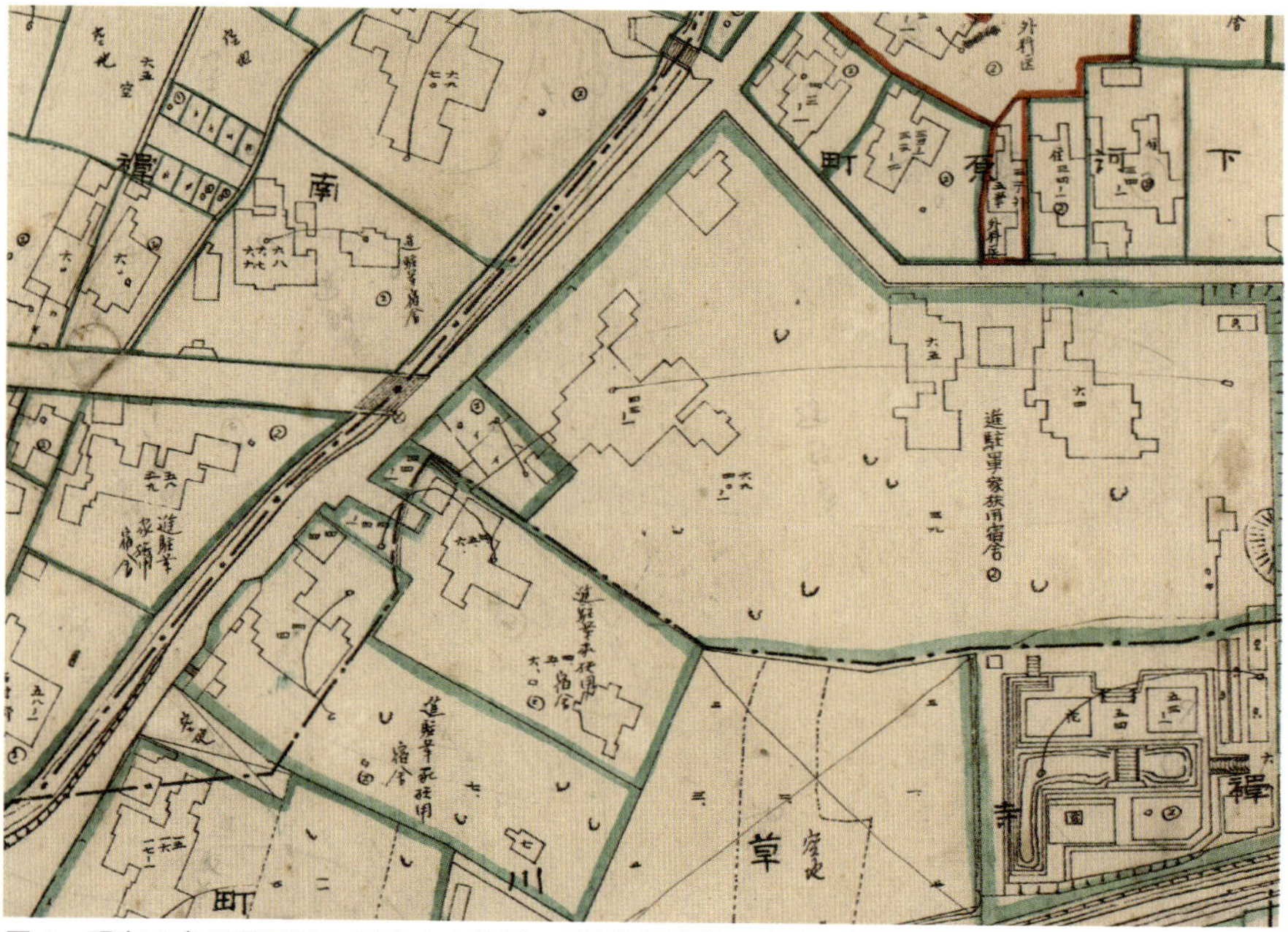

図３　現在の白川通周辺に相当する地域の「進駐軍家族用宿舎」（京都府立京都学・歴彩館所蔵「京都市明細図」から）

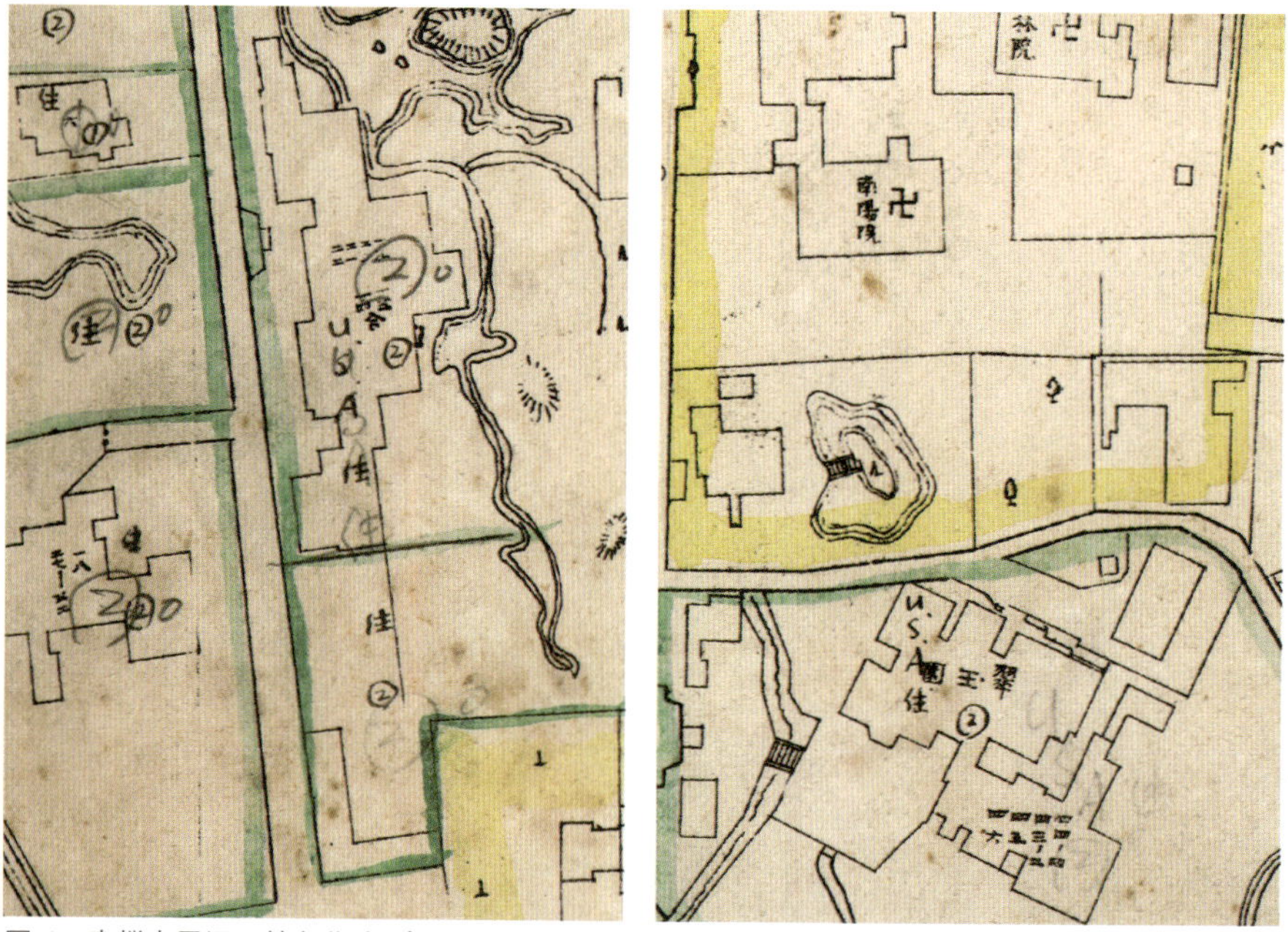

図４　南禅寺周辺の接収住宅（京都府立京都学・歴彩館所蔵「京都市明細図」から）「U.S.A. 住」という記載がみられる

あったことから、この記述も占領に関わるものといえるだろう。

南禅寺周辺以外でも、「進駐軍接収住宅」や「進駐軍接収」と書き込まれている緑色で着色された一般住宅を見つけることができる。「進駐軍宿舎」、「進駐軍家族用宿舎」とは、進駐軍のなかの高級将校の住まいとして接収された住宅と考えられている。地図からもわかるように、広い庭があるような邸宅、とくに近代建築がその対象になった。京都における接収住宅の選定基準は明確ではないという。しかし、ガレージ、水洗トイレ、ボイラー室の設置が、高級将校の家族住宅では必要とされたということから、京町家は好まれなかった。接収された住宅は、GHQの要求を受けて改修され、その工事に関する記録が京都府立京都学・歴彩館に残されている。

玉田浩之氏によれば、京都市（山科区を含め）では149戸の接収住宅があった。それらは南禅寺周辺のほか、下鴨神社周辺、北白川小倉町周辺、今熊野周辺といった近代以降に開発された郊外住宅地に集中している。郊外住宅地の開発については、長谷川家住宅所蔵の「京都市明細図」にて、上記の地域を見るとよくわかる。

例えば、大正末期から昭和初期の白川小倉町周辺には、まだ白川通はなく、整然とした街並みも存在しない。その後、約20年間で開発が進み、住宅地が形成された。そこに描かれた広い敷地や池、住宅の形状から、京町家の密集する中心市街地に対し、明らかに違う雰囲気の空間が形成されたことを読み取れる。それは進駐軍の生活に適するものであった。

さて、もう一度、岡崎公園周辺を見ると、岡崎公園の京都市勧業館、京都商品陳列所、京都市動物園、京都市公会堂には「進駐軍用地」とある（図5）。これらは、独身将校宿舎をはじめとする兵舎や、モータープールなどにされたようである。とくに、京都市勧業館の南側、疎水を挟んだ向かい側には「進駐軍洗濯場」があり、これはドライクリーニング工場と洗濯場であった（図6）。一般住宅のほか、こうした接収された施設についても、「京都市明細図」で確認できる。先の洗濯場に加えて、五条壬生川通の南にある「菅野晒工場」には、「進駐軍物干場」と記されている（図7）。

地図を拡大して見れば、占領と関わる英語での表記にも気がつくだろう。京福電鉄嵐山北野線北野白梅町駅の東北にある広大な住宅（長谷川家住宅の「京都市明細図」では三井別邸、現在の聖ヨゼフ整肢園）に、「HQS 1st-CIC Region」という記載と、「yard」「office」「U. S. Army」「Motor Pool」「Teness Court」（つづりは記載のまま）などを読み取れる（図8）。「C.I.C.」は対

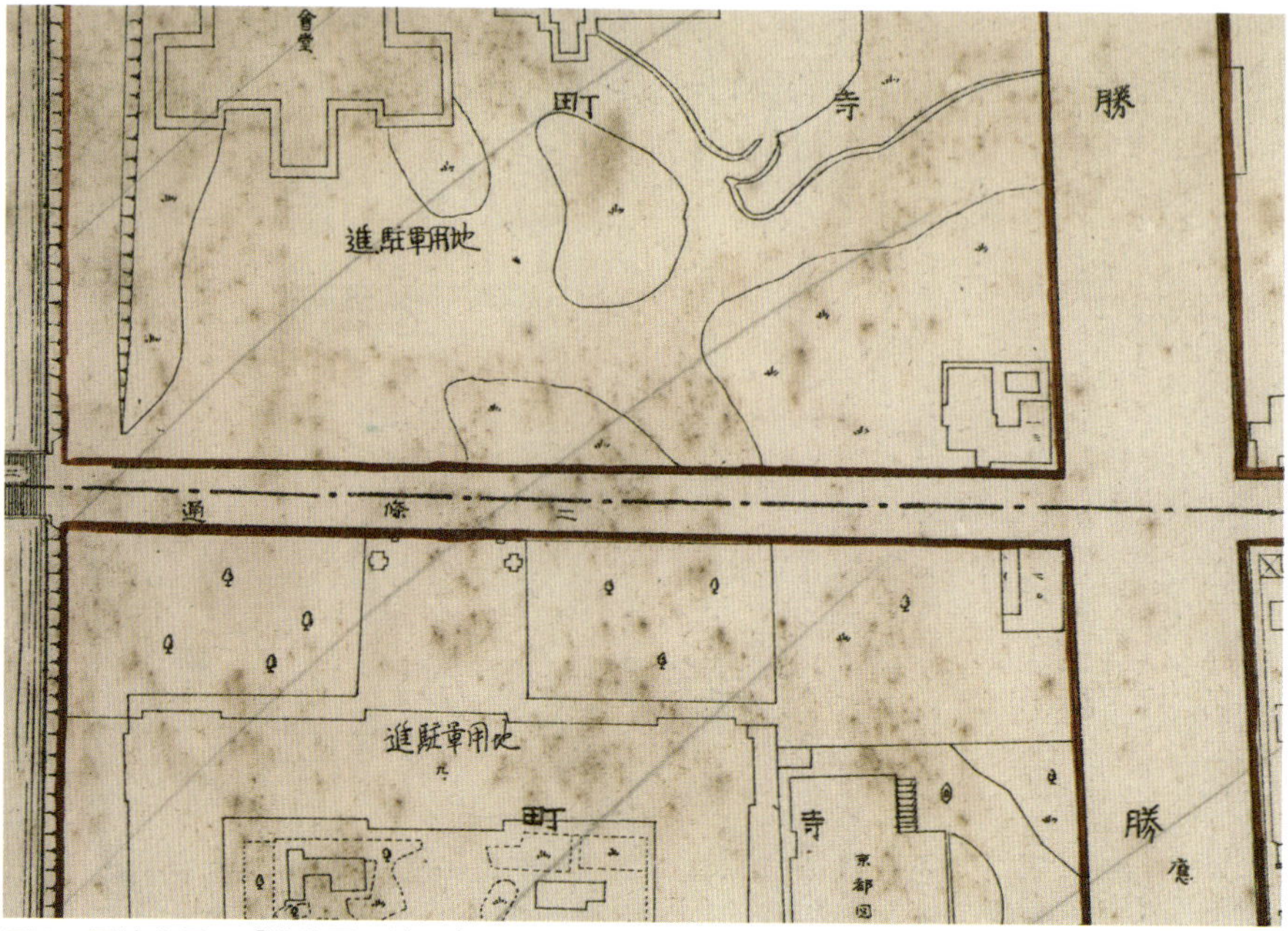

図５　岡崎公園の「進駐軍用地」（京都府立京都学・歴彩館所蔵「京都市明細図」から）現在の京都市勧業館、京都市美術館、ロームシアター京都の用地が接収されている。

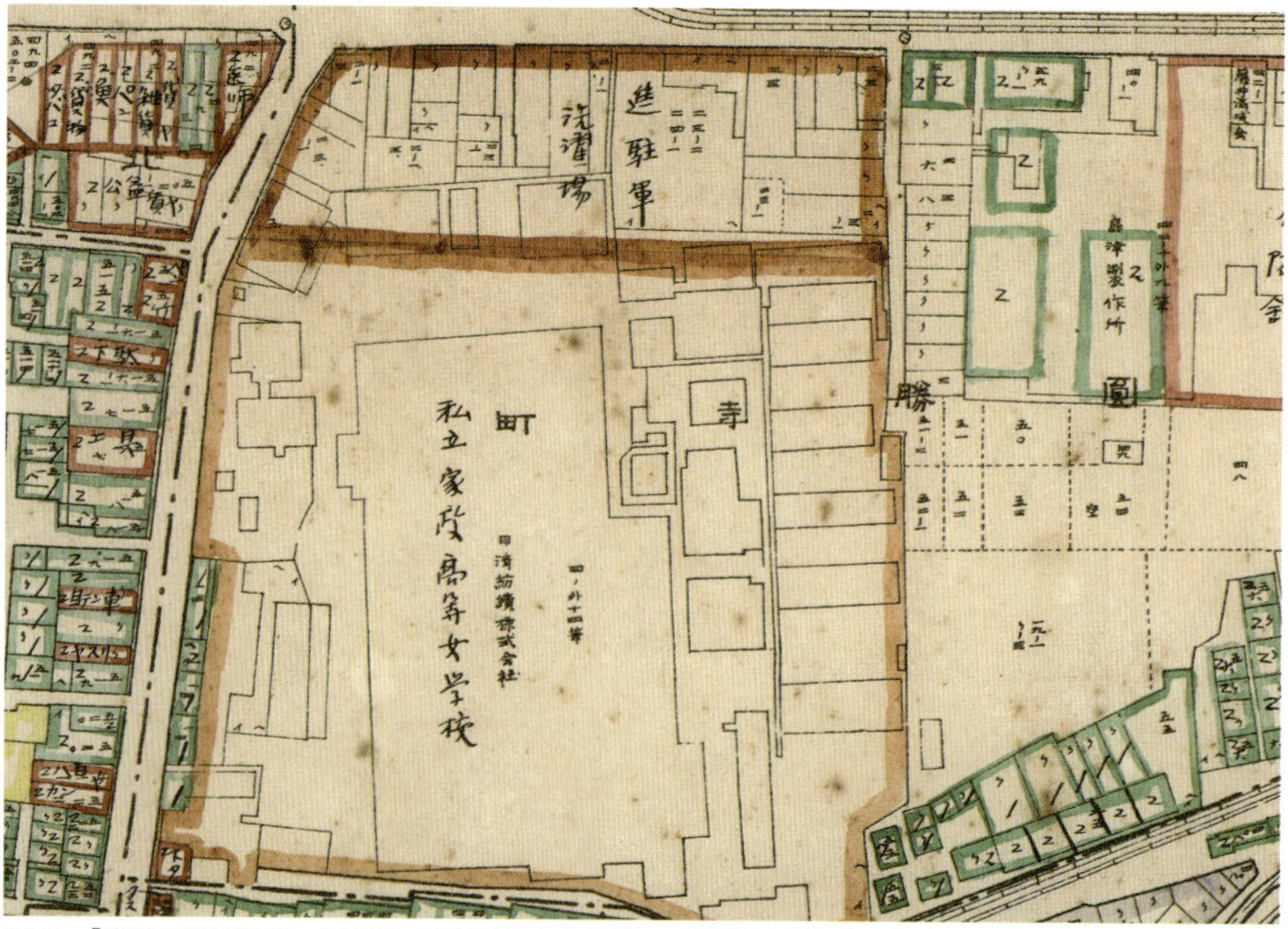

図６「進駐軍洗濯場」の記載（京都府立京都学・歴彩館所蔵「京都市明細図」から）南側には学校があった。

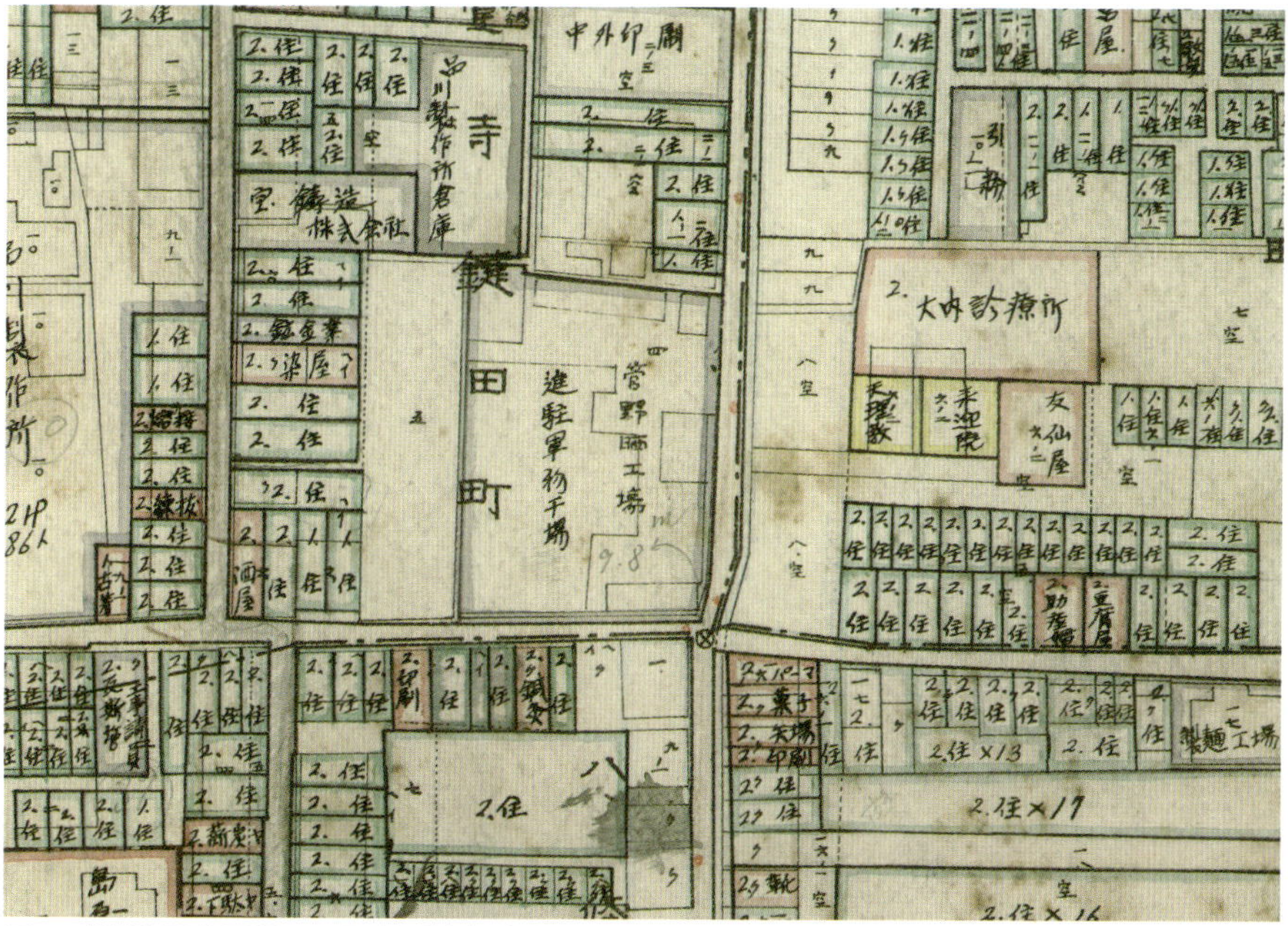

図７　「進駐軍物干場」の記載（京都府立京都学・歴彩館所蔵「京都市明細図」から）周辺は一般住宅の密集地である。

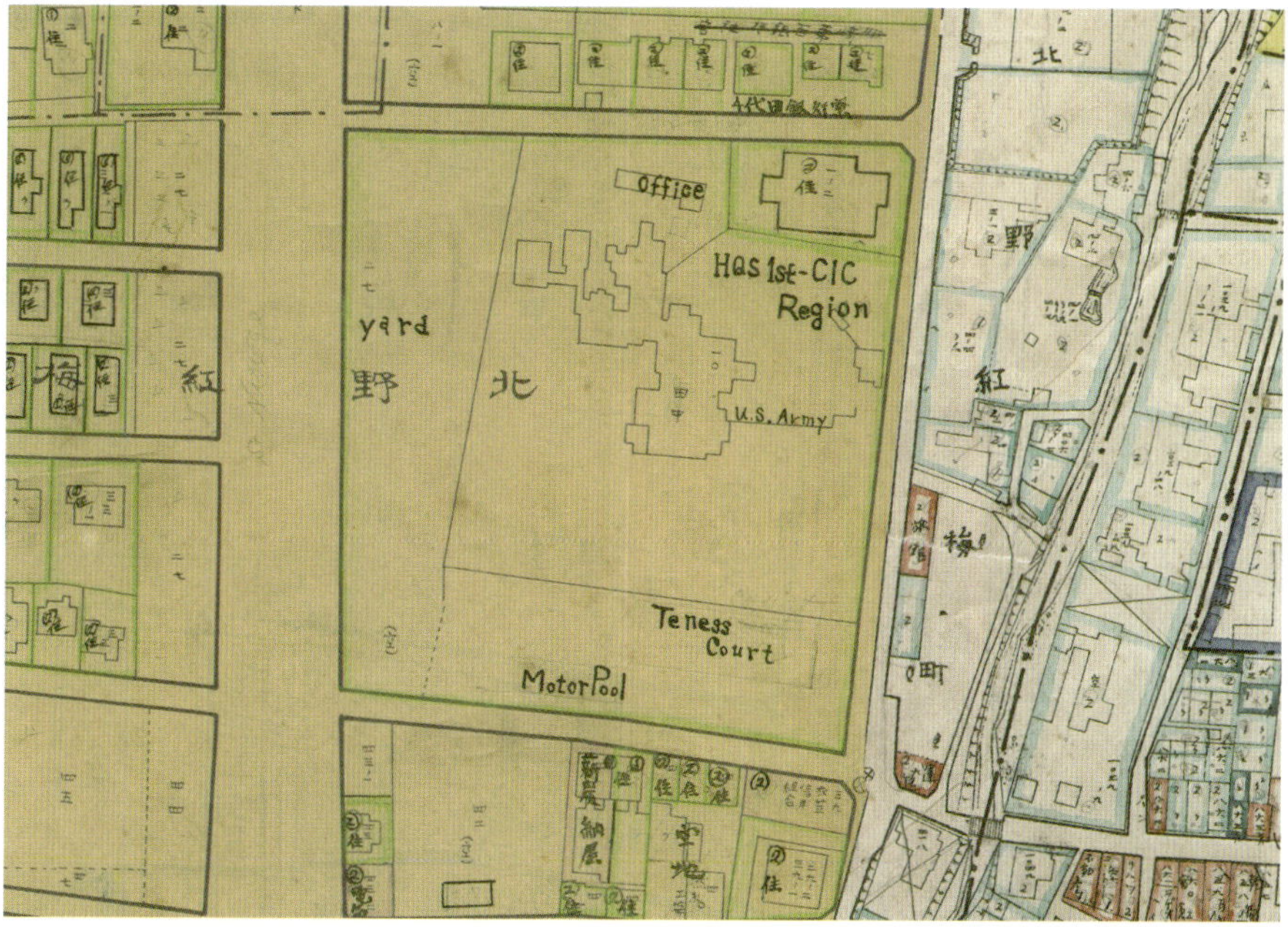

図８　北野白梅町北東におかれた「CIC」（京都府立京都学・歴彩館所蔵「京都市明細図」から）かつて住友別邸があった。現在は「聖ヨゼフ整肢園」となっている。

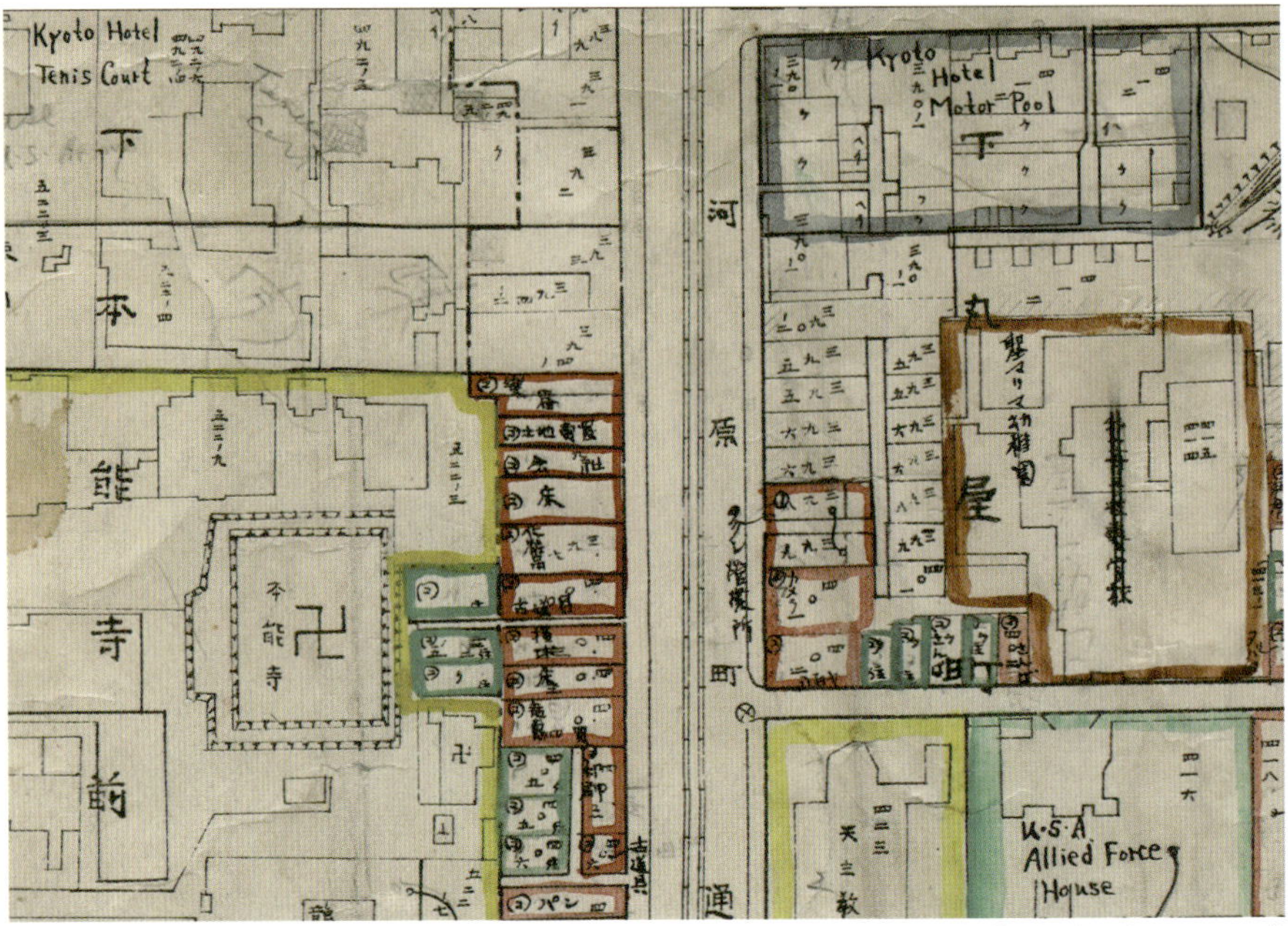

図９　京都市役所付近の南側、御池通の接収（京都府立京都学・歴彩館所蔵「京都市明細図」から）
鉛筆の下書きもうっすらと読み取ることができる。

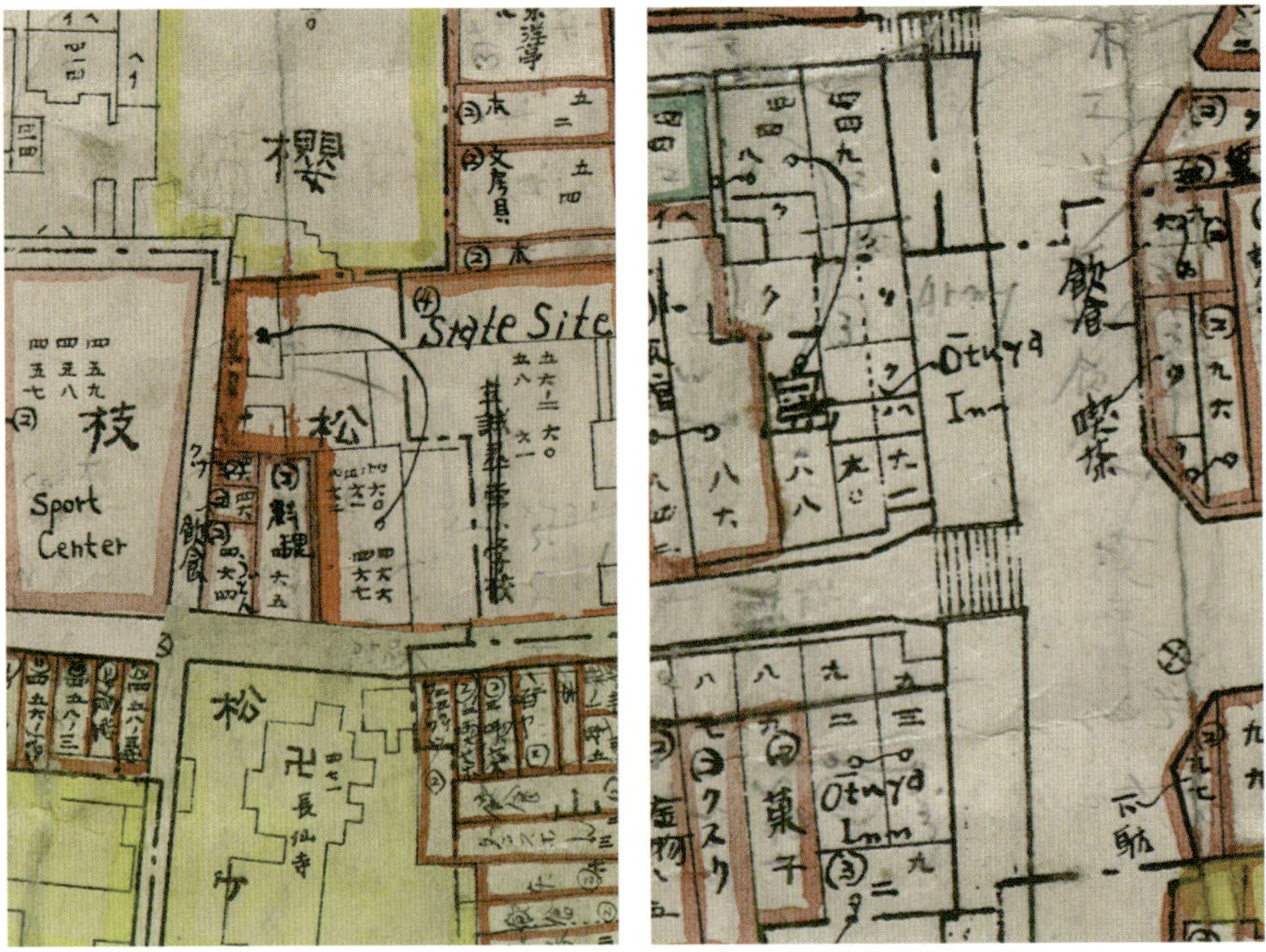

図 10　三条河原町付近の接収（京都府立京都学・歴彩館所蔵「京都市明細図」から）

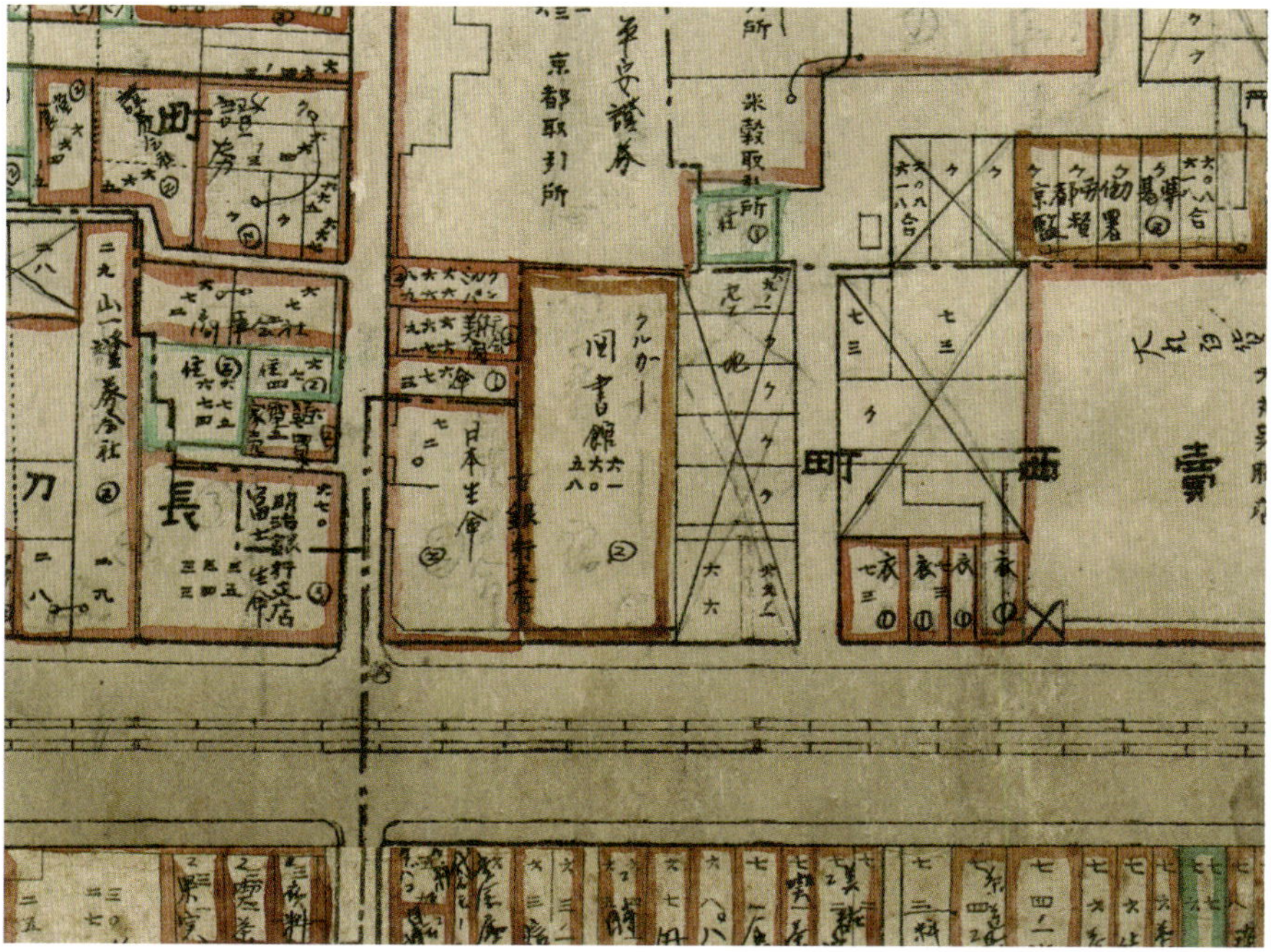

図11　「クルガー図書館」の記載（京都府立京都学・歴彩館所蔵「京都市明細図」から）

敵諜報部であり、京都御所の南にも存在した。

京都市役所の前には、「Kyoto Hotel Tenis Court」（つづりは記載のまま）とあり、さらに鉛筆書きで「use U.S.Army」、「Tennis court」とある（図9）。そこには、「疎開」という文字も読み取れるだろう。建物の強制疎開によって空き地となっていた京都市役所前は、進駐軍用のテニスコートとして利用されていたのである。その東には「Kyoto Hotel Motor Pool」もあった（図9）。

京都市役所前から河原町通を下っていくと、天主教会の東に「U.S.A. Allied Force House」が、三条木屋町交差点付近には「Otsuya Inn」（鉛筆でArmy）が記載されている。西側に目をやれば、接収された河原町三条の京都宝塚劇場（長谷川家所蔵「京都市明細図」では「立誠尋常小学校」）に「State Site」が、その西には「Sport Center」があった（図10）。現在の繁華街にも、占領のあとを見ることができる。

また、占領に関係する記載で重要なのは、「クルーガー図書館」である（図11）。これは、四条東洞院の日本生命四条ビルに所在した。クルーガー図書館とは、米軍第6軍司令官クルーガー大将が、京都市民に米国学術教科書約500冊を寄贈したことで、1946年1月23日にこの地に開館した。その後、1949年3月に閉館したクルーガー図書館は、京都大学図書館の本館に移動する。1946年から49年の3年間だけ存在したこの図書館も、明細図に書き残されていた。

以上のように紹介した占領関係の記載について、その位置関係を念頭にしつつ全体を概観すると、京都における都市空間の占領がみえてくる（図1）。岡崎公園や南禅寺周辺をはじめ、銀閣寺西の北白川周辺、京都市役所から河原町通など、占領は堀川通よりも東の市街地を中心としていたことに気がつくだろう。

では、京都市の西の方、西大路通よりも西側は空白地帯かというと、そうではない。北野白梅町に置かれたのは「C.I.C.」、対敵諜報部隊であった（図8）。当時の市域に広く覆いかぶさるように、京都は占領されていたのである。

占領と地図

ところで、連合国軍司令部として接収されたのは四条烏丸南東の大建ビルであった。これは、現在の「COCON KARASUMA」である。もとは丸紅本社として建造されたコンクリート製のビルであった。そして、司令官の宿舎は、烏丸丸太町の下村邸（現大丸ヴィラ）である。ただし、「京都市明細図」で、これらの建物が立地している場所を見ても、そこに進駐軍に関わる記述はない。大建ビルに関しては、建物の明確な描画もない。大建ビルが建つ前の状態（すなわち、長谷川家住宅所蔵の「京都市明細図」の描画と同じ）のままである。

占領に関わる重要な機密事項は記載されなかったのだろうか。しかしながら、諜報部隊である「C.I.C.」は確認できることから、記載するか否かの基準は判然としない。進駐軍関係の施設は固定されず、移動を伴うものであった可能性もあるだろう。

実は、「京都市明細図」に描かれている占領に関わる施設は一部にすぎない。高級将校以下の将兵たちの家族住宅を新築するため、京都市植物園が接収されたことは、「京都市明細図」には記されなかった。接収された一般住宅に関しても、この地図からすべてを確認することはできないのである。

一方、こうした京都の占領について、連合国軍が所持していた地図がある。それは、1949年と付された「CITY MAP OF KYOTO」（京都府立京都学・歴彩館所蔵）（図12）という地図である。この地図には、軍事施設と接収住宅、そして京都の観光地が描画されていた。ところが、この地図と「京都市明細図」を比べると、明細図に記載されていながら、「CITY MAP OF KYOTO」にない施設もある。やはり、地図だけで占領の全容を知ることは難しいだろう。そもそも「京都市明細図」における「進駐軍」の記載は、地図を拡大すればわかる情報である。見えにくい7年間の占領は、長い歴史のなか

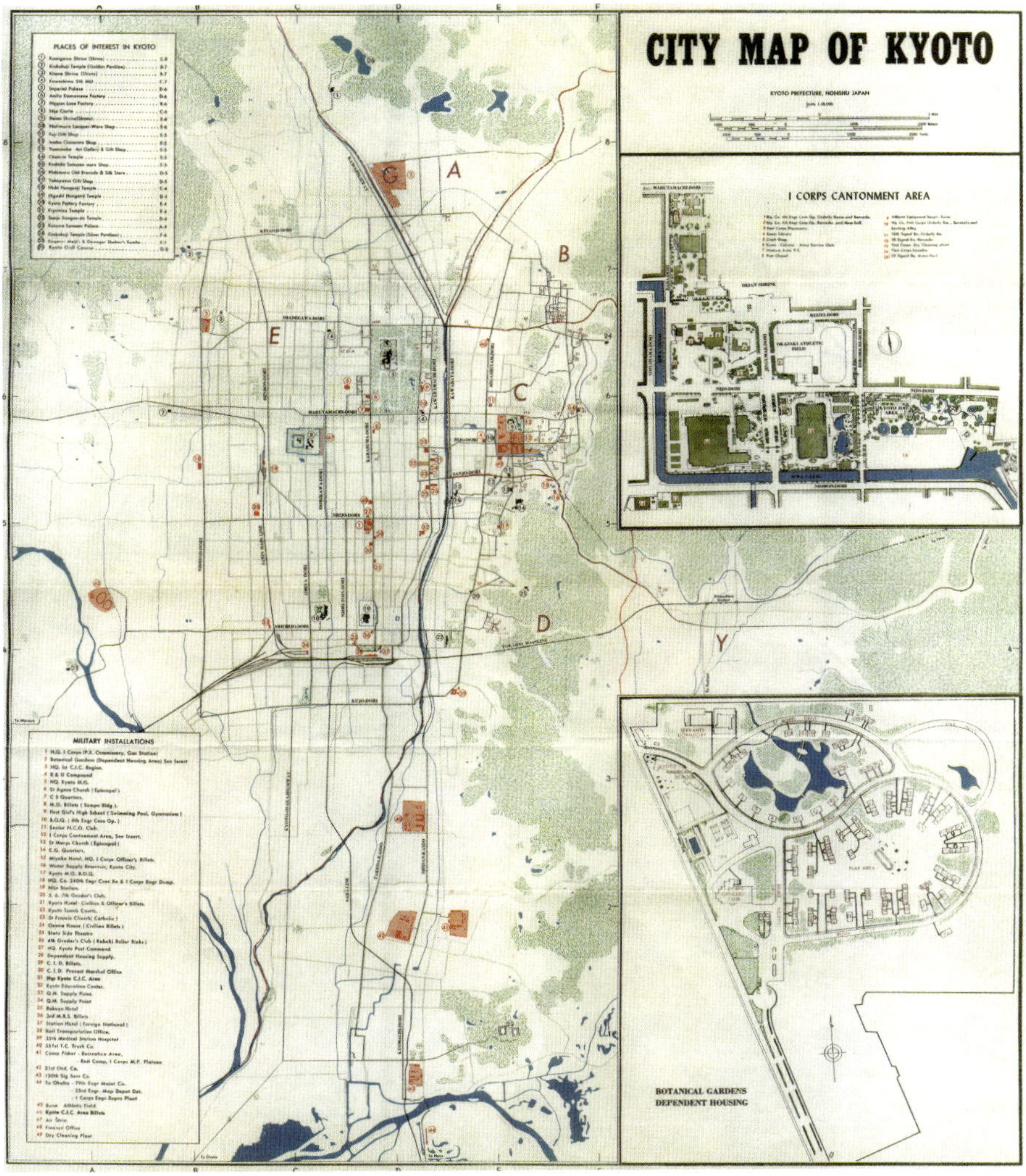

図 12　CITY MAP OF KYOTO　京都府立京都学・歴彩館所蔵

で埋もれてしまう時期かもしれない。

けれども、「進駐軍」の文字と同時に周りの様子も見てほしい。「菓子、診療所、工場、住」といった市民の日常がこの地図には描かれているのである。そのなかに「占領」があったことが見えてくるだろう。「京都市明細図」に点在する「進駐軍」の記載は、市民が生活する場の近くに進駐軍が存在したことを示唆している。「京都市明細図」には、市民の記憶のなかに埋もれている占領期が、残されているように思われる。

吉田初三郎の描いた昭和初期の京都

上杉和央

鳥の眼をもつ男

1928年（昭和3）に刊行された「京都名所大鳥瞰図」と題された図がある（図1）。地図部分で107×26㎝と細長い。京都府立京都学・歴彩館1階の京都学ラウンジには、同じ構図の手描き図が展示されているが、こちらは刊行図のおよそ5倍で、横が5m、縦も1mを超える大作だ。いずれも、「昭和三年御即位大典を記念して」と添えられており、昭和天皇の大典を記念して作られたことがわかる。

こうした斜め上から俯瞰する構図の図を鳥瞰図というが、大正から昭和にかけて、こうした地図の制作で名を馳せたのが、本図の作者、吉田初三郎だった。「大正の広重」と自ら名乗った初三郎は、弟子たちとともに日本各地の鳥瞰図を手掛けていった。

初三郎の作品制作は、現地の徹底的な写生が基本となっている。そうして得られた一つひとつの地物に関する情報を、鳥瞰図のなかに落とし込むところに初三郎の真骨頂があるわけだ。その構図は大胆きわまりな

く、たとえば京都を描いていても、その端には北海道や樺太、朝鮮半島が見通されるほど。鳥の眼というよりも、飛行機や人工衛星からの眺めといったほうがよいくらいの視野の広さである。

強調された場所

「京都名所大鳥瞰図」にはたくさんの地名や施設名が書かれている。地名や駅名は楕円形、施設名は長方形の枠で囲まれているが、二条駅だけは長方形となっており、原則に逸脱する。手描き図の方では楕円形の枠となっているので、印刷用の図は枠を間違えた可能性がある。

　また施設名のうち、寺社名については枠内を赤とし、その他は白とするが、文字のサイズを大きくしたり、青で塗り分けたりして、強調している場所もみえる。

　長方形枠が白で、文字サイズが周囲よりも大きく表現されているのは、「亀山帝陵」「桂離宮」「紫宸殿」「武徳殿」「五條」の5カ所で、五條を除くと、いずれも天皇家に関わりのある場所である。特に紫宸殿と武徳殿は、周辺に文字注記がある中で目立つように大きく記載されている（図2）。

　枠が青に塗られているのは、市街地では「御所」「京都府庁」「二條離宮」「二條駅」、「新京極」の5カ所、周辺部では「嵐山」「愛宕山」「鞍馬山」「比叡山」「明治節記念樑（塔）」「大文字山」「東山」「圓山

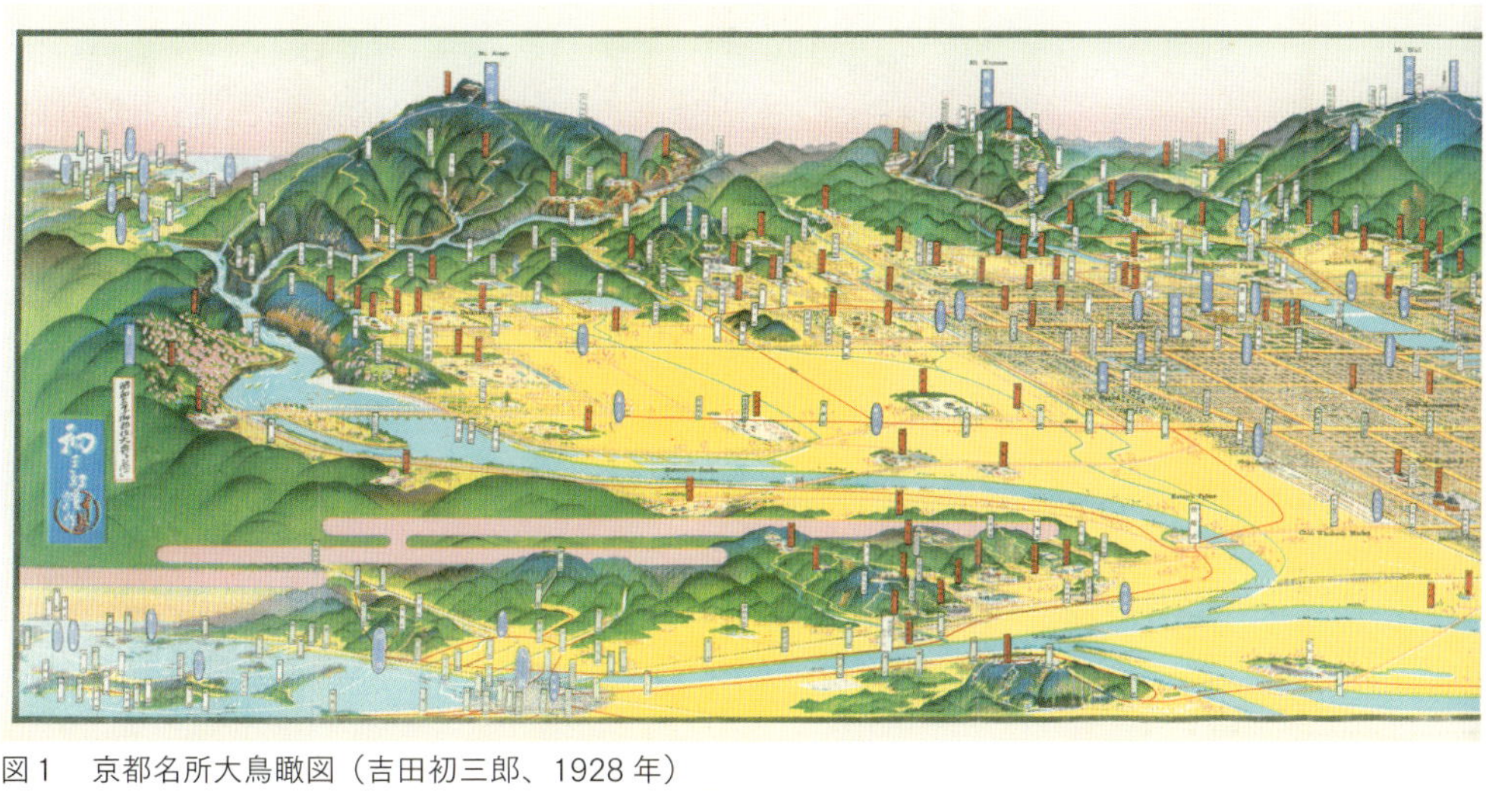

図1　京都名所大鳥瞰図（吉田初三郎、1928年）

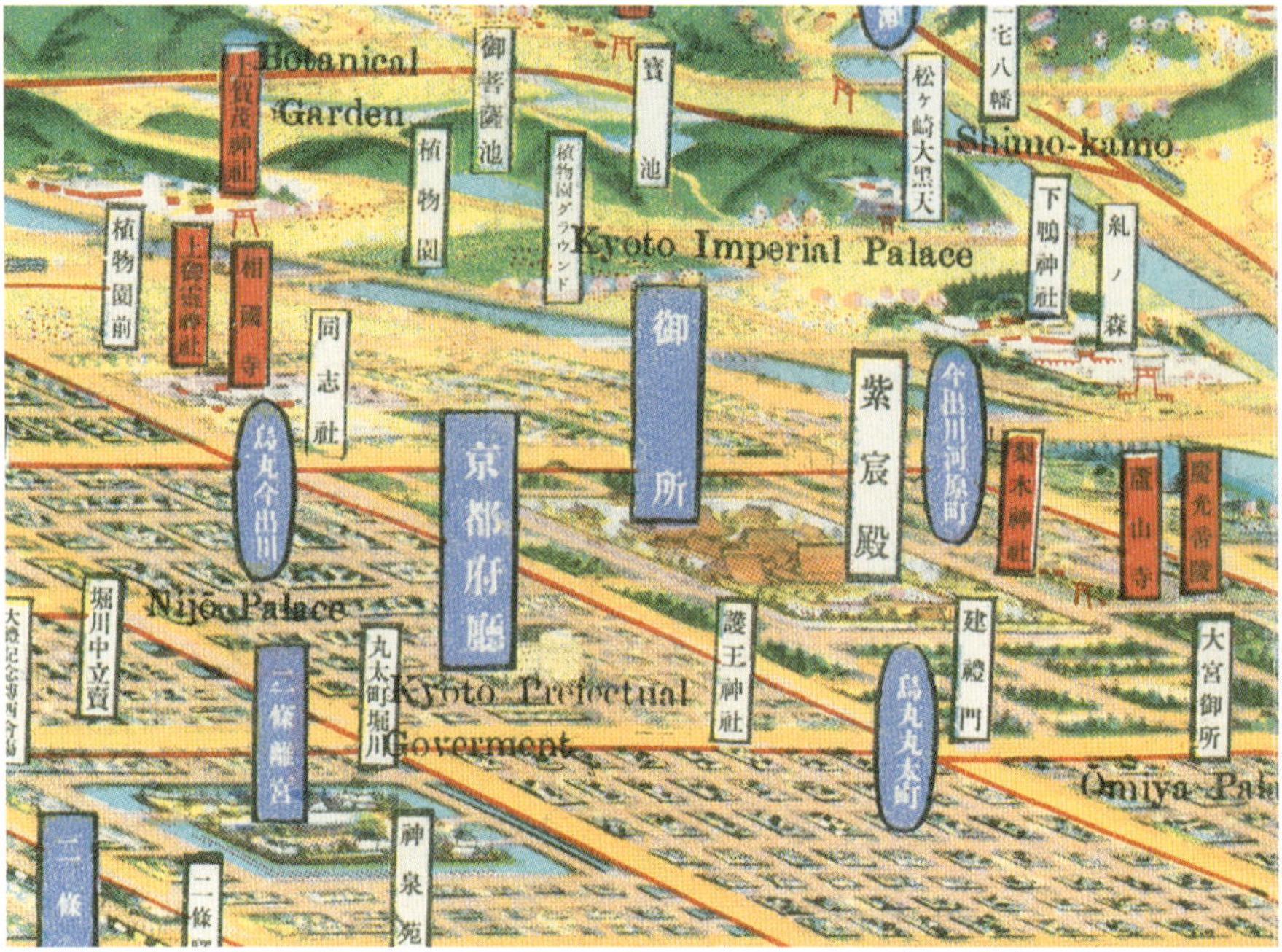

図２　紫宸殿は周辺よりも大きく表記される　京都名所大鳥瞰図（部分）

公園」「稲荷山」「桃山御陵」「伊勢神宮」「日本ライン」「多摩御陵」「明治神宮」の14カ所である（このうち、上述のように二條駅は間違いの可能性がある）。

御所や二条城（二條離宮）、明治天皇陵や桓武天皇陵のある桃山御陵などが強調されるのは、大典記念であったことが関係する。京都以外で伊勢神宮、多摩御陵（大正天皇陵）、明治神宮が強調されるのもそうした流れである。

一方で京都府庁の表記が大きいのは、京都府がこの図の依頼主であり、また発刊者でもあったからだろう。実は手描き図では、「京都府庁」という表記はまったく強調されていない。印刷刊行にあたって、初三郎側が依頼主を喜ばせようとしたのか、それとも依頼主からの注文だったのか。残念ながらその経緯はわからない。

陵墓に囲まれた都市

大典記念という性質上、天皇に関連する施設は、他にもたくさん描かれている。なかでも陵墓が多い。画面右下の桃山御陵をはじめ、東山から北山、西山にかけて、京都を取り囲むように陵墓があちこちに現れる。

たとえば京都で一、二を争う観光地である金閣や龍安寺の周囲にも、「三條帝陵」や「一條・堀川帝陵」など、いくつもの陵墓が特記されている（図3）。「足利尊氏墓」（等持院）のように、歴史上の著名な人物の墓も示されてはいるが、

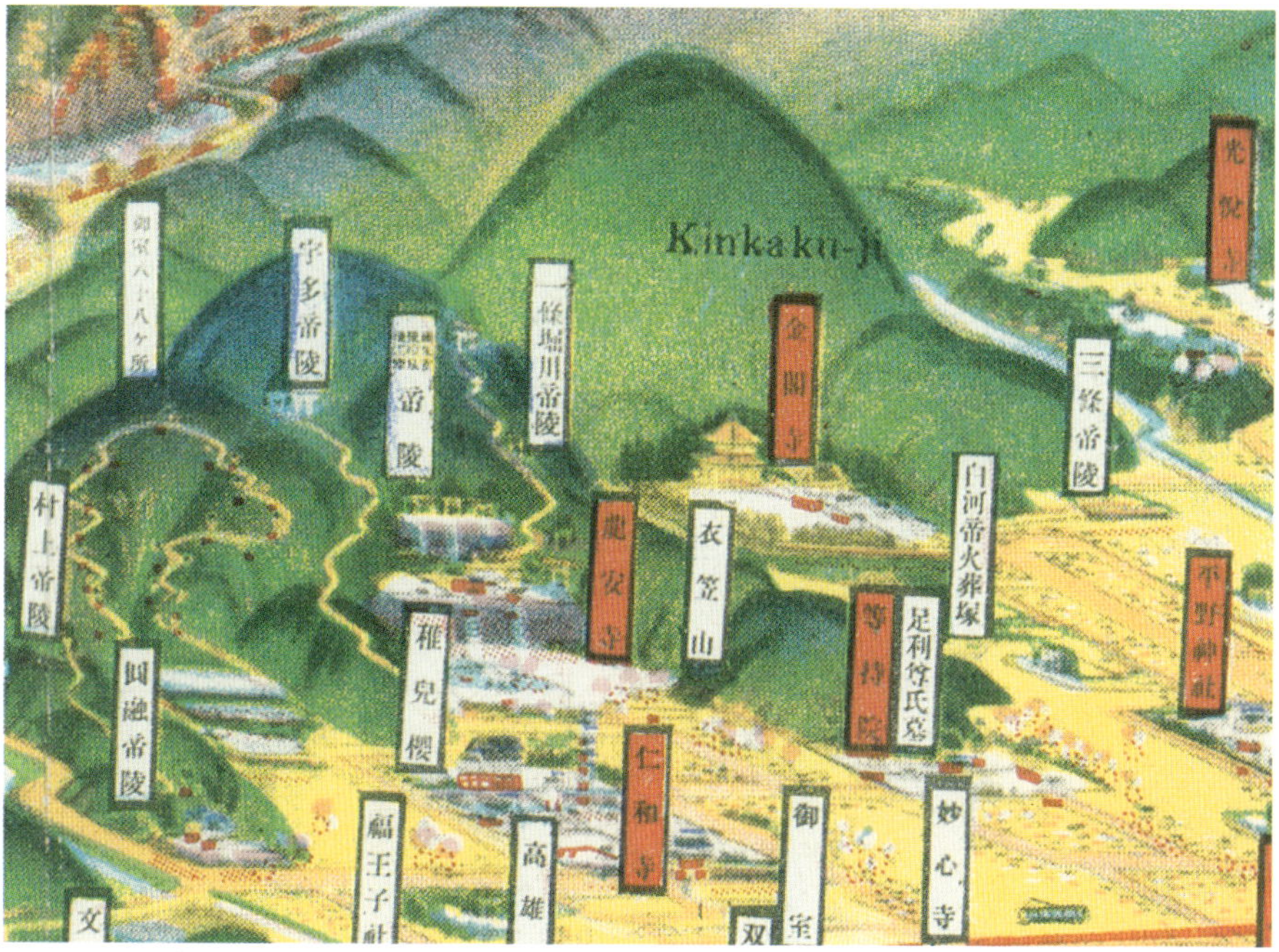

図３　金閣～龍安寺周辺　京都名所大鳥瞰図（部分）

陵墓の記載数からみれば少数でしかない。

陵墓に囲まれない都市

断っておけば、初三郎がいつでも陵墓を強調した京都鳥瞰図を描いていたわけではない。

たとえば「京都観光案内」という、「京都名勝大鳥瞰図」とほぼ同じ構図を持つ鳥瞰図。刊行年はないが、路面電車の開通状況からみると1935年（昭和10）頃の刊行だと思われる。

この図で描かれる陵墓は桃山御陵（明治・桓武）と、天智天皇陵だけ。後者は御陵駅との関わりからの記載とも考えられるので、実質、桃山御陵だけとなる。

試しに「京都名勝大鳥瞰図」でも示した金閣・龍安寺付近を示しておこう（図4）。山麓や山中におびただしく表示されていた陵墓が、こちらの図にはまったくなく、山裾に主要な寺院が並ぶだけの、すっきりした表現となっている。

「京都観光案内」は京都市観光課が刊行した観光客向けの地図である。ということは、陵墓は観光対象ではなかった、ということになる。もっとも桃山御陵については、鳥瞰図下に付された8枚の写真の一つにあるので、主要な観光地として位置づけられていた。だからこそ、描かれたとも言えるだろう。

博覧会の京都

「京都名所大鳥瞰図」に戻り、そこに描かれた時代性

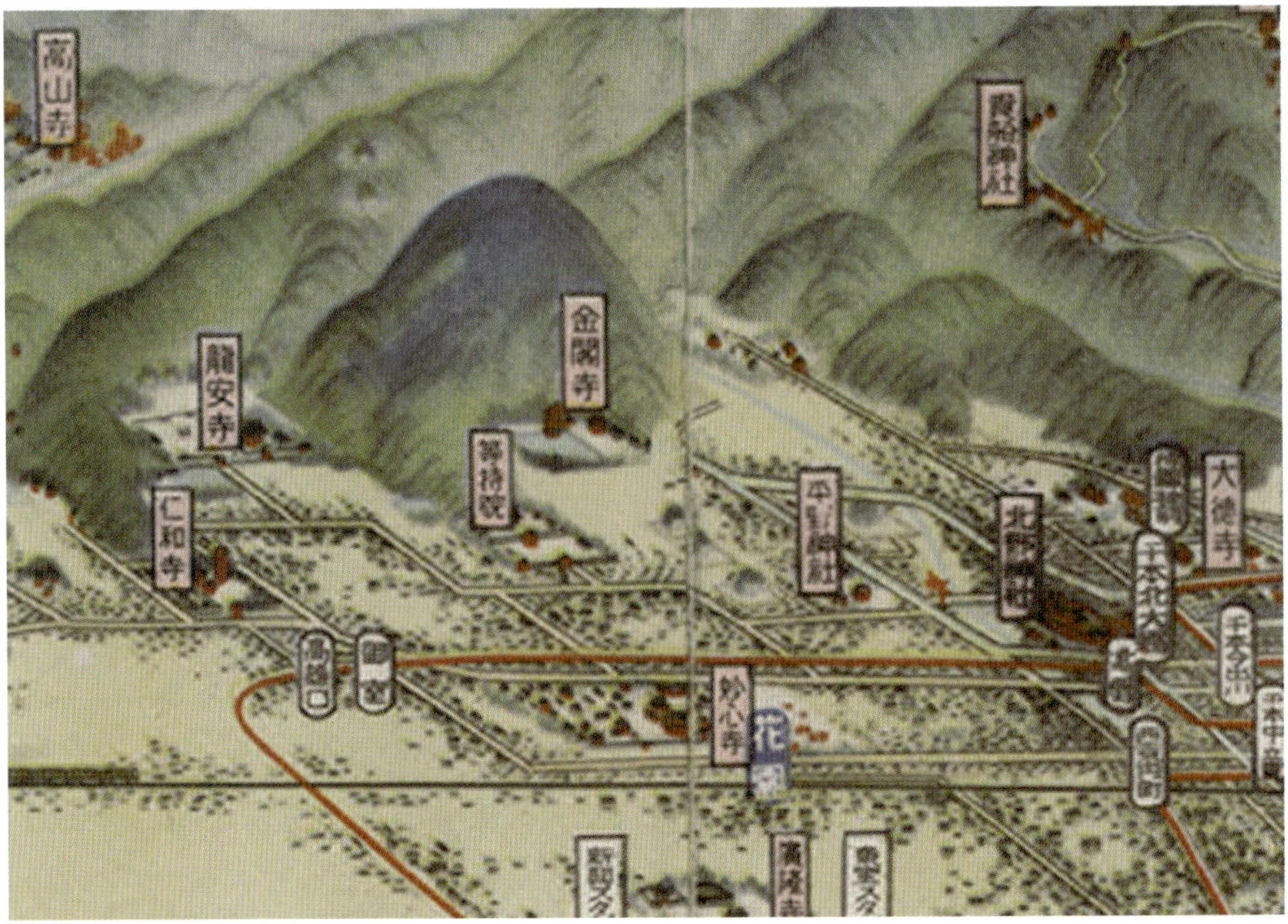

図４　京都観光案内（吉田初三郎、1935 年頃）の金閣～龍安寺周辺　京都府立京都学・歴彩館 京の記憶アーカイブ から

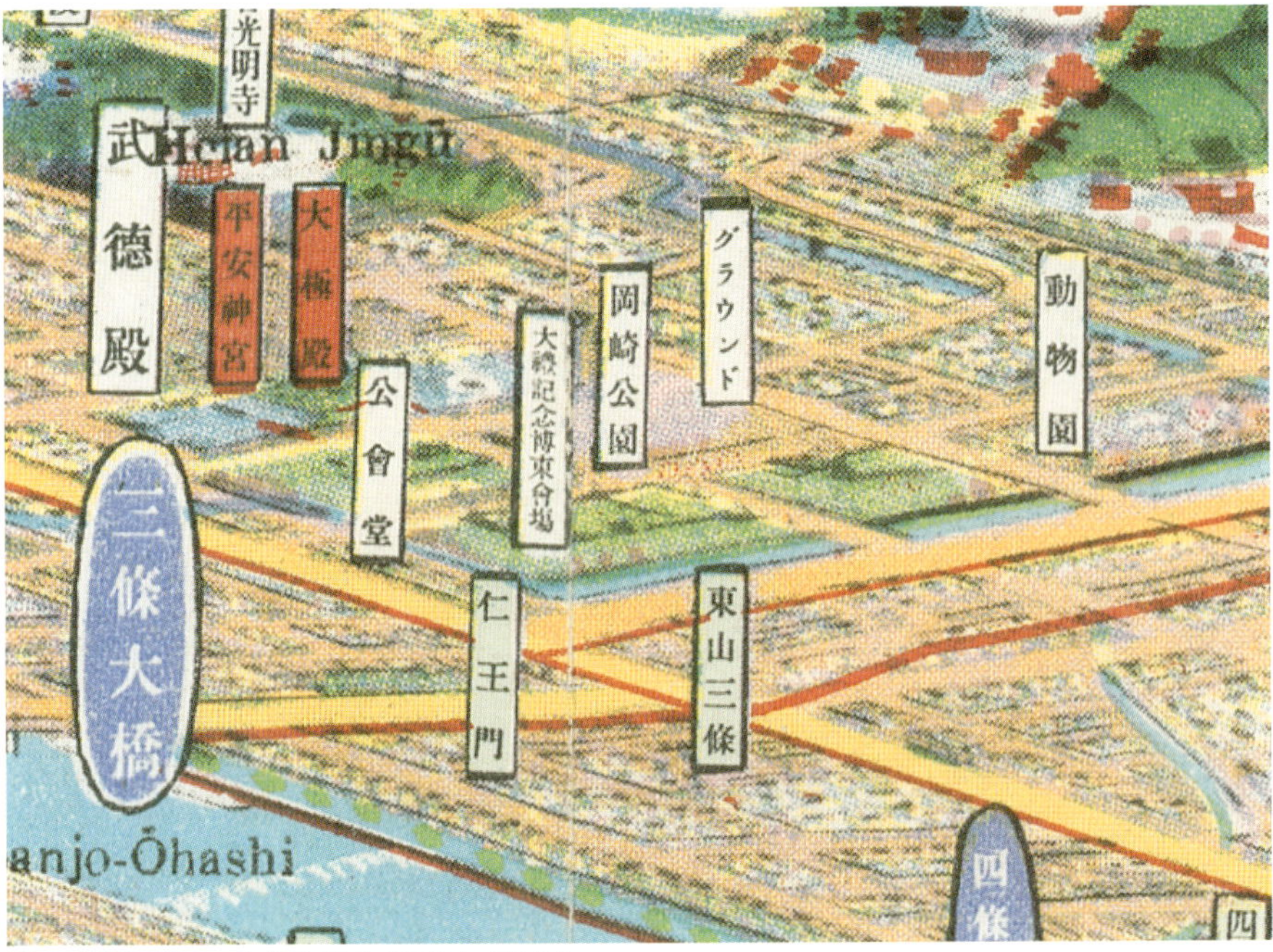

図５　岡崎周辺　京都名所大鳥瞰図（部分）

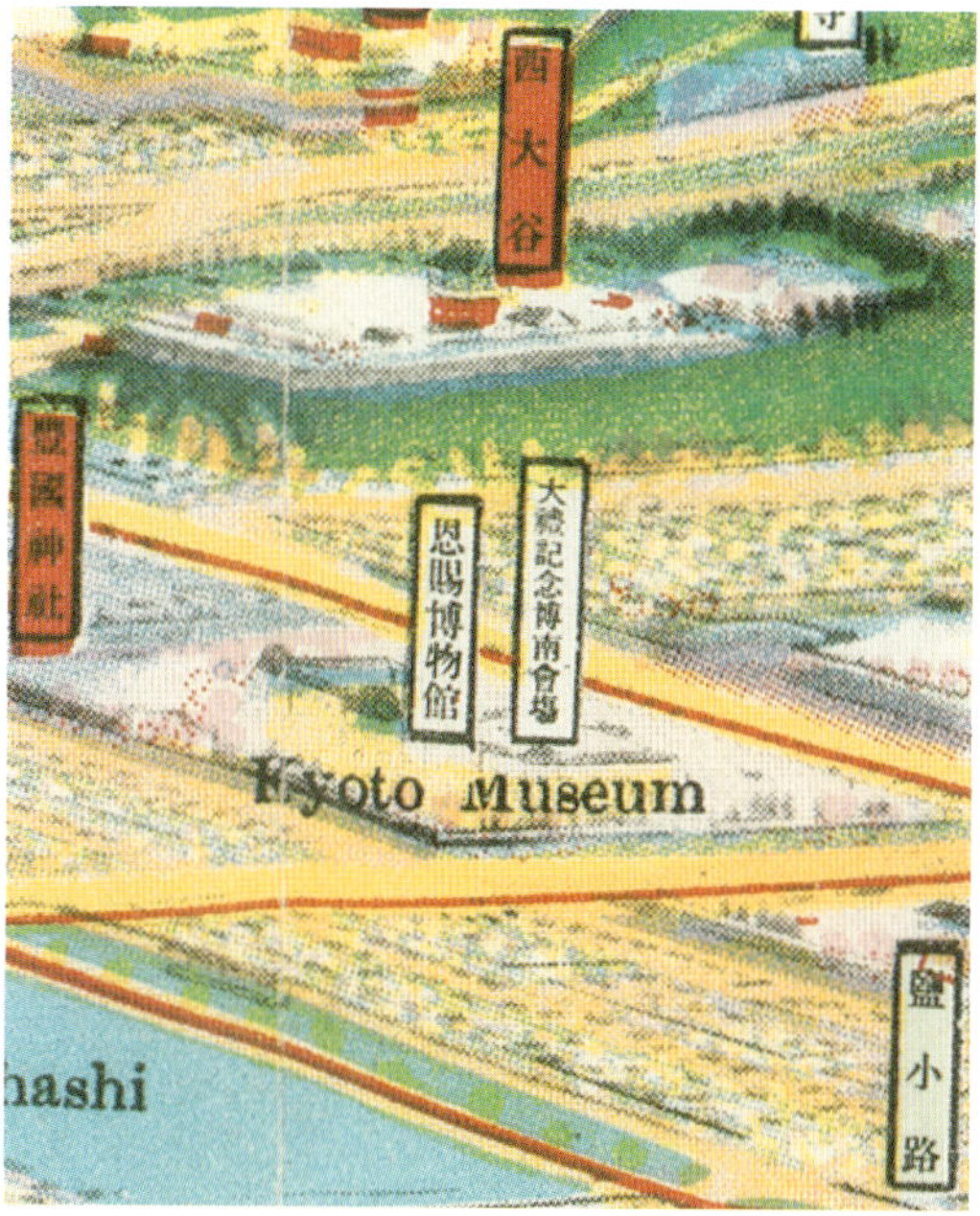

図6　京都国立博物館周辺　京都名所大鳥瞰図（部分）

をもう少し見てみよう。

　鴨東の岡崎あたりをみると「大礼記念博東会場」という表記がみえる（図5）。近代の岡崎は第四回内国勧業博覧会をはじめ、京都における博覧会開催の中心地だった。昭和大典においても記念博覧会が実施されたが、そのことが絵図内にも注記されている。

　この時の博覧会場は三会場に分かれていた。西会場は二条城北の旧京都刑務所跡地、南会場は現在の京都国立博物館である（図6）。

　京都国立博物館は、1897年（明治30）に帝国京都博物館として開館したが、1924年（大正13）に皇太子成婚を記念して京都市に移管、恩賜京都博物館と改称した。この時の皇太子が昭和天皇となったことを記念した博覧会の会場となった、と言うわけである。

道のにぎわい

　先に列挙した強調地名の中に、「新京極」があった。新京極通は1872年（明治5）に開通した通りで、平安京の東京極大路に由来する寺町通に並行する形で作られたので「新」しい京極通という名称になった。

　京都府立京都学・歴彩館には黒川翠山《すいざん》が1936年（昭和11）7月に撮影した新京極通の写真が保存されている（図7）。「京都名所大鳥瞰図」よりも少し後の時代ではあるが、活気ある通りの様子をうかがうことができる。

　写真中央上部に映画館の名前がみえる。「キネマクラ」までしかみえないが、おそらくキネマ倶楽部だろう。とすれば、蛸薬師のあたりを南から北に向かって写した構図となる。右手前のおもちゃ屋さんも、1951年頃の様子を伝える「京都市明細図」（京都府立京都学・歴彩館所蔵）では確かに「オモチャ」と記されている。

　京都の通りとしては新参者に属す新京極通だが、初三郎が生きた時代には、すでに京都でもっとも繁華な場所の一つとなっていた。そうした賑わいの雰囲気は受け継がれ、今でも多くの

図7　1936年7月の新京極（黒川翠山撮影写真資料）　京都府立京都学・歴彩館 京の記憶アーカイブ から

人々が訪れる通りとなっている。

明治節記念塔

鳥瞰図の中で強調されていたものとして、他に「明治節記念樸（塔）」というのもあった（図8）。比叡山の頂上付近に大きく描かれる塔である。

明治節とは、明治天皇の誕生日にあたる11月3日を祝日としたもので、1927年（昭和2）に始まった（1948年廃止）。比叡山上の明治節記念塔は、明治節記念塔奉献会によって計画されたもので、設計を担当したのは、伊東忠太である。「工事画法」1929年（昭和4）2月号に「建立に着手した塔は……本年内竣工」とあるので、1929年2月時点では着手後完成前だったことがわかる。

図8「明治節記念樸（塔）」周辺　京都名所大鳥瞰図（部分）

図9　明治節記念標設計略図　附趣意並規定（吉田初三郎、1928年頃）

そうであれば、「京都名所大鳥瞰図」の刊行当時、記念塔は未完成だったことになる。鳥瞰図に描かれているのは、未来予想図なのだ。

初三郎はこの記念塔を計画した奉建会から委嘱を受け、記念塔の予想図を鳥瞰図に仕立てている（図9）。つまり、記念塔についての詳細な情報を、早い段階で知り得る立場にいたのである。そうした事情をふまえれば、「京都名所大鳥瞰図」に近未来の地物が表現されていたこともうなずける。

ただ、そうした先取りは時に思わぬ結果を招くことにもなる。実は、この明治節記念塔、未完成のまま事業が中止となってしまった。初三郎の描いた未来は、永遠に訪れることのない幻に終わったのである。

初三郎の描く近代京都

このように、初三郎の鳥瞰図の中には、後から見れば「蛇足」的な表現だったと思われる記載が含まれることがある。ただ、そうした点も、躍動感ある近代京都を切り取ろうとした結果だったことを忘れてはならない。

初三郎の手掛けた京都市域関連の図は60作以上あり、さらに改訂版なども出ている。その全体はまだよくわからないのが実情だ。ただ、その1点ごとに作者の意図、依頼主の願いが含まれていることは間違いない。そうした点に思いを馳せつつ、鳥瞰図片手に京都を散歩するのも悪くない。

【column ①】最新京都電車案内図

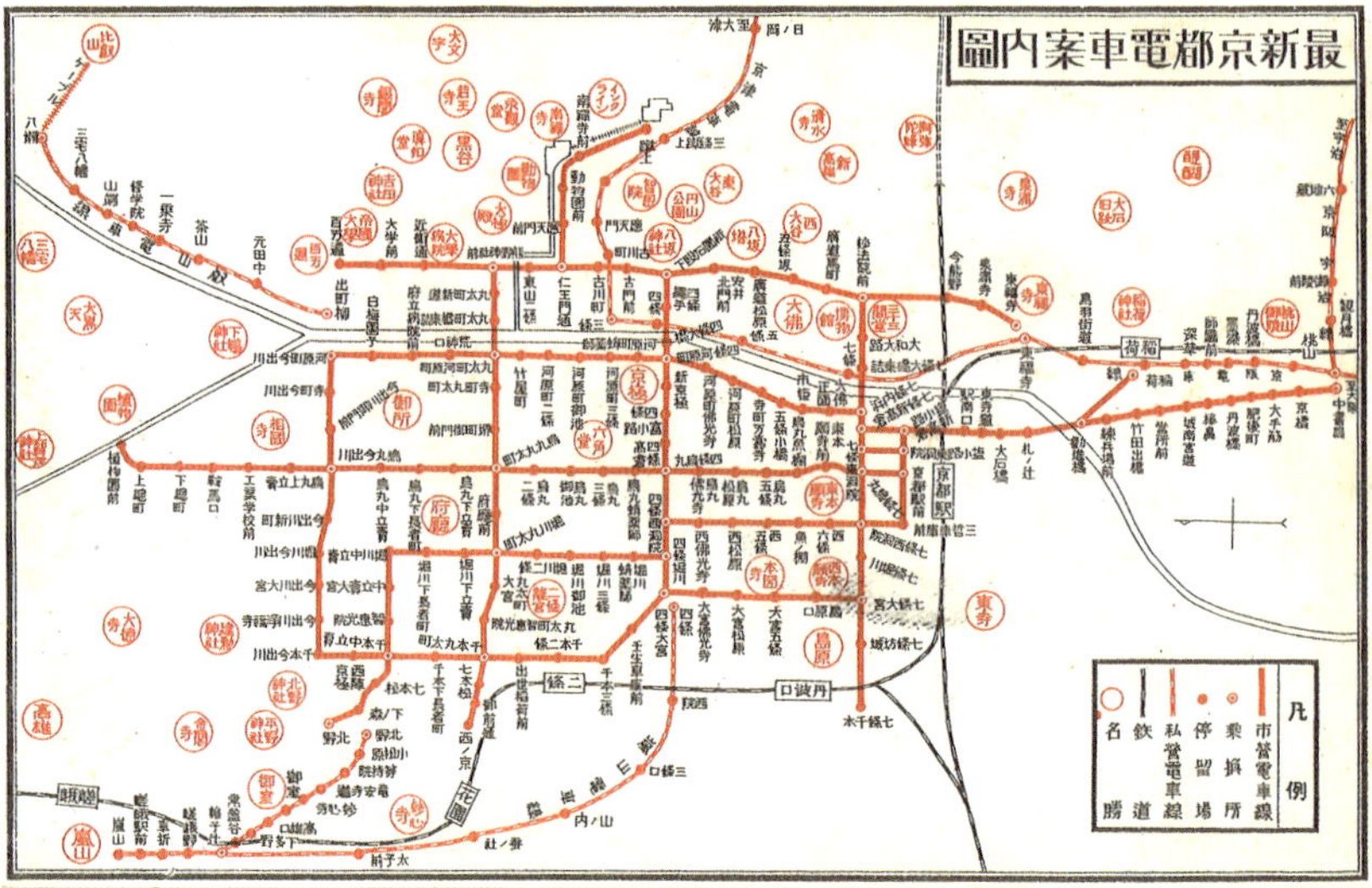

最新京都電車案内図

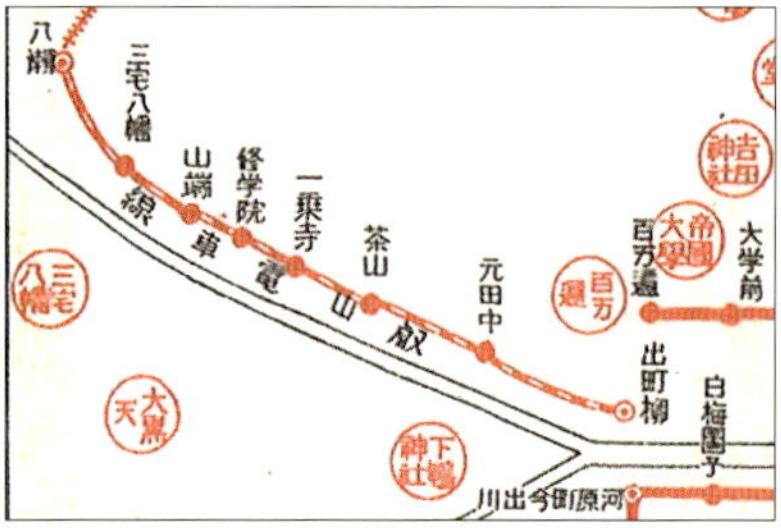

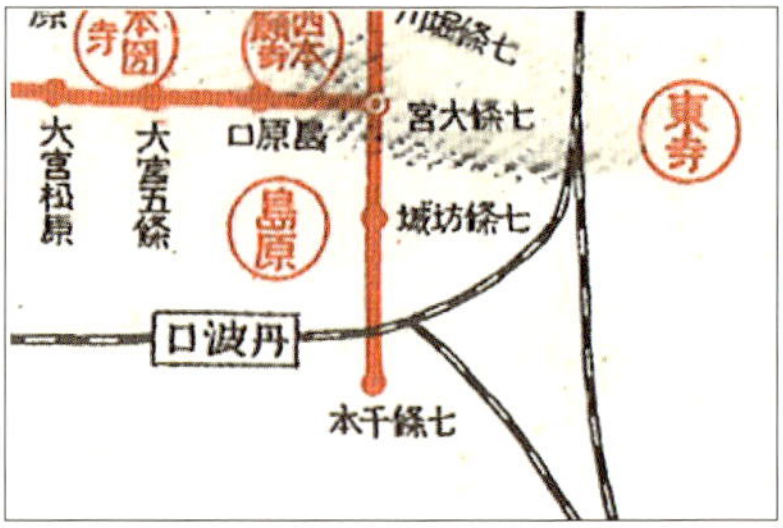

「最新京都電車案内図」と題された絵はがきは、路線図が記載された実用的なもの。「最新」とあるものの、発行年はない。記載された路線からいつ頃かを推測すると、どうやら次の二つが鍵となるようだ。

①市電「七條千本」駅が鉄道（現在のJR嵯峨野・山陰線）の東側にあるので1928年11月21日以降。

②同年12月1日に開業した鞍馬電気鉄道の山端－市原間の路線がないので、それ以前。

なんと、記載内容からだけ言えば、「京都市明細図」が作られた翌年の1928年の、わずか10日間の状況を示したものとなる。

まさかそんな短期間だけに利用するために作られたわけではあるまい。とはいえ、翌1929年には新たな市電路線も開通している。いずれにしても、「最新」を冠した路線図としての有用期間はそれほど長くなかったようである。

Part2

地図に秘められた京都

都市と農村のあわい

西之京の前近代をさぐる

三枝暁子

地図の概要・特徴

1889年（明治22）に、陸軍の参謀本部陸地測量部によって測量され、1892年に刊行された2万分の1縮尺の仮製地図（図1）は、近代的な測量技術のもと、明治期半ばの土地利用状況をほぼ正確に示した地図として知られている。この地図の特徴は、江戸時代までの京都中心部――いわゆる「洛中」――の状況のみならず、郊外の農村部――いわゆる「洛外」――の状況についても描きこまれている点にあり、現代の京都市域の多くが、かつては農村地帯であったことをいまに伝えている。

地図中の墨塗りされたように黒い部分は、家屋の密集する町場を示しており、地図全体からみれば右側に偏ったかたちで市街地の展開していたことがわかる。一方左側には田畑が広がっており、花園村・安井村・太秦村《うずまさむら》・嵯峨野村…というように、「村」が展開している。これらの村は、その後「京都市域」に編入され、現在においては市街地としての景観を帯びた空間となっている。

もともと平安京は、本仮製地図のほぼ中央部を縦に走る朱雀大路（現在の千本通《せんぼんどおり》）を中心として、左京（「東京」ともいう）・右京（「西京」ともいう）という二つの空間から構成されていたが、しだいに湿地の多い右京に比べ左京域の市街地化が進んだことが知られている。こうした状況が、明治期の仮製地図における市街地とその周辺に広がる農村という空間的特徴の淵源にあることは確かである。

さらにもう一つ重要な点は、豊臣秀吉が1591年（天正19）に、「洛中」を取り囲む土居堀を築いたという点である。驚くべきことに、仮製地図には、この土居堀が北側部分と西側部分を中心に描きこまれており、300年たってもなお秀吉の造った土居堀がのこっていたことがわかる。

土居堀は、聚楽第の建設や寺町の設定等で知られる秀吉の京都改造政策の一環として、3カ月にも満たない期間で構築された。この土居堀の構築をもって、京都の城下町化が完成したとみられている。

ただし、土居堀が囲む「洛中」の範囲は、土居堀

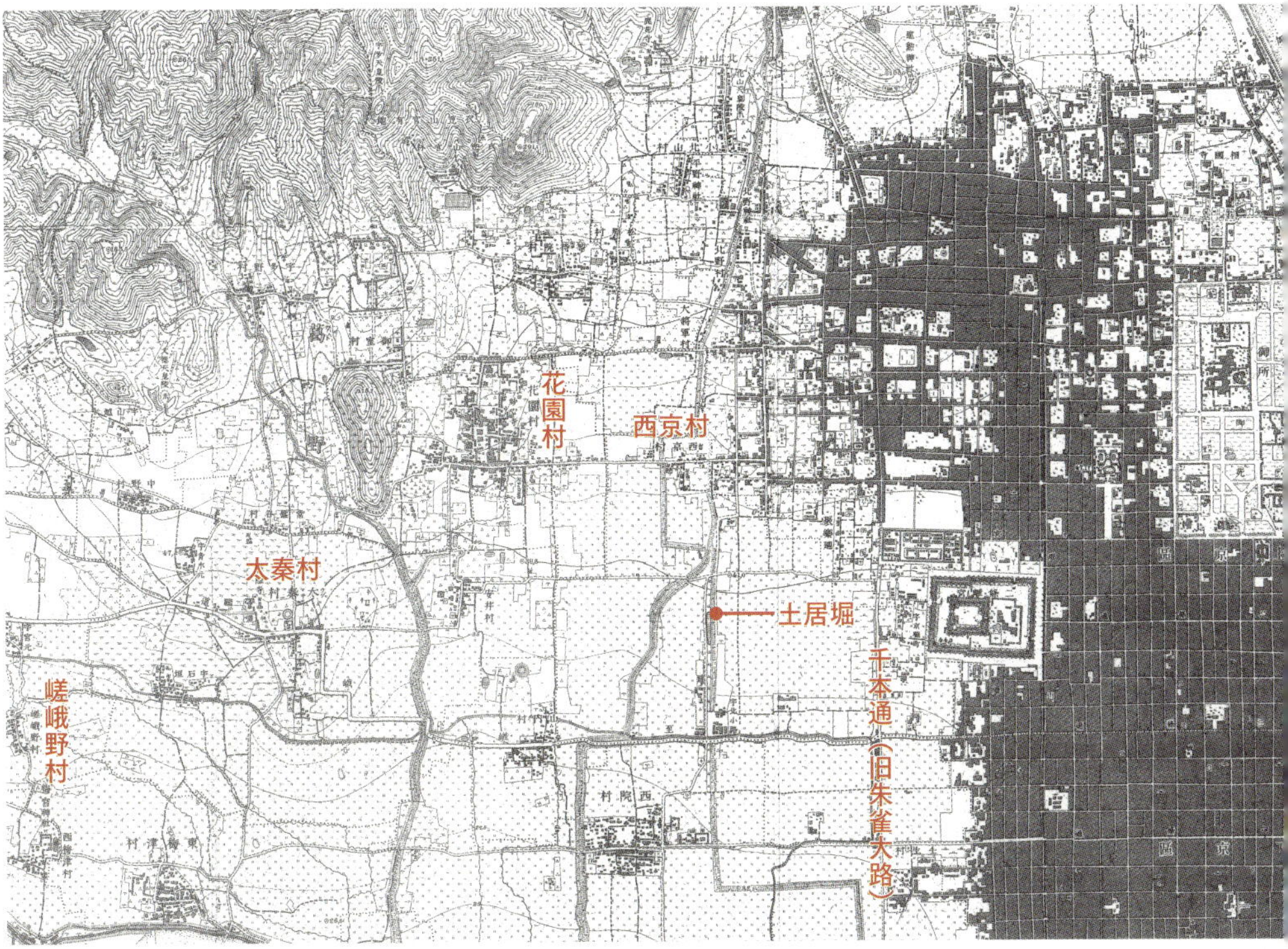

図1　1/2万「京都」1892年

の構築以前よりも広域となっており、①土居堀の構築地はどのように選定されたのか、②そもそも土居堀は何のために構築されたのか、という点についてさまざまな議論がある。このうち②の点については、聚楽第防御のためとする説や、洪水対策とみる説、商工業・流通の保護のためとする説など、さまざまな説がある。それぞれの地域の特性をふまえ土居堀が構築されていったと考えるならば、構築理由は複数並存していた可能性も考えられる。

「お土居の袖」

以上のことを念頭に、ここでは仮製地図にくっきりと示された、西側の土居堀の凸部分、通称「お土居の袖」に注目しながら、当該地域に土居堀が構造された理由について考えてみたい。

土居堀は、土盛をしてできた堤部分――すなわち「土居」――と、その外側水堀とからなっており、西側部分については紙屋川を水堀として活用するかたちで構築されたといわれている。しかし、「お土居の袖」部分の土居堀については、紙屋川の流路を大きくはずれ、西側に突出して構築されている。

江戸時代初期に製作された「洛中図屏風」（「京都図屏風」図2）をみると、「お土居の袖」上部を下立売通《しもだちうりどおり》

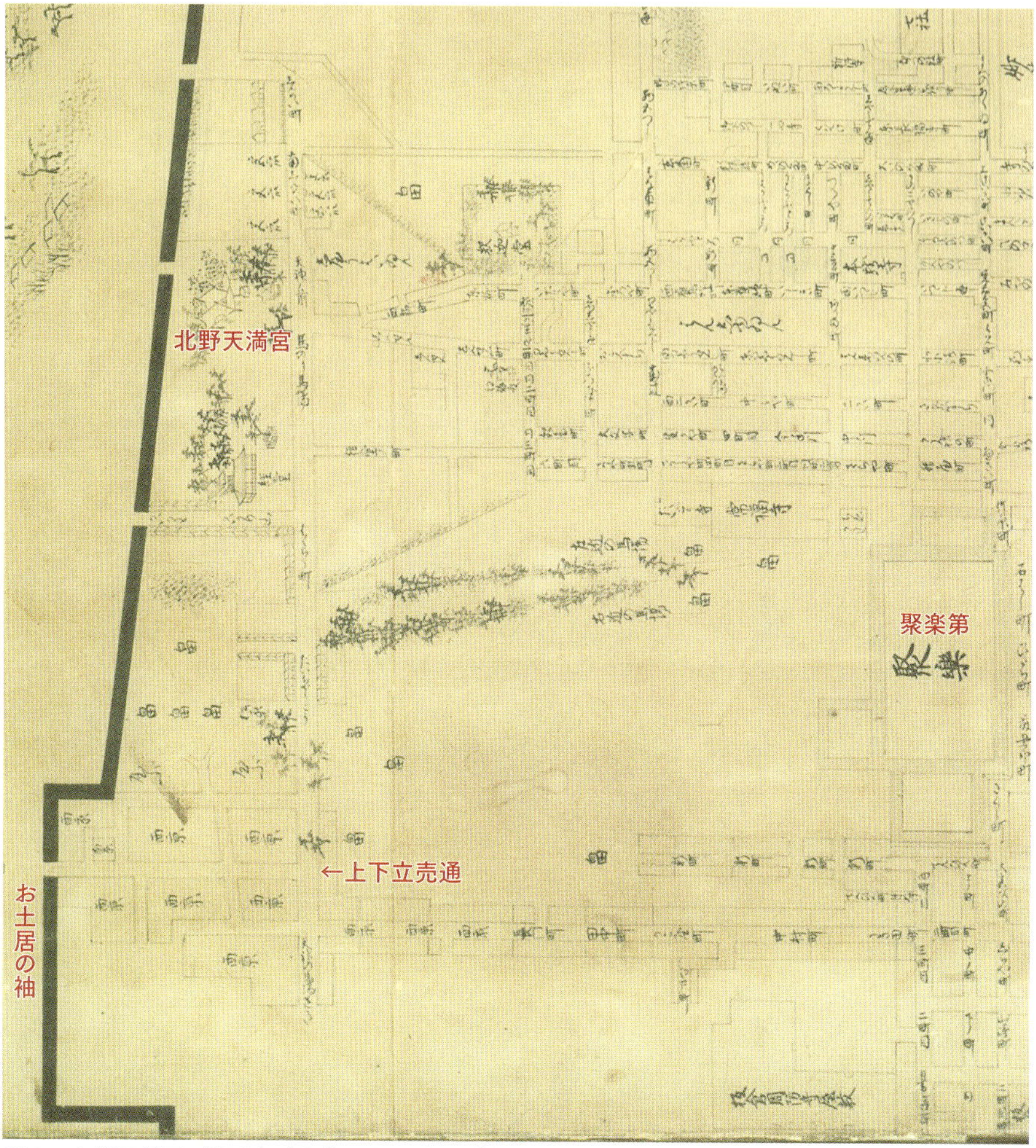

図２　京都図屏風（部分）（出典：大塚隆編『慶長昭和京都地図集成』柏書房）

（現・妙心寺道、「上下立売通《かみのしもだちうりどおり》」ともいう）が走っている。この道は、平安京が形成される以前から存在した古道で、丹波国へと続く主要路であった。「洛中図屏風」から、江戸時代初期、千本通より西側部分で町並みが続いているのはこの下立売通のみであることがうかがわれる。こうした点から、大塚隆氏は下立売通にすでに建っていた民家や寺院を取り込むため、「お土居の袖」が形成されたと指摘している。

　江戸時代、西京村の庄屋であった石羽家に伝わる1865年（元治2）の「西京村田畑大絵図」（図3）をみると、幕末においても、「お土居の袖」が家並みの続く町場と田畑とを区

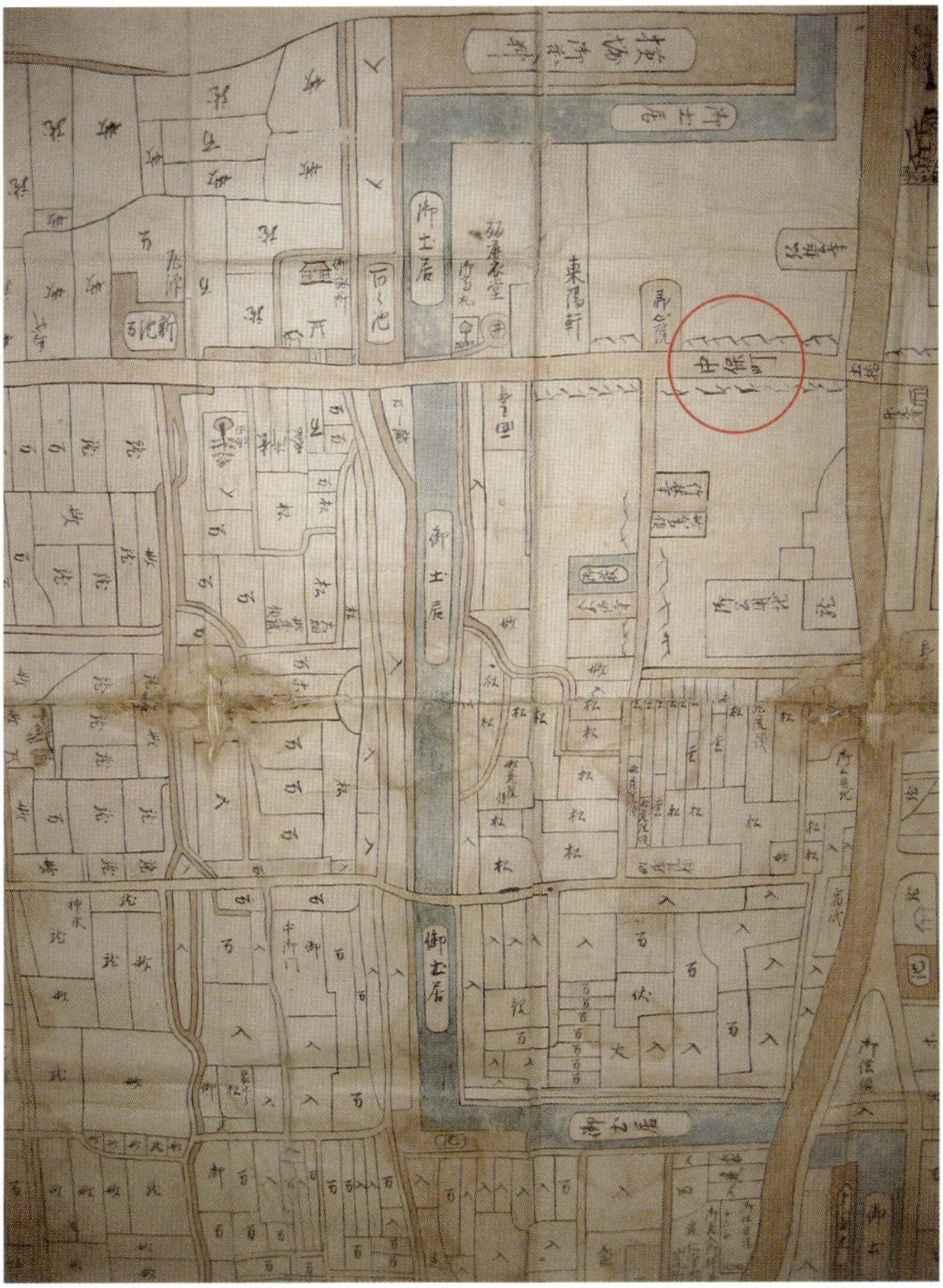

図３　西京村田畑大絵図　故石羽義雄氏所蔵

切る役割を果たしていたことがわかる。すなわち「袖」の内側の下立売通には、「中保町」（赤丸）と書き込まれ、屋根の絵が並ぶ一方、「袖」の外側は、「妙」・「龍」・「万」すなわち妙心寺・龍安寺・曼殊院といった寺社領田畑が描きこまれている。

こうした絵図の内容や、大塚氏の指摘等をふまえると、土居堀構築の目的のひとつは、「洛中」の明確化と、これにともなう都市と農村の分離にあったと考えられる。京都改造にあたり、豊臣秀吉は検地を行い、「洛中」を公儀の支配する地として整備する一方、それまで「洛中」に所有する土地を持っていた公家や寺社に対し「洛外」の農村地を「替地」として付与している。土地や空間支配のしくみが異なる「洛中」と「洛外」を視覚的に明示する意味で、土居堀は大きな役割を果たしたのである。したがって、「お土居の袖」は、下立売通ぞいの家並みを最大限囲い込んで「洛中」化しようとした結果できたものであった。

土居堀跡をたどる

「お土居の袖」が、明治期に入ってもなお、都市と農村を区分するかたちでのこっていたことは、冒頭で取り上げた仮製地図から明らかである。現在も「袖」の上部にあたる土居堀の一部が、北野中学校の敷地内部にのこっている。また、「西京村田畑大絵図」に書き込まれた「中保町」の地名も、現在まで生き続けている。

中保町の「中保」とは、土居堀が形成される以前、北野天満宮膝下領であった「西之京」が七つの「保」とよばれる地域から構成されており、七つのうちのちょうど真ん中の「保」すなわち「四之保」に相当する地域であったことからつけられた名であると考えられ、早くも1286年（弘安9）の北野天満宮関係史料にその名が見える。「保」の住人は、「神人《じにん》」ともよばれ、中世にはその多くが麹業を担う人々であったことが知られている。

中保町には、江戸時代までに、地域で独自に天神をまつる「御供所《ごくしょ》」として新長谷寺（別名麗衣堂・捨衣堂）が下立売通ぞいに構築され、菅原道真自作の枕箱の観世音が安置されていた（1740年に一之保御供所安楽寺に遷座）。「西京村田畑大絵図」にも「お土居の袖」のギリギリ内部に、「麗衣堂」が描きこまれており、堂の西側には高札場があったことがわかる。現在も、この地を歩くと四之保御供所のあったことがわかるよう碑が建っている。

下立売通をさらに西へ進むと、「西京村田畑大絵図」で「御旅所」と記されている、北野天満宮御旅所が現れる。この御旅所は、遅くとも12世紀末にはこの地にあったことが史料から確認され、10世紀末に始まった北野祭において、北野天満宮の御神輿を迎える重要な場となっていた。現在も、10月1日から5日に執りおこなわれる瑞饋祭《ずいきまつり》において、北野天満宮の御神輿を迎える場として、また西之《にしの》京瑞饋神輿保存会《きょうずいきみこしほぞんかい》によって作られる瑞饋神輿を奉納する場として重要な信仰拠点となっている。

町と村を区切る「お土居の袖」は、この御旅所によって家並みがいったん途切れる地点に形成され、近世以降、御旅所より西側は田畑の広がる景観となった。

図4　瑞饋神輿

一方、その西側部分に、西之京「七之保」の御供所であった成願寺があることからも明らかなように、「お土居の袖」は、天神信仰によって本来は一体化していたはずの空間を、視覚的には分断してしまう要素ともなっていたのである。

御旅所のすぐ東側を南北に走る佐井通は、「お土居の袖」の堀跡に相当し、佐井通を南へ下がると、「壺井」とよばれる井戸跡にたどり着く。ここは、江戸時代、この近くに設置されていた西土手処刑場で処刑される罪人が、末期の水をのんだ場所とされ、石造の地蔵尊が安置されている。

「瑞饋神輿」が伝えるもの

明治期の仮製地図に明瞭に描かれた「お土居の袖」を含む西側部分の土居堀は、その後も1960年代の高度経済成長期に至るまで残存していた。先述したように、現在もその一部がのこっており、北野中学校のほか、北野天満宮境内とその付近、あるいは西大路御池付近などで確認することができる。

とはいえ、高度経済成長期以降に本格化した都市開発によって、田畑が宅地や商工業地へとかわっていった現在、都市域は豊臣秀吉の時代はもとより、仮製地図の作成された明治期に比べてもはるかに西へと広がっている。「お土居の袖」の跡地をめぐってみても、土居堀跡の東西に景観の差はなく、家々やマンションが立ち並ぶ都市景観が広がるばかりである。

しかし、都市化した空間が、かつて農村的要素を帯びる地であったことは、先述した瑞饋神輿がいまに伝えてくれている。すなわち瑞饋神輿は、ずいき（サトイモの茎）で屋根を、稲藁から「梅鉢《うめばち》」を、また千日紅の花で「真紅《しんく》」を、海苔で鳥居の笠木を…というように、農作物・海産物でできている点に大きな特徴がある。その淵源には、五穀豊穣に感謝し、農作物から神饌を作り、「御供所」に奉納する、西之京神人《じにん》の天神信仰があり、江戸時代にはほぼ現在のようなかたちに整えられていた。

一方、瑞饋神輿をくまなく見れば、友禅染の型彫師の手をへて完成する麦藁細工や、彫刻師の手で彫られる親芋（頭芋）でできた獅子など、都市京都を基盤に活動する職人の技もまた欠かせぬ要素となっている。すなわち瑞饋神輿は、都市と農村のあわいに位置した西之京の歴史と信仰・文化を象徴する御神輿なのである。

明治期の仮製地図に示された京都そして西之京の空間と、現代のそれとには、大きな隔たりがある。それでもなお、かろうじてのこる土居堀跡や、「御供所」跡、瑞饋神輿など、さまざまな痕跡や文化をたよりに、近代以前の地域のすがたをたどることは未だ可能である。そのことの意義を強調して、稿を結ぶことにしたい。

揺れ幅のあった「古都」のイメージ

鴨川の橋をめぐって

中川 理

橋の架け替えとそのデザイン

市街化が高密度に進んだ京都の街では、鴨川が作り出す空間は、開放的な場として貴重な存在である。だから、その鴨川に架かる橋は、重要な意味を持って来た。中心部に架かるもので言うと、北から丸太町橋、三条大橋、四条大橋、七条大橋と連なっている（図1）。今でも、これらの橋の姿は、京都の都市景観のイメージを決める大きな要素になっていると言えるだろう。

もちろん、それらの橋は、何度も架け替えられて現在に至っているのだが、実は、一度だけ、ほとんど同時に架け替えられた時があった。明治末から大正にかけての都市改造の時代である。そして、その時に見られた橋のデザインは、架け替えた事業者によって極端に異なるものとなった。事業者とは、京都市と京都府で、それぞれにモダン都市京都のあるべき姿を、橋のデザインに託したとも思えるデザインを提示したのが、それがまったく異なるものとなったのである。そこには、近代化が進む古都の景観をどのように考えるのか、その違いが表れていた。

図1　京都中心部にかかる橋（1/2.5万　国土地理院電子地形図）

都市改造と「セセッション」

京都における近代の都市改造は、明治末年に実施された。帝都としての東京では、早くから「市区改正」事業として、道路の拡張や上下水道の敷設などの都市改造事業が進んだが、京都では、近世から続く地域支

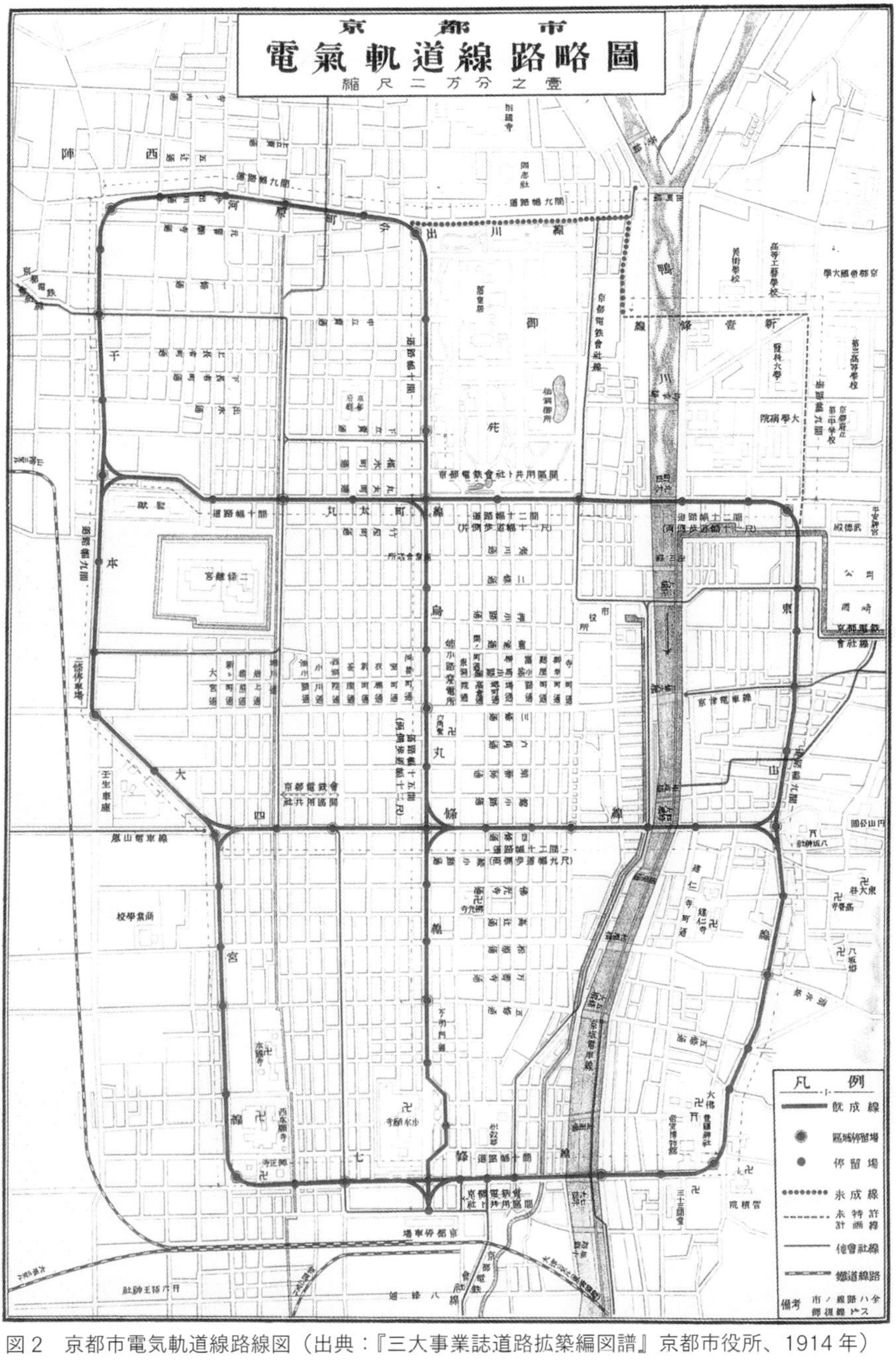

図 2　京都市電気軌道線路線図（出典：『三大事業誌道路拡築編図譜』京都市役所、1914 年）

配の力による都市改造への反発が大きく、そうした事業が進まない状態が続いた。それでもようやく、市制特例（東京市・京都市・大阪市の三つの市ではそれぞれの府知事が市長を兼ねる）が廃止され、１８９８年（明治31）に初代の京都市長が誕生した後に、大規模な改造計画が立てられるようになる。

　実際には、二代目の市長となった西郷菊次郎（西郷隆盛の長子）のリーダーシップのもとに、道路拡築と市電の敷設、上水道敷設、第二琵琶湖疏水の開削の三つが「三大事業」と名づけられ、一気呵成に改造事業が取り組まれることとなった。その中でも、都市の空間構造や景観を大きく変えることになったのが、道路の拡築と市電の敷設であった。拡築する道路をどの街路にするのか。紆余曲折を経て、千本通、烏丸通、東大路、今出川通、丸太町通、四条、七条などの通りが選ばれた（図2）。現在の京都における大通りの街路構成は、この時に決められたと言ってよい。

　この計画のために、丸太町通、四条通、七条通の鴨川に架かる橋は、架け替えることが必要となった。そこで、京都市はこれらの橋のデザインを、都市改造によって生み出される新しい京都の姿を象徴するものとするべく、コンクリート造による思い切ったモダンスタイルの設計とした（意匠設計は台湾総督府の建築技師・森山松之助）。それが写真（図3）にあるような四条大橋の姿として登場したのである（竣工は１９１３年〔大正2〕）。七条大橋もほぼ共通した構造・デザインのものとなった（丸太町通橋は、河床が浅いなどの条件から、コンクリート造は断念され鉄製となった）。

　確かに、そこに登場した四条大橋、七条大橋の姿は、当時の京都の街にとってきわめて斬新なものであった。計画案が示された当時に新聞には、そのデザインを「橋の欄干、橋脚其他局部々々には少しも美術的意匠を加へず橋全体を構成して初めて美術的の者たるを示さんとするに在りて輓近独逸辺に於て流行せる極めて新しき意匠」（「京都日出新聞」明治44年2月8日）であると解説している。そして、竣工時の解説では、明快にそれを「セセッション式」と指摘している。セセッションとは、19世紀末にドイツ・オーストリアに興った芸術運動で、過去の芸術様式からの分離をめざし、近代の新しい造形を志向したものだ。今のわれわれから見ると、まだまだ装飾的な意匠に見えるかもしれないが、当時の人々には、この姿は十分に革新的な造形に見えたに違いない。

　そのために、この橋のデザインは、計画の段階からいろいろ批判されることになる。例えば、「此の意匠が果たして京都の市街其他の美術工芸品及び京都の風致と調和するや否や或は日本座敷の真中に純然たる洋風のストーブを据え付けしが如き奇観を呈するに至る可し」（「京都日出新聞」明治44年2月21日）などと揶揄された。もちろん、このころにはすでに三条通などを中心に西洋建築はいくつも建てられていたが、やはり鴨川の橋、とりわけ四条大橋は京都の景観を代表するものとして意識されたのであろう。それが西洋、しかもモダンな意匠になることに対して、抵抗感が示されたわけである。

図３　四条大橋（絵はがき）

　さらに興味深いのは、装飾をつけないために、建設費が安くなることへの批判もあったことだ。ちょうどこのころ、三都それぞれを代表する橋梁が架け替えられている。東京では、日本橋が竣工したばかりで、その坪単価は1000余円であった。大阪では、3年前の1909年（明治42）に心斎橋が竣工するが、坪単価は700余円。それに比べて、京都を代表する四条大橋が、このままでは坪単価300余円にしかならない。これでは都市としての体面が保てないのではないかというのである（「京都日出新聞」明治44年2月8日）。

風致保存と「桃山式」

　ところが一方で、三条大橋や五条大橋も、同時期に架け替えられたのだが、それらはまったく異なる意匠のものとなった。架け替えたのは、京都府である。三条通は国道であり、五条通は県道で、どちらもその維持管理は京都府に任せられていた。そして、三条通についても、同じ時期に京都府によって道路拡築が計画されていた。そこで、京都府は三条大橋を四条大橋と同じ1913年（大正2）に架け替えたのである。五条大橋も、その2年前にやはり道路幅を広げるために架け替えがおこなわれた。その二つの橋に登場したのが、写真（図4）に見るよ

図４　三条大橋（絵はがき）

うな、擬宝珠がつけられた伝統的な意匠だった。もちろん、架け替え以前の橋も木造の橋であったが、その道幅を広くしたにもかかわらず、伝統的なスタイルをさらに強調したような木造意匠でつくったのである。それはセセッションの四条大橋・七条大橋とは大きく異なるものであった。

　なぜこうした意匠が使われたのか。その意匠の着想は、1912年（明治45）に完成する宇治川に架かる宇治橋の架け替えの計画にあったと考えられる。宇治橋も国道に架かる橋であるために、京都府により架け替えをおこなうことになったのだが、その際に府はこの橋の歴史的な由緒を重視した。宇治橋は、646年（大化2）に初めて架けられたという伝承があり、織田信長が改造したときに、擬宝珠がつけられたとされるものだ。そこで、府はその設計にあたり橋の歴史を丹念に研究し「範を天正時代の造営に取り」、擬宝珠を再現した木造橋の意匠とすることとしたのである。

　木造といっても、道幅を広く取るために、鋼製の桁が採用されているのだが、そこに木製の「桁覆」をかぶせることで、全体を木造のように見せたのである。そして、この擬宝珠がついた木造橋意匠という、天正時代の「復古調」とも言えるスタイルが、秀吉によって架けられたとされた三条大橋・五条大橋にも採用されたのである（ただし、両橋の橋脚は石柱であり、それは一部を除き踏襲されている）。そして興味深いのは、この復古調の橋のデザインを、当時の新聞が「桃山式」と命名して紹介していることである。確かに、このころは徳川幕府に滅ぼされた豊臣家を再評価する、「安土桃山文化」の顕彰が進んだ時期である。「桃山式」の橋とは、そうした流行の中につくられた様式であったとも言えるのであろう。

二つのデザインが示す認識

　しかしそれにしても、「セセッション」と「桃山式」では、そのイメージがあまりにもかけ離れ過ぎている。実は当時、京都市と京都府は、京都の景観をめぐり対立関係にあった。それをよく示すのが、鴨東線をめぐる対立だ。鴨川の東側にそって開削された鴨川運河の上に鉄道を敷設するという京都市の計画（現在の京阪電車）を、京都府が認めなかったのである。その理由は、東山を望む鴨川畔に電車が走る姿は、京都の風致を乱すものだとしたからだった。この対立が、「三大事業」を成し遂げた市長（西郷菊次郎）が辞任に追い込まれる要因になったという指摘もある（『京都市政史』第1巻「市政の形成」）。

　つまり、都市改造をおこない積極的にインフラ整備をおこなおうとする京都市と、それによる歴史的な風致が失われることを危惧した京都府。両者には、近代化の中で歴史的都市がどの

図５　現在の三条大橋

ような景観をめざしていくのか、その考え方に大きな差が生じていたのである。橋のデザインに見る「セセッション」と「桃山式」というかけ離れた表現は、その差を象徴的に示すものであった。

写真（図5）は、現在の三条大橋である。これは、「桃山式」で架け替えられたものが、1935年（昭和10）の洪水で流失し新たな橋に架け替えられ、さらに戦後1951年に新調されたものである。興味深いのは、基本的な構造は鉄筋コンクリートとなったが、擬宝珠がつけられ、しかも「桃山式」と同じ桁隠しがつけられていることである。1935年の洪水の後には、市内の橋梁のデザインについて審査会が設置されるなどして、京都に架けられる橋は、しだいにその歴史性に配慮した「日本調」のものが主流となっていく。そこでは、コンクリートをそのまま露出させたものでも擬宝珠を付けるなどの型式も登場するようになっていった。

一方で、「セセッション」の橋はどうなったか。四条大橋は、その後の洪水で撤去され新しい橋に架け替えられたが、七条大橋はいまだ健在である（図6）。部分的な改修はおこなわれているものの、現役の橋梁として役割を果たしている。2008年には、日本土木学会から「鴨川筋において明治期の意匠を残す唯一の橋として貴重な施設」として土木遺産に選奨され、さらに2018年には国登録文化財にも登録された。つまり、いまやこれも京都の歴史遺産になっているのである。二つのかけ離れた橋梁デザインは、ともに京都の景観をめぐる揺れ幅の歴史を示す遺産として、いまでも貴重な存在なのである。

図６　現在の七条大橋

地図と景観にみる吉田の歴史地理

吉田神社と共存する京都大学

山村亜希

吉田地区の近代と京大

吉田は、京都中心部から鴨川を挟んだ東に位置し、独立丘陵の吉田山とその山麓を含む一帯を指す（図1）。現在の吉田は、京都大学のキャンパス群があることで知られる。京都大学がこの地に立地したのは、その前身である第三高等中学校が大阪より移転してきた、1889年（明治22）に遡る。第三高等中学校は、1894年（明治27）には第三高等学校（三高）と改称され、97年には京都帝国大学（帝大）が設立された。当初の敷地は現在の本部構内のみであったが、帝大設立に伴い、三高は本部構内を帝大に譲り、新たにその南の敷地（現在の吉田南構内）を三高とした。京大は、その後もキャンパスを拡張しながら、現在に至るまで約130年の歴史を吉田の地に刻んできた。本部・吉田南構内に医・薬学部と病院を含めた京大の敷地面積は吉田地区の半分程度を占め、吉田の近代化が京大の成立・拡大とともに進展したことがうかがえる。

常識的に考えれば、大学という大規模施設の建設過

図1　現在の吉田地区　1/2.5万　国土地理院電子地形図

図2　京都大学本部構内と吉田南構内の間の東一条通。写真中央に見えるのが鳥居

図3　東一条通に立つ吉田神社参道の石柱

程で、それ以前の地形や河道、土地利用や地割、施設は失われるか、大きく変更されたことだろう。それでは、京大が大半を占める吉田には、近代以降の景観しか見られないのだろうか。あるいは、残ったとしても、ただの形骸化した前代の遺物として、近代に影響を及ぼすことはなかったのだろうか。

そうではないだろう。京大に通学する多くの学生が、頻繁に利用し、主要な通学路として認識している、本部構内と吉田南構内の間の東西路を例に挙げたい。この東西路は、公道の東一条通であるが、その東端には吉田神社が立地し、本部構内の正門の近くにはその大きな鳥居も立つ（図2）。もちろん吉田神社は京大よりも古くから存在しているので、本来この道は参道であったことになる。つまり、吉田神社の参道であった東一条通を、のちに立地した京大が通学路として使用しているのだ。現在も京大正門前のバス停で降りて京大に向かう際、まず目に入るのは、「京都大学」の文字ではなく、「吉田神社参道」と書かれた大きな石柱だ（図3）。2月の吉田神社の節分祭のときは、東一条通に沿って多くの露店が立ち並び、人波で埋め尽くされ、本来の参道としての景観を取り戻す。ここに京大があることに、かえって違和感を覚えるほどだ。このように、一見しただけだと近代の所産と思える景観の中に、前近代の歴史地理が埋め込まれ、共存している事象は、吉田に他にも数多くある。

歴史は積み重なる

本項は、前近代の過去が消されたと考えられがちな吉田を事例として、この地域の現在の景観の諸相を、

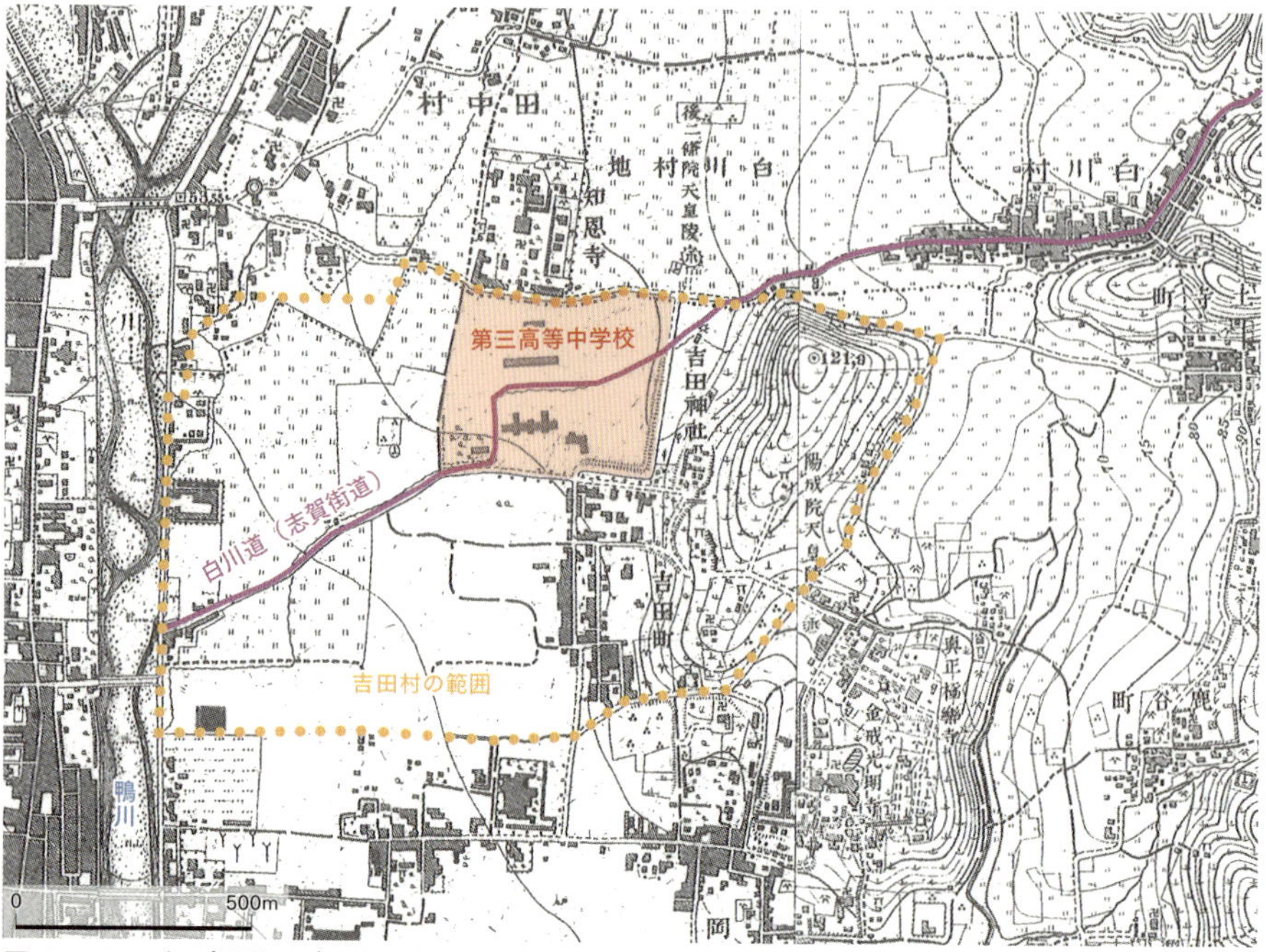

図4　1890年（明治23）頃の吉田　1/2万「京都」「大津」

自然地形や前近代の施設・場所性といった歴史地理と関連付けて説明を試みたい。歴史地理の重層性に注目しながら、吉田の地図を読み解いてみよう。

図4は、第三高等中学校創設翌年の1890年（明治23）の地形図である。第三高等中学校の敷地の南、吉田山の山麓に「吉田町」という集落がある。これが吉田の旧集落であり、吉田神社の社家町であった。現在の地形図（図1）と比べると、この旧集落を避けるように京大のキャンパスが西側に拡大したため、旧集落の形は大きな変更を受けることなく、残されたことがわかる。クローズアップして詳しくかつての集落形態を見てみよう。

前近代の痕跡を探す

図5は、18世紀後期から19世紀初頭の『山城国吉田村古図』（京都大学総合博物館）に描かれた吉田社家町周辺のトレース図である。ここからは、江戸時代の吉田山にはいくつもの寺社が立地しており、神仏習合の山であったことがわかる。先述した吉田神社の参道（北参道）は、中央に分離帯を挟んだ二条の道として描かれており、周囲の字名から馬場として使われていたことがうかがえる。現在も参道の中央を仕切るように、松並木の一部が残り、馬場の形態を残している（図6）。しかし、この馬場は吉田社家町の外れにあたり、参道でもありなが

図５『山城国吉田村古図』（トレース）にみる吉田社家町とその周辺

図６　馬場の中央分離帯の名残と思われる北参道中央の並木

ら、社家町の中心には位置していない。

吉田社家町の集落の中心軸であったのは、図5を見る限り、吉田山の山頂近くの斎場所大元宮に至る南参道である。大元宮は室町期に提唱された唯一神道（吉田神道）の社殿であり、神道の総本山として創建されたものである。近世には、一度の参詣で全国の神に詣

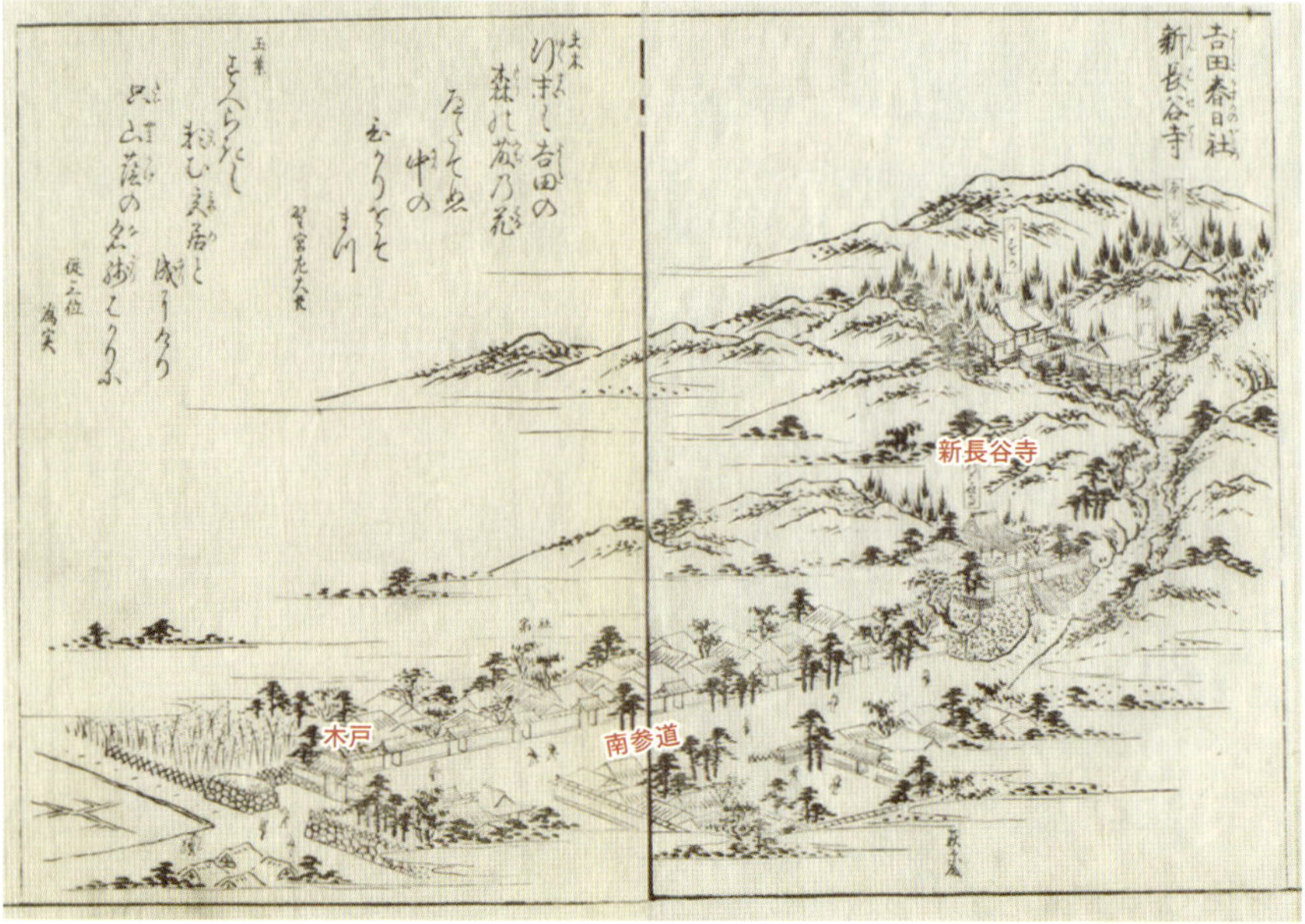

図7　『拾遺都名所図会』（天明7年〔1789〕）に描かれた吉田社家町

図8　現在の南参道

図9　南参道北側に残る高石垣

でたと同じ効験があるとして、庶民の信仰を集めた。ガイドブックである1787年（天明7）の『拾遺都名所図会』にも、この南参道沿いの風景が紹介されている（図7）。

図7をみると、大元宮に至る参道の両側には、社家とおぼしき屋敷が立ち並び、集落の出口には木戸も設けられていた。吉田山の登り口には、立派な高石垣の上に神宮寺の新長谷寺があった。現在、社家町の建造物はほとんど残っていないが、南参道は不自然なほど幅の広い道路として残されている（図8）。新長谷寺も廃絶して存在しないが、城郭

のように立派な高石垣は、今でも残る（図9）。

この高石垣の近くの民家の石垣の中に、1838年（天保9）に筑前国の住人の寄進によって、参道南側の石垣長さ100間が建設されたことを刻む石が埋め込まれており（図10）、実際にそこから約100間の長さにわたって石垣が延びる。前近代の社家町の参道、街路、石垣、敷地といった人工的なインフラは、今でもよく残っている。「吉田神社参道」の石柱の立つ北参道（実際は馬場）とは異なる、京大裏の「隠れた」前近代の参道景観だ。

図10　南参道南側の石垣寄進の刻印

吉田山は、花折断層によって吉田町に向いた西側が急傾斜となっている。図5によると、この急傾斜を登る南参道の先に大元宮があるが、さらに参道はその先の山頂近くまで続いていた。そこには、智福院、神恩院といった坊院群があり、さながら吉田山の奥の院といった様相であったのだろう。これらの寺坊群も新長谷寺と同様に廃絶し、今ではその敷地に一般の民家やアパートが建つ。この坊院跡は断層崖直上の平坦地であり、地形的に西側への眺望を遮るものはない。加えて、吉田が鴨川以西の洛中に近いことから、洛中が手に取るように見渡せる、景色の良い好立地でもあった。

この洛中への眺望の良さという立地条件は、坊院の廃絶後、近代には違った方向に転用された。坊院群の中でも最大の敷地であった智福院跡に、東洋花壇という料亭が営まれたのだ。地形や立地条件といったこの場所の持つ地理的特性に、時代によって異なる評価がなされ、それに応じた活用がなされたことがわかる。

大学内に残る遺産

次に、大学内に残る前近代の吉田の遺産を探してみよう。先述したように、大学のキャンパスは吉田の旧集落を避けて展開した。だからといって、大学キャンパスになった土地が、特徴のないただの畑地であった訳ではない。図5の吉田村絵図に見るように、そこには多くの意味深な字名がつけられ、細かく土地は峻別され、その間を斜めに志賀越道の街道が走り、塚が散在する農地景観であった。

その中でひときわ目立つのが、二本松の塚である。この塚は、1686年（貞享3）の地誌である『雍州《ようしゅう》府志《ふし》』に、古跡として紹介され、かつてここに春日社が勧請されたとの歴史が記される。この春日社とは、馬場の先にある現在の吉田神社のことである。春日社は応仁の乱で焼失し、その後、山麓の現在地に移転再建されたとの由緒を持つが、その旧地が二本松であったことになる。移転後も春日社の旧地にランドマークとして二本松の塚が残り、その記憶は江戸時代には生きていたのだ。

　ちなみに、図3によると、二本松の南には、一本松の別の塚があった。この一本松について、１７０２年(元禄15)の『山州名跡志』はここに地蔵堂があったとし、塚の周囲の字名も「地蔵北」、「地蔵西」、「地蔵東」、「地蔵前」である。近世吉田の農地の中の塚や地名は、地域にとって重要な場所の記憶を伝えていた。

　吉田神社旧地の二本松は、大学建設以降、どうなったのだろうか。この場所は、京大の吉田南構内の中にあたる。残念ながら、現在、二本松らしき塚はない。しかし、吉田南構内の住所は「京都市左京区吉田二本松町」であり、地租改正時に、新たに付けられた字名に由来する地名として残った(金田章裕「吉田南キャンパス前史―吉田二本松町の成立」)。ここで二本松の場所を現在の構内図に同定すると、現在、吉田南1号館と呼ばれる建物の東南隅にあたる。この建物の建設前に、発掘調査がおこなわれ、応仁の乱頃に廃絶された中世の大溝が検出され、二本松付近に移転前の春日社が存在したことが推定された(京都大学埋蔵文化財研究センター編『京都大学構内遺跡調査研究年報２００１年度』)。

　加えて、建物予定地の東南隅に祭祀遺構と思われる中世の方形土壇が検出され、これが近世まで存続したことも明らかになった。これが、図5の二本松の塚である可能性が高い。確かにこの場所に、春日社の旧地とそれを伝える二本松の塚が存在したのだ。

　それでは、近代の大学は、そのような場所の記憶をすべて掻き消したのだろうか。図11は、吉田南1号館が建設される直前の２００１年の京大の学生便覧における構内図である。これを見ると、ちょうど1号館の東南隅、建設予定地に引っかかるように円形の点線が描かれている。１９７２年の学生便覧(図12)を見ると、これがその南の吉田南構内最大の校舎に添えられた築山であったことがわかる。つまり、大学が建設されても、21世紀になるまでは、二本松の塚は築山として生き続けたことになる。ただし、筆者も含めて、かつてこの築山を日常的に見ていた20世紀末の京大生は、誰一人として、これが春日社(吉田社)旧地の二本松の残滓であったことには気づいていなかっただろう。

　しかし、この築山が京大にとって特別な存在であり、一種のランドマークとして機能していたことは、20世

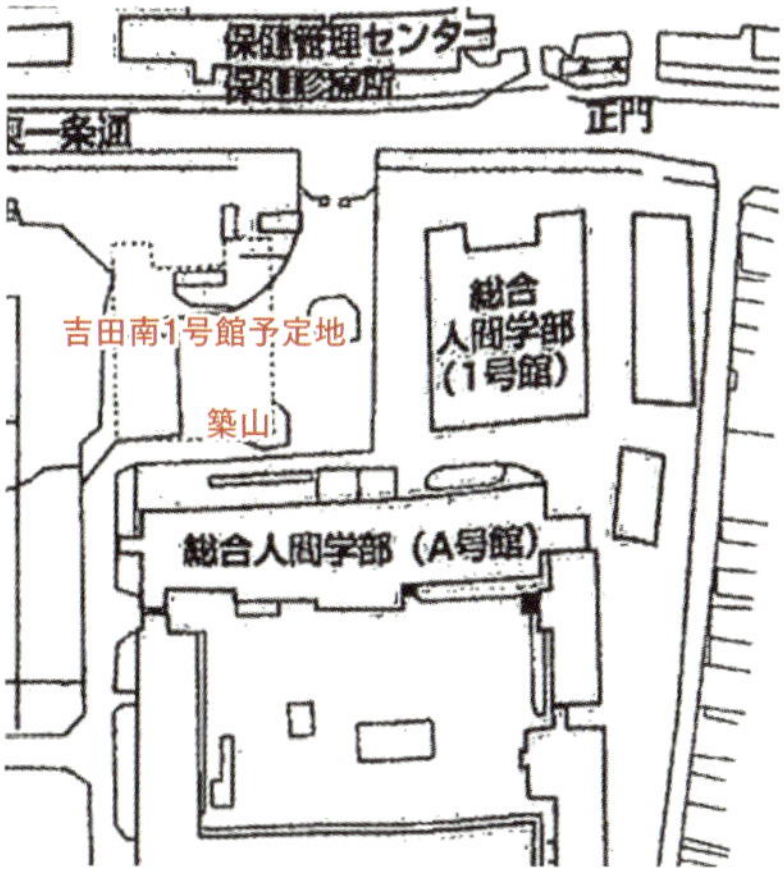

図 11　2001 年の学生便覧にみる吉田南 1 号館建設予定地

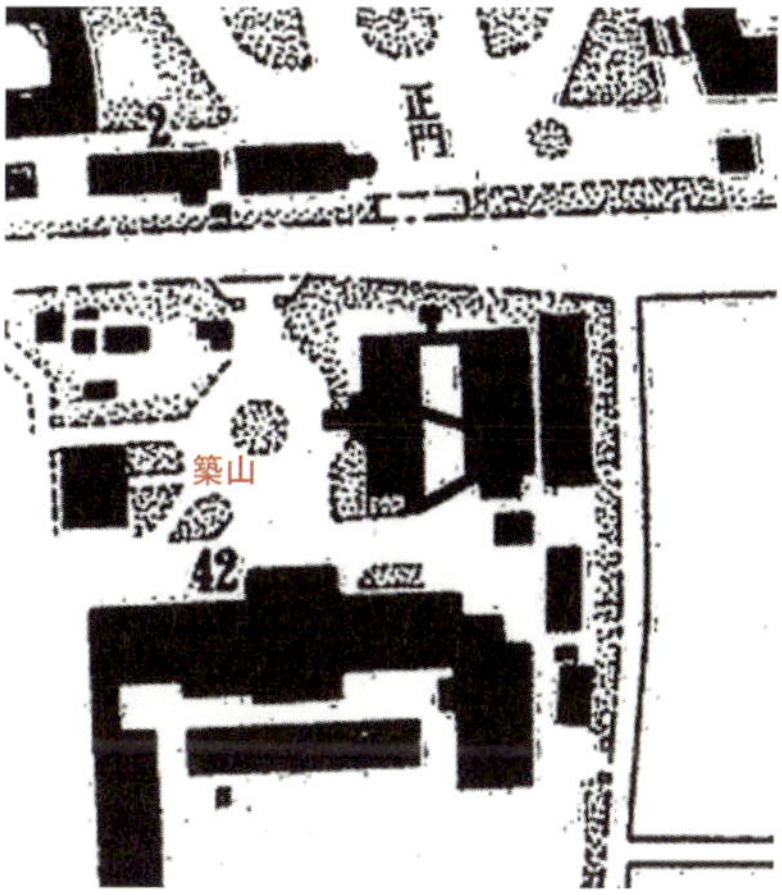

図 12　1972 年の学生便覧にみる築山

紀末の多くの京大生が同意するところだろう。この築山には、三高初代校長の折田彦一先生の胸像が建っていたためだ。折田先生像は三高を代表する人物だというだけでなく、1997年に別の場所に移転されるまで、不敬なことではあるが、盛んに「仮装」が施されたことで、学内外に有名になった。折田先生像がこの築山を選んで据えられたのは、単に校舎の前面だからだろうか。それとも、聖地の記憶が近代以降も残っていたためだろうか。折田先生像が吉田南構内の正門や校舎の方向ではなく、東の吉田神社の方向を向いていたのは、偶然だろうか。古代・中世以来の場所性が、意図せざる結果として、この地に折田先生を招いたと考えることはできないだろうか。

　吉田社家町・参道・坊院群や二本松の塚は、いずれも近代以前の吉田地域にとって重要な意味を持ち、その起源や特質を語るうえで不可欠な地物である。その意味や重要性は、大学建設と拡張の過程で忘れられ、本来の機能も失われていったが、誰が意図したことでもなく、地図上の形や姿を変えた景観として、現代の吉田の中に息づいている。本項で紹介したものは、その一部に過ぎない。

　紙幅の都合上、ここでは紹介できないが、もっと多くの地物が単なる遺物としてではなく、現在の社会・生活の一部として生きている。もちろん大学の建設と拡張という近代化の圧倒的な力で、吉田は大きく変貌を遂げたことは間違いない。一方で、時代とともに変容しつつも、その背後でしたたかに生き続ける前近代の歴史地理の力を探るのも、千年の歴史の重層性が最大の特徴である「古都」京都ならではの地図歩きのおもしろさであろう。

運河と鉄道で発展

千本三条・二条駅界隈

森田耕平

西高瀬川の開削と材木町

鉄道の登場以前、水運は大量の物資を低廉に輸送できる唯一の手段であった。内陸都市の京都においては、市中への輸送の便を図るために運河の開削がおこなわれてきた。近世以降では、1614年（慶長19）に高瀬川、1863年（文久3）に西高瀬川、1890年（明治23）に琵琶湖疏水が完成。幕末に開通した西高瀬川は、大堰川と淀川の水運にかかる物資の輸送改善を目的としていた。

維新後、嵯峨から市中への流路が付け替えられた西高瀬川では、1884年（明治17）に木材の筏流しを開始。当時京都で消費さ

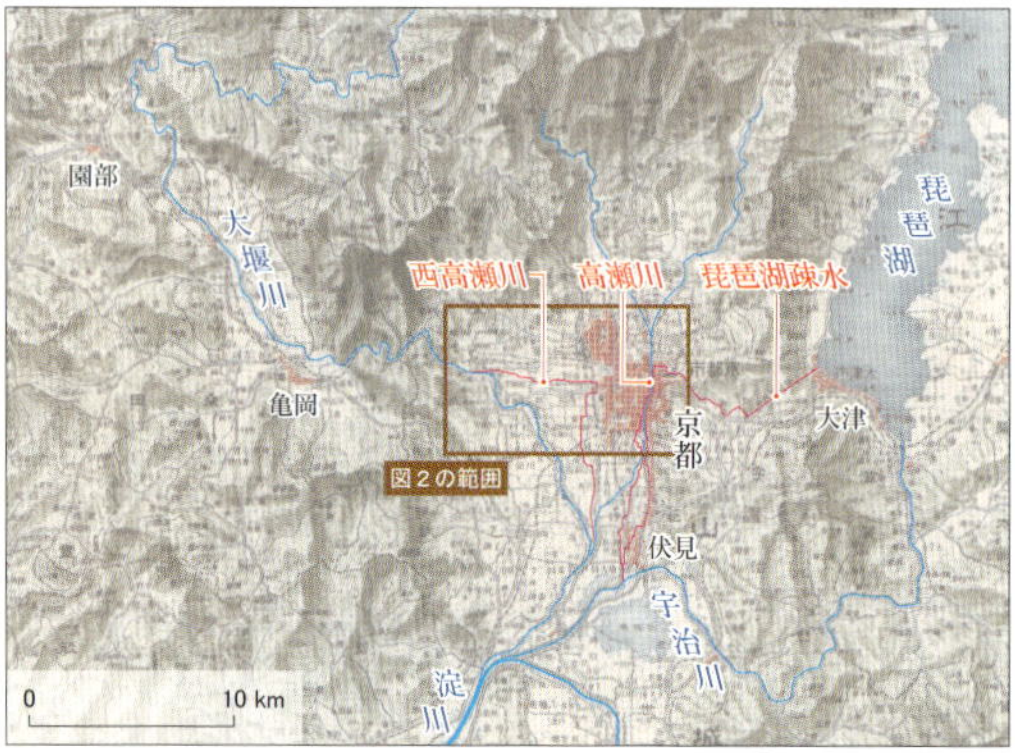

図1　京都周辺の河川と運河　1/20万「京都及大阪」1919年

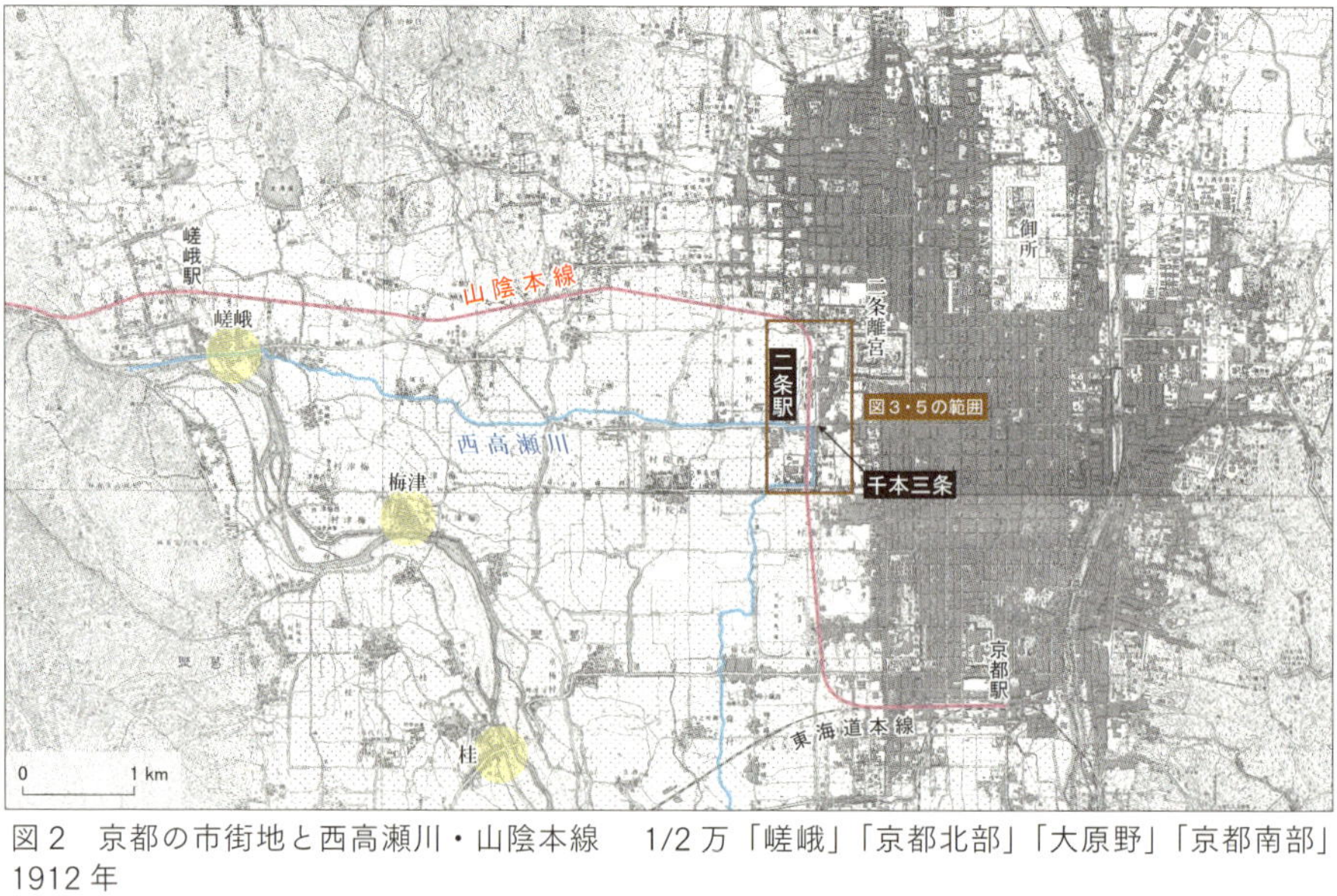

図2　京都の市街地と西高瀬川・山陰本線　1/2万「嵯峨」「京都北部」「大原野」「京都南部」1912年

れる木材の多くは丹波産で、筏に組まれて大堰川を下り、従来は嵯峨や梅津、桂で陸揚げされていた。嵯峨からは西高瀬川の舟運も利用されたが、積替えを要し不便であった。そこで通船路として開削された西高瀬川を改修・補強し、筏の状態で流せるようにしたのである。これを機に丹波材の輸送は効率化され、西高瀬川が市街地に最も接近する千本三条から千本四条にかけて、木材関連業の集積（材木町）が形成された。

二条駅の開業と発展

１８９７年（明治30）２月、京都鉄道が二条・嵯峨間を開通させる。二条駅が置かれたのは、材木町にほど近い千本三条北西の未開発地であった（図3）。西高瀬川に並行するように敷かれた線路は、同年11月、先に開業していた官設鉄道（現・JR）京都駅に接続され、2年後には園部まで延伸。二条駅の開業と輸送範囲の拡大により、丹波材の筏流しは鉄道への代替が進んでいった。また、千本三条南西には紡績工場が立地し、駅からの引込線と軽便レールで燃料用石炭を効率的に搬入した。

１９０６年（明治39）に鉄道国有法が制定されると、政府は全国の主な私鉄を買収。京都鉄道も開業後10年を経て国有化されるに至った。鉄道網の発達は物資の輸送時間を短縮し、市場圏の拡大を促した。京都市の西部中央に位置し、集配に便利な二条駅の周辺には、鉄道利用に商機を見出す流通関連業の立地が進んだ。石炭や木材、薪炭、米などの到着貨物を中心に、駅の取扱量は増加。京都御所で昭和大礼がおこなわれた１

図３　千本三条・二条駅界隈の変化
左：1/2 万「京都」1892 年　右：1/2 万「京都北部」1912 年

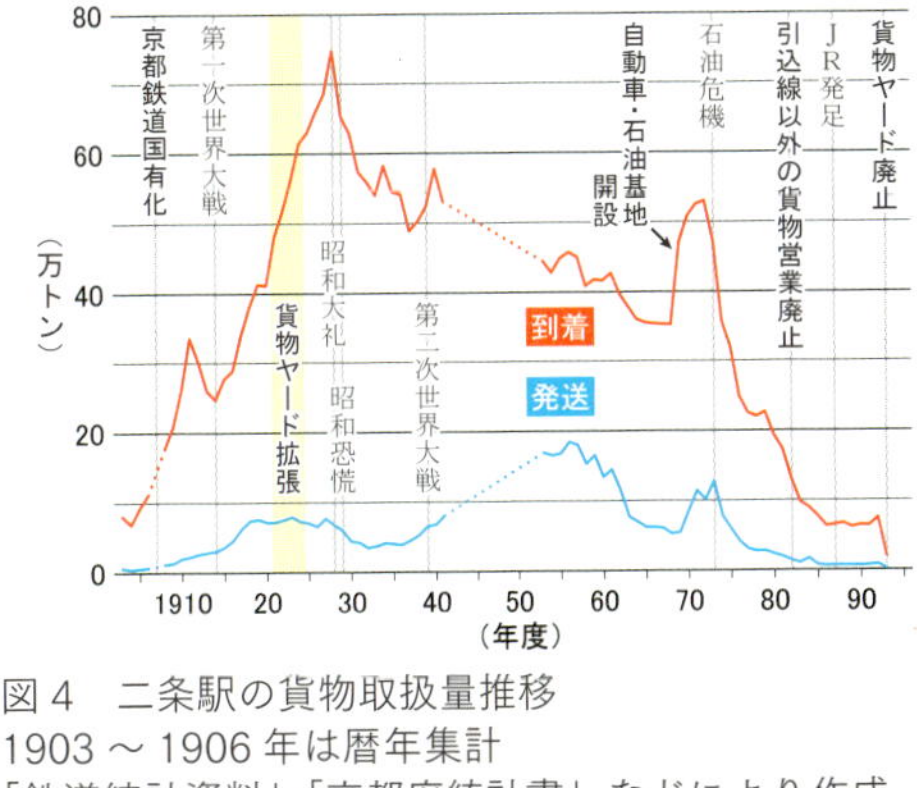

図４　二条駅の貨物取扱量推移
1903 〜 1906 年は暦年集計
「鉄道統計資料」「京都府統計書」などにより作成

928年度（昭和3）には、到着量が74万8千トンを記録している（図4）。この頃には、市内で生産・消費される物資の大半を鉄道が輸送するようになっていた。二条駅は梅小路駅（現・京都貨物駅）とともに、京都市内の鉄道貨物輸送拠点として重要な位置を占めた。

図5は、1927年に撮影された二条駅周辺の空中写真である。図3と比較すると、千本三条から南東に伸びる後院通の整備や、市街化の進展がうかがえる。

荷役と「千本組」

西高瀬川や二条駅と関わりの深い人生を歩んだ男がいる。笹井三左衛門（図6）、1855年（安政2）嵯峨の生まれ。大堰川の筏士をしていた笹井は、「荒寅」の四股名をもつ素人力士でもあった。京都で一旗揚げるべく、30代半ばで生活の拠点を材木町に移し、筏を陸揚げする仲士として働いた。筏流しを妨げるゴロツキに対抗したことで信望を集め、仲士集団の元締めに。千本

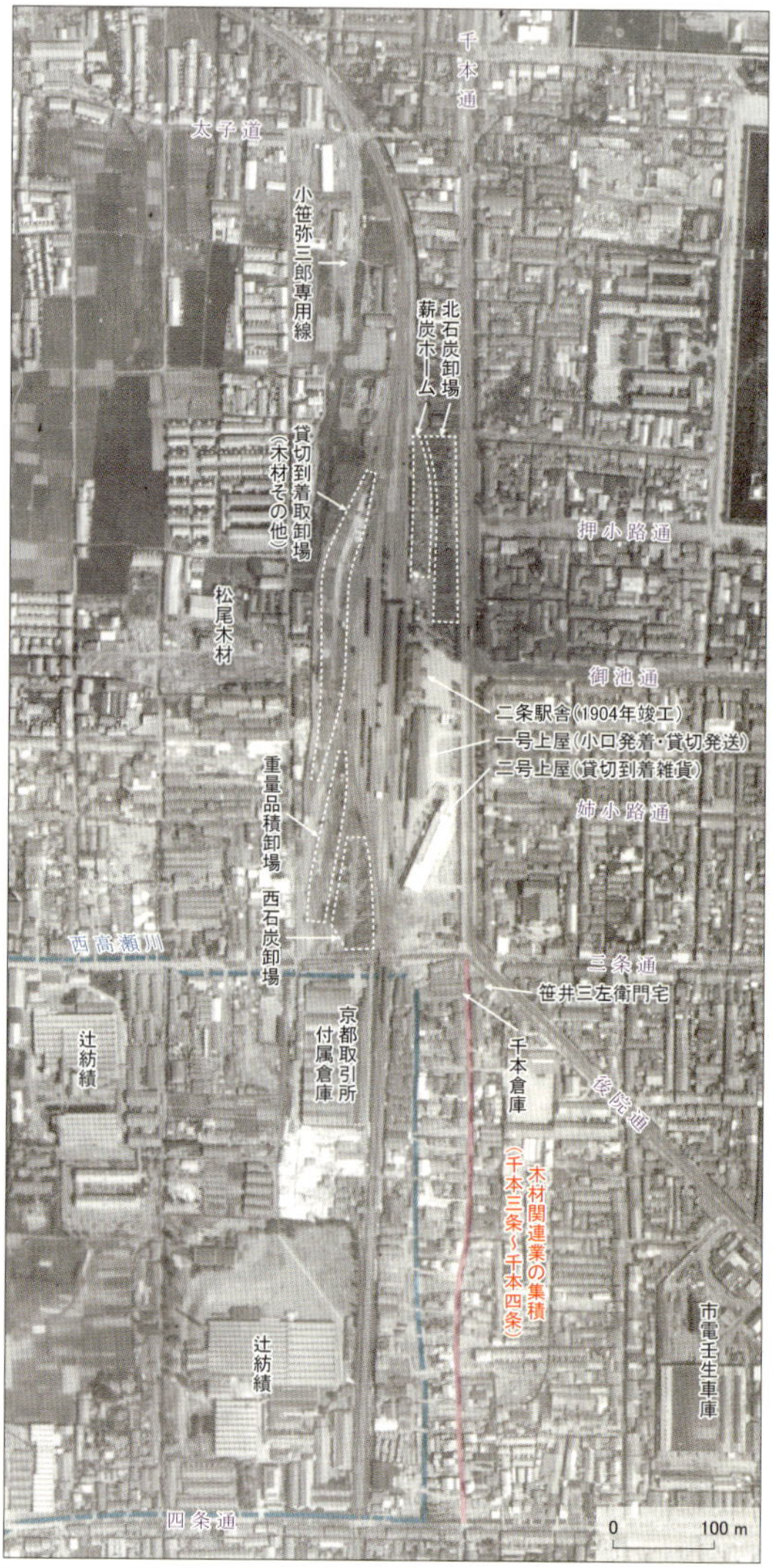

図5　昭和初期の千本三条・二条駅界隈（1927年）
京都市役所編「空中より見たる京都市街図」京都大学図書館所蔵写真を加工

図6　笹井三左衛門
（出典：「京都新聞」1958年8月25日）

三条角の自宅に「千本組」の看板を掲げたのは、1901年（明治34）とされる。

博徒嫌いの笹井率いる千本組は、運送業や土木業への人夫口入れを正業とした。そこで事業の中心となったのが二条駅の荷役（貨物の積卸し）。当時の運送店は荷役を下請けに出すのが一般的で、同駅の荷役は千本組が独占的に請け負った。荷役が滞ると鉄道輸送に支障をきたすため、駅や運送店の現場長は赴任するとまず千本組のもとに挨拶に行き、協力を乞うたという。仲士たちは消防団や自警団を兼ね、祇園祭の御輿担ぎを任される時期もあった。

京都の顔役としての地位を築いた笹井は、1939年（昭和14）に亡くなった。その後、戦時輸送体制の強化に伴い、二条駅における千本組の荷役請負業は日本通運に買収され、組の人々は同社の従業員となった。しかし、戦後の民主化と労働運動の高揚の中で、彼らはその封建的体質を指弾され、退社を余儀なくされた。

戦後の変化

木材の輸送手段が鉄道や自動車に変わってからも存続していた材木町。しかし、輸入材の普及をはじめ、戦後は業者をとりまく環境が大きく変化した。主に国産材を加工し、市内に供給してきた材木町では、1970年代後半以降、需要の低迷と市街化の進行により廃業が相次いだ。

時代の波は二条駅の貨物ヤードにも押し寄せた。戦前、到着貨物の上位にあった石炭や薪炭は、燃料革命で需要が減少。代わって増加したのが石油で、引込線を利用して販売量を伸ばす業者も現れた。しかし、自動車の普及によって、一般に流通関連業が駅への近接立地を指向する必要性は低下。取扱量が凋落する中、1982年には引込線以外の貨物営業が廃止された。京都市の中心を構成する中京区にあって、大部分が遊休化したヤードは、市当局から重要な再開発対象と目されるようになる。1993年、二条駅は96年に及ぶ貨物営業に幕を閉じ、ヤードは貯木場跡地などと一体で区画整理・再開発された。

運河の開削と鉄道の敷設で発展を遂げた千本三条・二条駅界隈。河川改修で分断され、運河としては機能しなくなったものの、今なお残る西高瀬川は、そこに流通の拠点があった歴史を伝える名残となっている。

図7　現在の西高瀬川と高架化された山陰本線

街に埋もれた廃線跡が語る京都裏面史

占領期京都に存在した引込線

森田耕平

地形図に描かれた謎の引込線

京都市内の廃線といえば、東山を迂回して大津に抜けていた東海道本線の旧線や、戦争の影響で短命に終わった愛宕山鉄道などが有名であろう。廃線跡ガイドで紹介される機会も多いそれらに比べれば、ここで取り上げる二つの廃線は比較的小規模で、存在した期間も短かったためにあまり知られていない。しかし、歴史を紐解けば興味深い事実が明らかとなる。

筆者が学生になって間もない頃、地理学教室に所蔵された地図の中にひときわ目を引くものがあった。それは戦後約10年を経て、地理調査所（国土地理院の前身）が全国の主要都市を対象に発行した1万分1地形図である。市街地が朱で塗られた中縮尺図に、鉄道は本線から側線に至るまで、詳細に描かれていた。京都地区の何枚かを眺めていた時、山陰本線の花園駅と二条駅、それぞれから分岐する引込線の存在に気づいた。前者の終点には「島津製作所」、後者のそれには「日本写真印刷会社」（現・NISSHA）の表記があっ

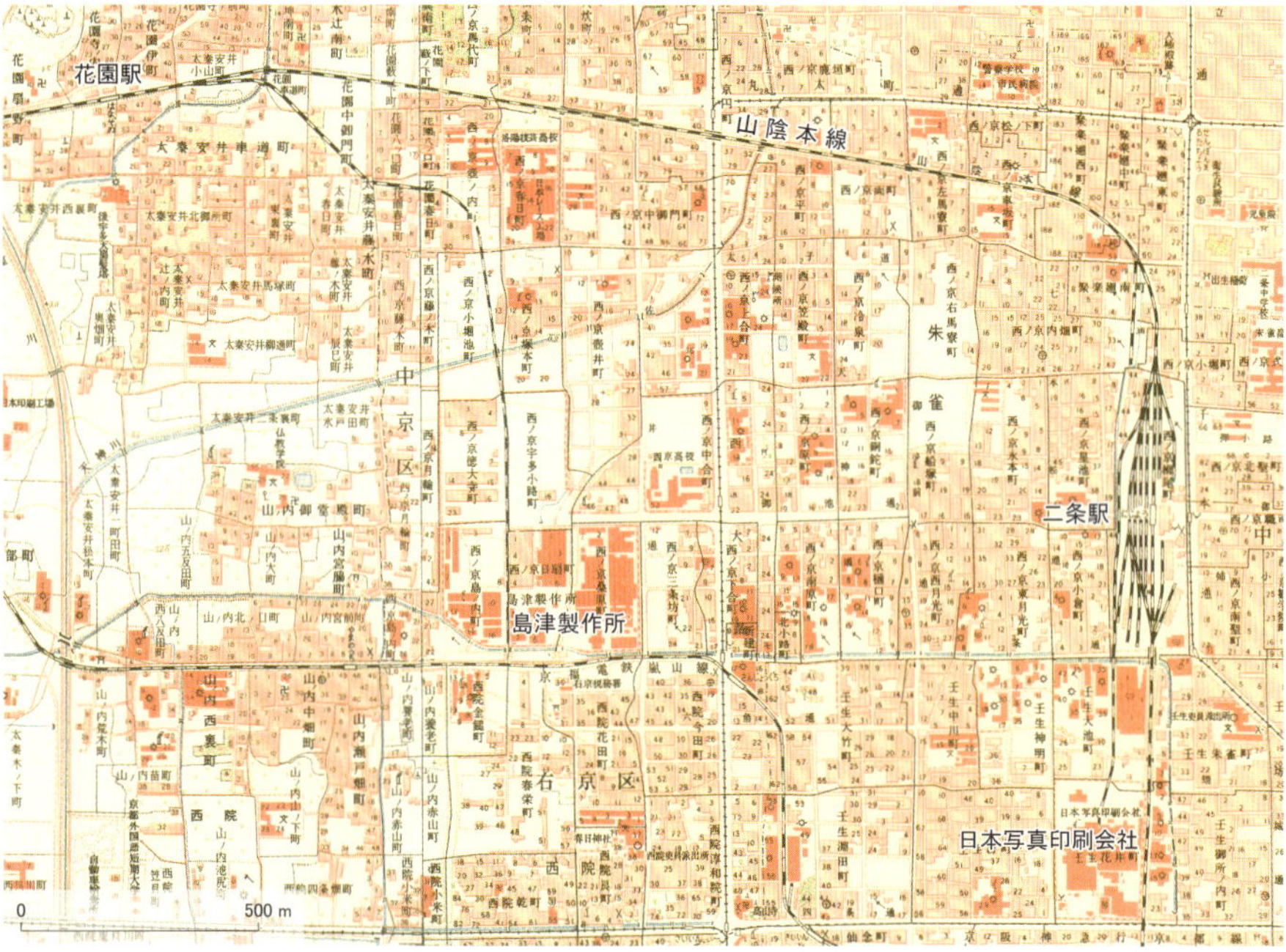

図1　1/1万「嵯峨」「京都北部」1955年

た（図1）。

引込線がいつ頃まで存在したのか気になり、2・5万分1地形図を調べてみることにした。島津製作所への線路は1960年版で確認できたが、翌年版にはなかった。日本写真印刷へのそれは、どの版にも描かれていなかった。そこで鉄道雑誌に掲載された専用線一覧表（全国の引込線を網羅）を繰ってみるも、該当しそうな線は見当たらない。どうしたものか。

島津製作所への引込線

かつて筆者が疑問を抱いた二つの引込線、実はいずれも戦後の日本を占領統治した連合軍が、当時の国有鉄道（現・JR、以下国鉄）に敷設させた軍用側線である。国鉄部内では島津製作所への引込線を「二条軍用側線」、日本写真印刷へのそれを「四条軍用側線」と称していた。2社は連合軍に工場を接収され、そこに軍の命令で側線が引かれたというわけである。以下では、筆者の調査から明らかになった範囲で各側線の歴史を紹介する。

まず二条軍用側線について。花園駅から分岐するにもかかわらず、二条を冠していることに違和感を覚えるが、これは側線の所管駅が二条駅で、当初の線名「二条花園側線」を改めた結果である。1945年秋の占領開始当初、連合軍は二条駅の駅舎南側にあった貨物上屋とヤード（78ページ参照）を接収していた。しかし、当時の同駅は市内の物流拠点であり、一部とはいえ構内の接収は一般貨物の輸送に支障をきたす。また、駅の接収施設では輸送上の限界もあったとみられ、連合軍は二条駅西方約1㎞の島津製作所三条工場に注目し、軍用貨物の保管庫として接収することを計画。1946年4月に工場への側線敷設を命じた。

6月に入って、終戦連絡京都事務局（連合軍との連絡事務を担当）や京都軍政部の幹部らが工場を視察。妙心寺での「接収地区鉄道敷設協議会」を経て、国鉄は7月下旬に側線の設計図面を第一軍団工兵隊に提出した。担当将校は讃辞をもって受領したという。8月からの側線敷設工事は急ピッチで進められ、作業員に対する労務加配米の配給や、物資優先手配もおこなわれたようである。10月には竣工し、使用開始となった。これに伴い、二条駅構内の一部接収は解除された可能性が高い。

花園駅から工場へのルートを現在の地図上に示すと、図2のようになる。京都市内の山陰本線は、今でこそ高架の複線を電車が行き交うが、当時は地上の単線を汽車が走っていた。側線の分岐点は、花園駅の構内東側にあった踏切の脇に位置し、二条方から側線に進入する際は折返しを必要とした。構内下り線から分かれた側線は、宇多川を渡って現在の花園小学校敷地内を南東へ。そして木辻通との

図2　二条軍用側線（花園駅～島津製作所三条工場）

交差付近で左に曲がり、西小路通との交差付近で今度は右にカーブ（推定曲線半径120m）。現在の花園大学敷地内を抜け、太子道と交差する辺りからは直線となり、天神川を渡って工場に到達した。

側線用地は第一軍団が接収し、運輸省（当時国鉄を運営）が買収する形をとった。花園駅から工場までの約1kmにわたる用地買収で地割は乱れ、所によっては狭小な区画が生じた。たとえば図3と図4は、図2中の空中写真に緑色の線で示した範囲の旧公図である。太秦安井車道町（右京区）では、宇多川東岸の一四ノ四番のうち、側線の橋台付近が一四ノ六番として2歩（約6・6㎡）だけ買収された（図3）。また、西ノ京壺ノ内町（中京区）では、一六ノ一番が3分割され、線路敷にかからなかった2・4坪（約7・9㎡）の三角地が一六ノ三番となった（図4）。

接収された工場内の様子を空中写真（図5）から確認する。接収は工場の北地区全部と西地区の一部（黄色の線の内側）に及んだ。側線は接収地区の東西中心に敷かれ、その両側に貨物ヤードが展開。列車が発着する2番線の有効長は、当時の標準的な貨車（8m級）で約20両分に相当した。関西では神戸港駅が連合軍貨物の輸送基地となっており、主に同駅から発送された資材や燃料、食糧などが到着したと考えられる。

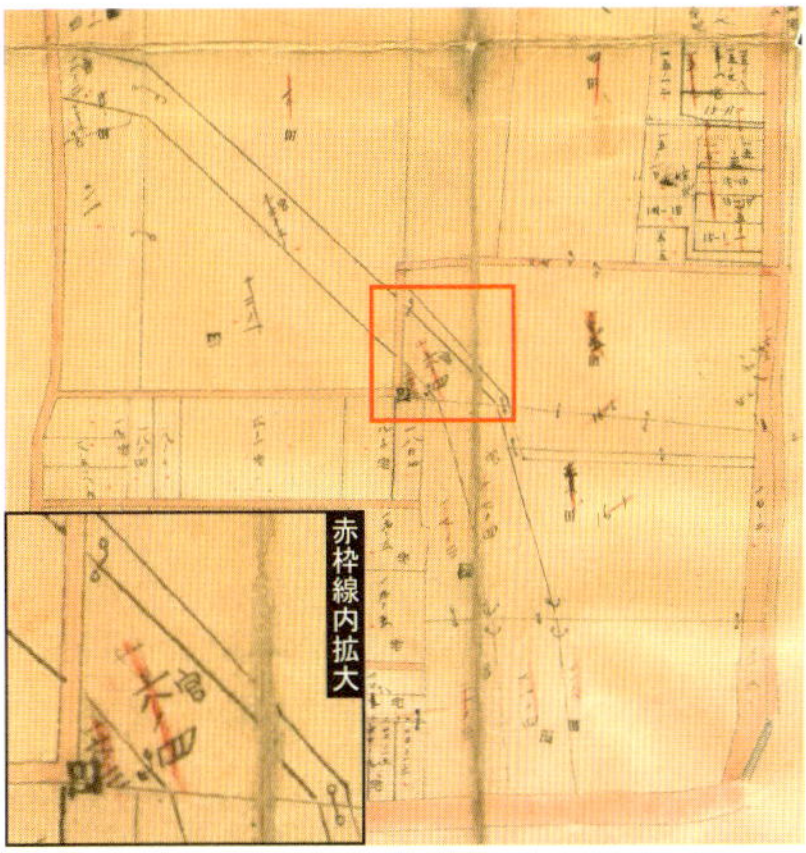

図４　西ノ京壺ノ内町（中京区）の旧公図
側線用地となった一六ノ四番には「官」の表記がある

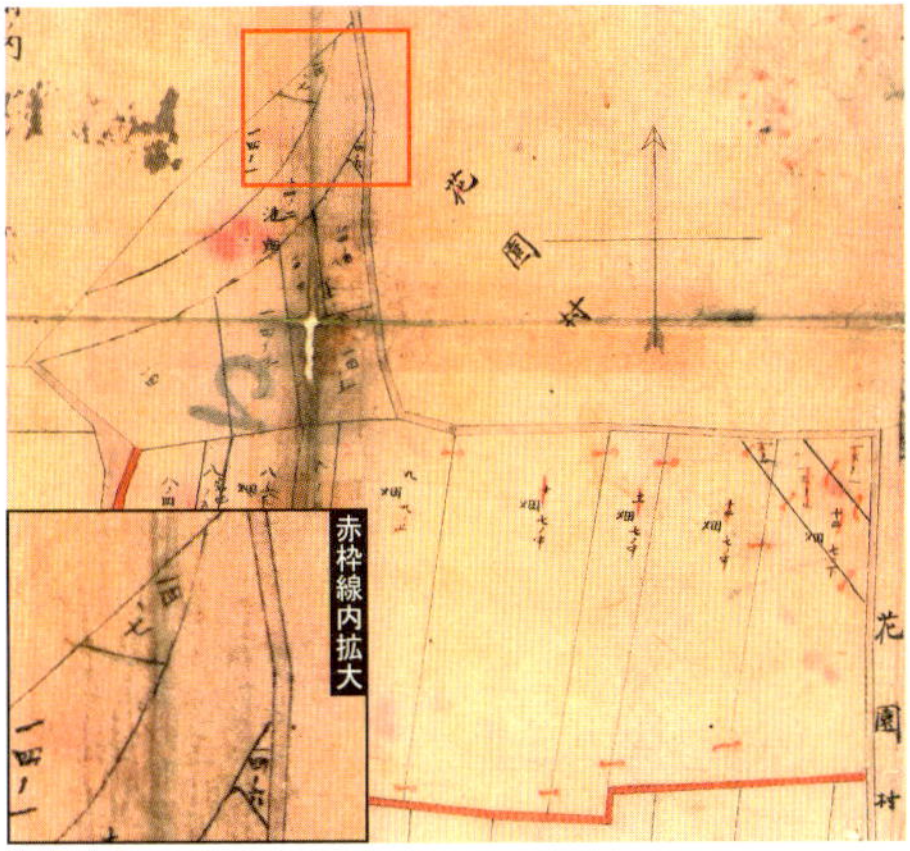

図３　太秦安井車道町（右京区）の旧公図

図５　二条軍用側線（島津製作所三条工場内）

連合軍による日本占領は1952年4月に終了した。しかし、なおも各地に米軍が駐留し、三条工場の接収は1953年3月まで続いた。側線に列車が走らなくなったのは、そのしばらく後のこと。駐留軍の専用解除となった側線は、国有財産として大蔵省に移管され、1957年度中に線路の撤去が本格化した。

側線の処分と跡地利用に関して注目されるのが、花園小学校の建設である。京都市西郊に位置した旧花園村一帯は、1930年代から住宅開発が進展。児童数が2千名を超えていた御室小学校では、「団塊の世代」の大量入学を控えた1953年10月に第二校建設の議が起こった。市会宛の学校増設請願書は同年末に採択され、翌年4月には現在地への建設が決定した。

問題は学校用地(図6)の

図６　宇多川西岸から見た花園小学校用地（出典：『花園』）
左の線路は山陰本線、右奥に側線が見える

分断線と化した側線の存在。用地を一体的に整備するためには、線路を取り除く必要があった。地元選出の国会議員や大蔵省の関係部局などへの陳情活動が展開されたが、線路の撤去は遅々として進まなかった。1956年9月には線路北側の農地跡に分校舎が竣工。狭隘化対策が急がれる中、運動場に線路を残した状態で授業開始となった。結局、線路が撤去されたのは1958年1月、花園小学校として独立開校する約3カ月前のことであった。

日本写真印刷への引込線

続いて四条軍用側線を紹介する。側線の名称は、接収対象の工場が四条通に面し、接収時点では島津製作所四条工場であったことに由来する。戦時中、航空機用部品を生産していた同工場は、戦後稼働を停止。工場の集約移転を検討していた日本写真印刷が借用することになり、1947年2月から移転作業を開始した。工場の接収命令が出たのは、その矢先であった。

三条工場に続く新たな接収。前年9月に開設された京都地区司令部（KYOTO POST COMMAND：略称KPC）が倉庫として使用する計画であった。折衝の結果、工場の接収は一部にとどまったものの、当該箇所には側線が引き込まれることになった。そのルートを現在の地図上に示すと、図7のようになる。二条軍用側線と異なり、既設の専用線を延長したもので、運輸省による用地買収はおこなわれなかった。当時の空中写真からは、側線上に留置された貨車の様子を確認できる。倉庫内の線路は約50mと推定される。

接収問題も影響して工場を購入することになった日本写真印刷は、1948年2月に移転作業を終え、同年11月6日に移転開場式を挙行。式当日に撮影された同社正門の写真（図8）には、KPC倉庫の表札が写っている。接収は工場の運営を制約する一方、停電の多かった当時にあって、電力の安定供給をもたらすという側面もあった。

朝鮮戦争開始直後の1950年7月、倉庫の一部が接収を解かれる。これを機

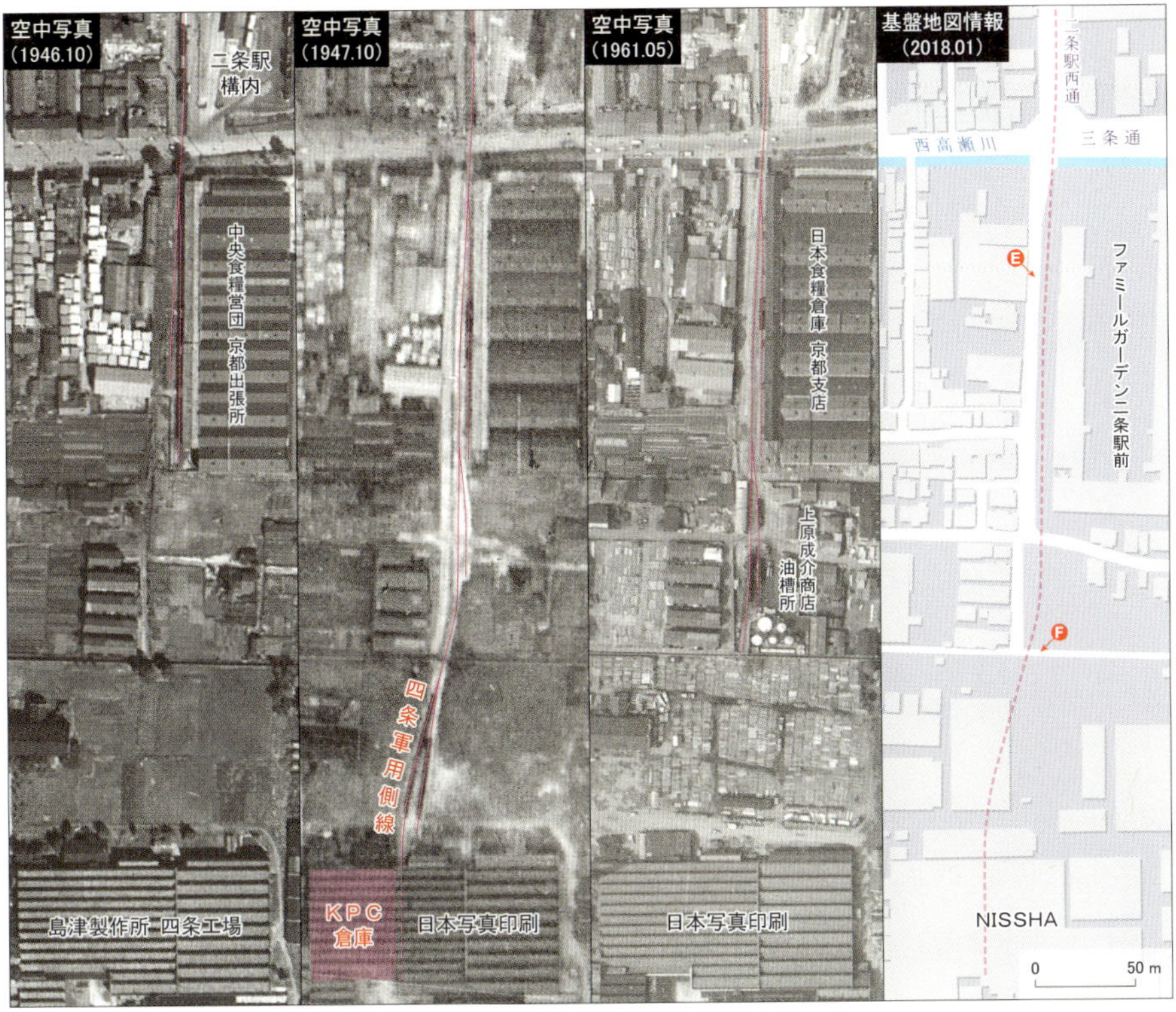

図7　四条軍用側線

に、空いた倉庫は日本食糧倉庫や中央倉庫に賃貸された。占領終結後の1952年7月には、接収施設の全面返還が実現。しかし、側線は撤去されず、倉庫賃貸先の2社によって引き続き利用された。また、同年9月には工場北側に上原成介商店（現・上原成商事）の油槽所が完成。側線から分岐する線路を利用して石油の取卸しを始めた。

1954年11月8日夕刻、側線上で信じがたい事故が発生する。二条駅の貨物ヤードで入換中の石油積みタンク車が、職員の過失で側線方に逸走。三条通を

図8　移転開場式当日の日本写真印刷正門（1948年、出典：『理想旗』移転開場式記念号）

越えて日本写真印刷構内に進入し、倉庫を突き切って全軸脱線した（図9）。「突《とっ》放《ぽう》」と呼ばれる作業の中で、手動ブレーキを締め損ねた連結手が停止を確認しないまま貨車から離れたことと、転轍手が次の作業を見越してポイントを側線側に開通させていたことが重なった結果であった。水平に整地されたヤードから側線にかけては、10‰の下り勾配がついており、駅構外での逸走距離は400mに及んだ。三条通の無番踏切では遮断機の降下が間に合わず、通行中の女性が貨車にはねられ、重傷を負った。

　事故後、工場内の側線は遅くとも1957年頃までに廃止。側線敷設の際に切り取られた工場北側の塀は修復された（図10）。なお、側線の一部を継承した油槽所への線路は、二条駅の貨物ヤードが廃止される1993年まで存続した。

図9　タンク車の逸走脱線事故（1954年、出典：『ひとすじの道』）

図10　日本写真印刷工場北側の塀（1961年、出典：『道あらたに』）
側線撤去後の修復箇所（矢印で示した部分）は色が異なっている

図11　花園小学校の体育館北西角付近（許可を得てA地点から北西向きに撮影）

廃線跡の現在

　側線の撤去から約60年、街は大きく変化し、路盤や橋台は消えてしまった。それでも線路のあった場所を歩いてみれば、いくつかの名残を見出すことができる。

　二条軍用側線の跡地を分岐点側からたどると、まず目に留まるのが花園小学校の敷地形状。側線用地（図3中の一四ノ六番）を校地に含めた関係で、体育館の北西角付近の境界線は、わずかに西へ突き出ている（図11）。側線敷設に伴う地割をより顕著な形で残しているのが、花園大学に隣接する駐車場。図4で示した曲線の内側にあたり、敷地の塀と車庫の屋根が南北の道路（西小路通）に対して斜め向きなのが特徴的である（図12）。

図12　花園大学に隣接する駐車場（B地点から東向きに撮影）

図13　天神川橋梁の跡地付近（C地点から北向きに撮影）

その先の天神川橋梁の跡地（図13）北方に位置するマンションや駐車場の区画も、線路敷の影響を留めている。側線の終点に近い島津製作所三条工場の御池門からは、線路跡が構内道路に整備された様子をうかがえる。列車が発着した2番線の軌道中心は、図14の自転車横断帯の付近を通っていたはずである。

図14　島津製作所三条工場御池門（D地点から北向きに撮影）

線路の痕跡は四条軍用側線の跡地でも確認できる。二条駅西通から側線跡に沿って、再開発マンションの西側公開空地（図15）を進んでいくと駐車場（油槽所跡地）がある。その西側道路の突当りには、NISSHAの工場北門が構えているが、注目すべきは門の東側のブロック塀。7mほど進んだ所で壁面の形状が変わっている（図16）。これは側線撤去後の修復箇所にあたるためで、向かいの油槽所跡地の塀にも継ぎ合わせた跡がある。

図15　再開発マンションの西側公開空地（左）と道路（E地点から南向きに撮影）

鉄道史と占領史の間にあって詳細不明の軍用側線。連合軍の要求がなければ存在しなかった線路の名残は、廃線跡という以上に京都占領の歴史を物語る証として、一見に値するであろう。

図16　NISSHA工場北側の塀（F地点から西向きに撮影）

「観光」と「開発」をめぐる知られざる攻防

京都駅界隈の成り立ち

中川祐希

京都駅前広場には、かつて「はとや百貨店」という百貨店があった(図1)。創業は1935年(昭和10)1月、永末明という人物が出資者となり、関西では著名な建築家、武田吾一《ごいち》が設計監督を務めた。建物は洋風木造2階建てで、1階は京土産などの販売所、2階は大衆向けの食堂であった。駅前という立地のおかげで、観光シーズンには大勢の観光客が訪れた。

昭和初期は全国的に観光事業が発達し、観光が大衆化した時期である。京都においても、これまで以上に観光事業への期待が高まり、駅前広場には、京都市観光案内所、ステーションホテルといった観光施設が整備された。はとや百貨店は、これらの建物と並んで、「観光都市京都」の表

図1　はとや百貨店（出典:「京都日日新聞」1935年1月15日）　京都府立京都学・歴彩館 京の記憶アーカイブ から

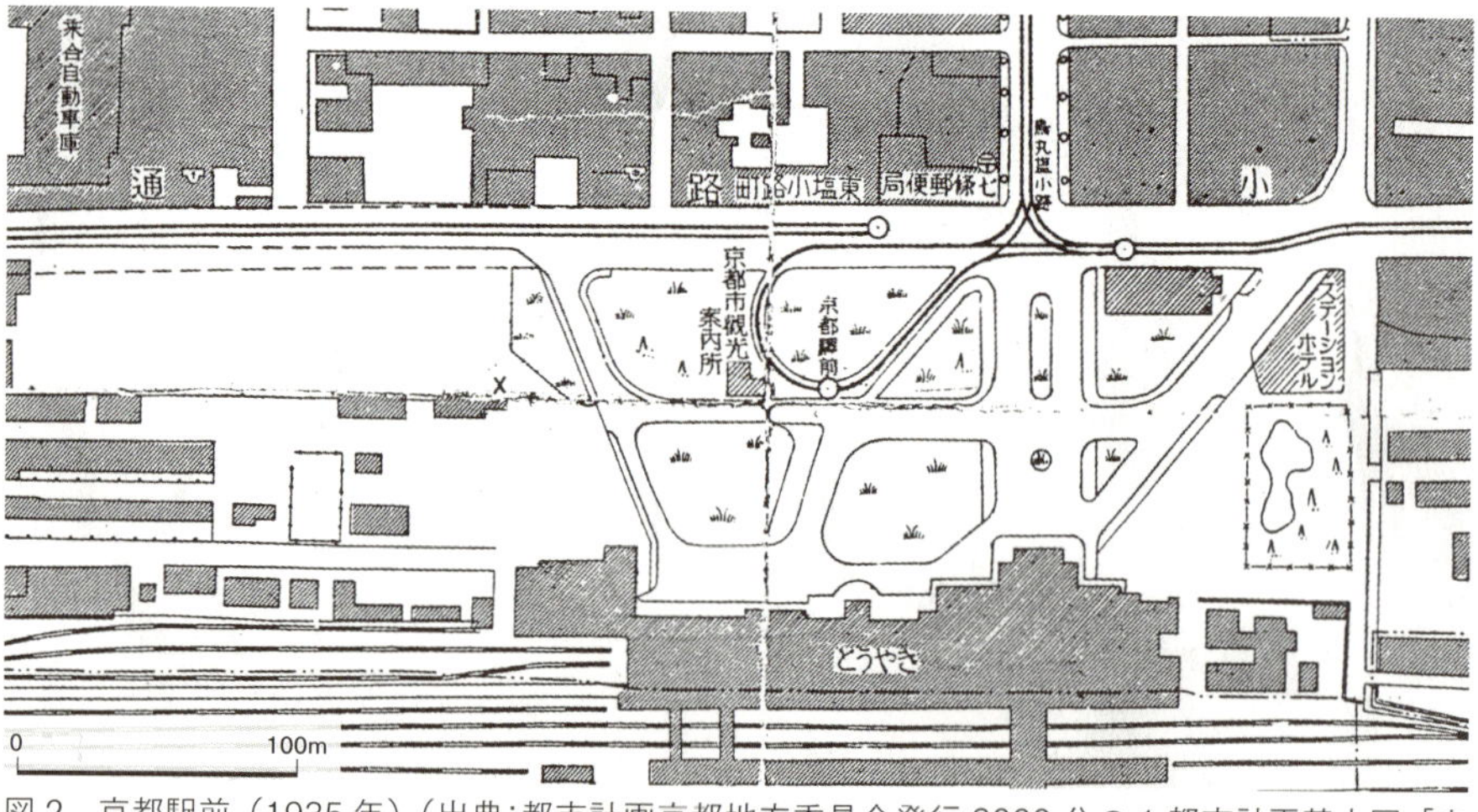

図2　京都駅前（1935年）（出典:都市計画京都地方委員会発行3000分の1都市計画基本図「京都駅」1935年）　京都府立京都学・歴彩館 京の記憶アーカイブから
ステーションホテルの西に隣接する建物がはとや百貨店である。

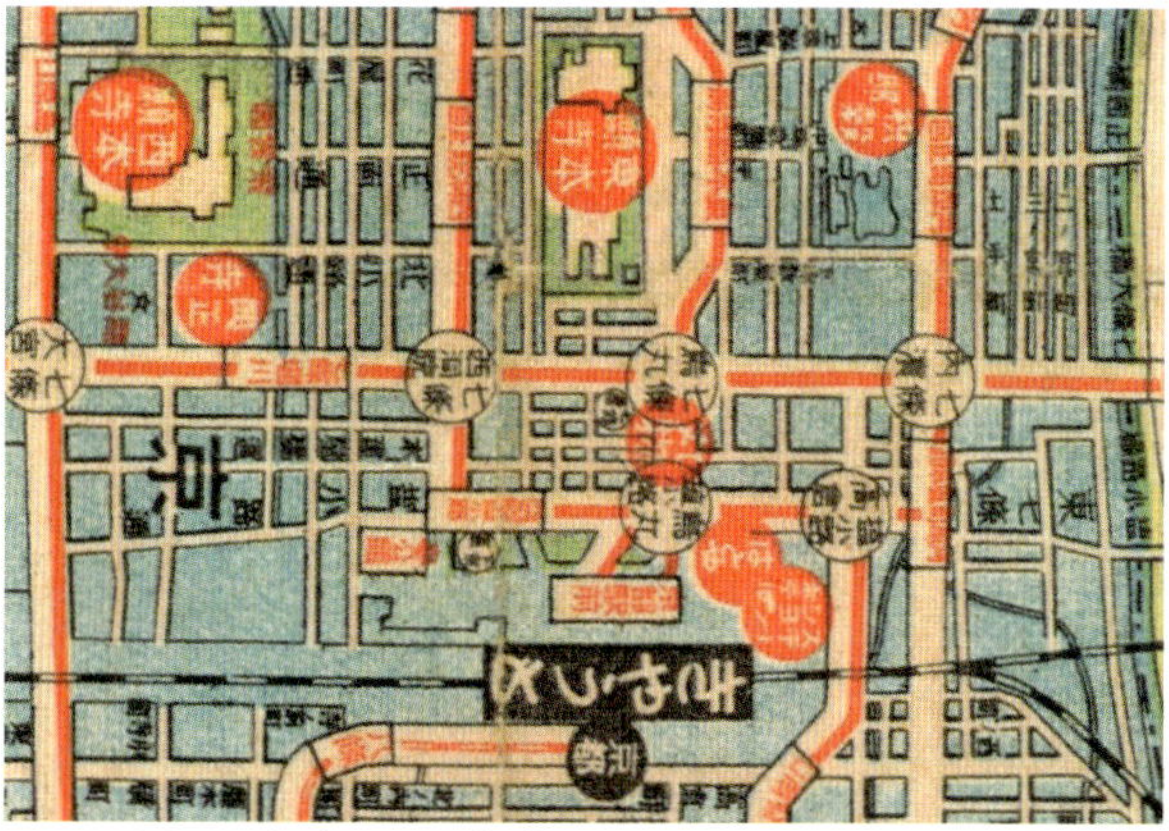

図３　京都駅前（1944 年）（出典：京都絵図協会発行「京都地図　改正版」1944 年）　京都府立京都学・歴彩館 京の記憶アーカイブ から

玄関を飾っていた（図2・図3）。

この百貨店についてなんとも奇妙に思われるのは、2階建てという高さである。大正期以降、日本の百貨店は、6階や7階へと高層化を進めていた。三越を例に挙げると、東京店は1914年（大正3）に鉄筋コンクリート造地上6階に、大阪店は1917年に地上7階に増築されている。

はとや百貨店は、当時の百貨店としては際立って低かった。なぜだろうか。実はこれには、「観光都市京都」を語るうえで、興味深い事実が隠されているのである。

「観光都市京都」と駅前開発

「観光都市京都」は、1928年（昭和3）11月に挙行された昭和天皇の即位大礼（天皇の代替わり儀式）をきっかけに、本格的に成立したと言われている。当時の京都は、1927年の金融恐慌を受けて不況の真っただ中にあった。行政と民間資本は、この昭和大礼に景気回復の期待をかけて、観光施設整備に取り組んでいた。

京都駅周辺では、「御大典記念事業」という名目で、民間資本が建物の高層化を進めた。1920年（大正9）に建設された京都物産館（のちの丸物）は、1926年、1928年と立て続けに建物を増築し、屋上展望塔まで8階の大建築物となった。1928年10月には、京都の有力な実業家によって結成された株式会社京都会館が、駅前広場に京都会館を建設した。これは地階を含めて6階建てで、1階が名産品の陳列館、2階以上が京都ステーションホテルという建物であった。

その一方で、入洛客の増加に対する期待から、京都駅前の地価は高騰していた。駅前広場の土地所有主体であった鉄道省は、この高騰した土地を、財源捻出のため民間に払い下げていった。のちに、はとや百貨店が建設される広場東北隅の土地は、この時に小山瀧之助という実業家に払い下げられたものであった。

1930年に入ると、小

山は、鉄筋コンクリート造で7階建ての「京都駅ビルディング」という、デパートとビルを兼営する建物の建設を計画した。この計画は資金難などの理由から実現しなかったものの、私益を拡大しようとする小山の狙いは明らかであった。駅前広場一帯はこのような実業家たちによって占有され、営利事業を展開する場所になりつつあったのである。

風致保全を求める声

しかし、駅前開発を批判する動きもあった。鉄道省の払い下げた土地に将来建てられる建物は、駅前の風致を毀損するのではないか、というものである。1928年7月、京都市会に対策を講じるための委員会が設置され、協議の末、払い下げの内定した土地を全て京都市に払い下げるよう、鉄道省に陳情することが決まった。この陳情は実行に移されたものの、すでに内定した払い下げは覆らなかった。

京都駅前には、周囲の景観を損なう建物がいつ建てられてもおかしくなかった。この状況が危機感を煽り、駅前の風致保全を求める声は日ごとに高まっていく。1929年に開かれた都市計画京都地方委員会では、内務省に対して駅前広場の風致保全を求める建議案が可決する。また、京都商工会議所は、1930年と1933年の2度、駅前広場に「観光都市京都」にふさわしい風致美観をつくりだすべきだという主旨の建議を、京都市に対しておこなっている。新聞紙上では駅前の現況がさかんに報じられ、風致美観に対する意識は、市民にも共有されていった。

このように、はとや百貨店の建設前には、景観認識をめぐるさまざまな葛藤があったのである。はとや百貨店が建設される土地には当初、営利事業のために駅前開発をおこなう実業家の動きを受けて、7階建てビルの建設が計画されていた。一方で、風致美観に対する意識ゆえに、建造物の建設を慎重に検討する状況もまた、この土地のありように影響を与えていた。だとするならば、はとや百貨店の低さとは、高層化と風致美観との葛藤を妥協させた結果だと考えられるのではないだろうか。「観光都市京都」の表玄関には、この妥協を経て、ようやく建物を建てることができたのである。

「観光都市京都」は、開発と保全との調和によってつくりあげられてきたと語られる。しかし、はとや百貨店の成り立ちから見出せる「観光都市京都」の姿は、調和という言葉では決して語りえない。むしろそれは、さまざまな意図が交錯した葛藤と妥協の産物だったのである。

敗戦後の京都駅前

はとや百貨店の建物は、1945年4月に、第3次建物疎開事業によって除却の対象となった。ゆえに、

図４　敗戦後の京都駅前（年代不詳、佐藤辰三・佐藤旭撮影写真資料）京都府立京都学・歴彩館 京の記憶アーカイブ から

敗戦後にはすでにこの百貨店の姿を目にすることはできなくなっていた（図４）。

敗戦後、京都駅前の景観のありようは、「戦後復興」のなかで捉えられていく。

１９４５年12月、駅前で商業を営んでいた鳥居清一郎や永末明らは、京都府に対し、「世界的文化・観光都市大京都」の建設を促すため、駅前に近代的かつ文化的な諸整備を施すべきだと陳情した。１９５０年、京都市が「国際文化観光都市」を宣言した後は、地元財界から、駅前を京都の発展のために開発すべきだ、との声があがるようになった。戦前の景観をめぐる認識などとうに忘れられたかのように、駅前は経済成長というイメージと結びつけられていった。

１９６４年、このような声を受け、「国際文化観光都市」の表玄関に「ふさわしい」建造物として、京都タワーが建設された。１３１ｍもの高さを持つこの建造物は、東京オリンピックの開催を視野に入れて計画された。タワーの高さや形状はさまざまな議論を呼んだ。ナショナルイベントの開催に期待した大規模な開発は、多くの反発を生み出した。しかし、タワー建設は強行され、現在も駅前に屹立している。

２０２０年には、東京オリンピック・パラリンピックの開催が予定されている。京都市では、「感動の先にある世界があこがれる観光都市へ！」をスローガンに「京都観光振興計画２０２０」が策定され、まちが大きく変わろうとしている。京都駅前では、鉄道会社や不動産会社によってホテルの新規開業や改修が相次いで計画されているが、この状況のなかで、周辺の景観はどのように変わっていくのだろうか。「京都市民」は、これをどのように受けとめるのだろうか。

「碁盤の目」ができたのは昭和の初めだった

外郭道路（北大路・西大路など）と区画整理

中川 理

碁盤の目が広がる理由

京都は、平安京から続く都市である。だから、平安京の碁盤の目が引き継がれている。

それは間違いではないのだが、平安京の境域と現在の京都の市街の広さはまったく違っている。現在の京都市の市街は平安京よりはるかに広い地域に及んでいる。それなのに、京都の街はその周辺部に至るまで、中心部と同じような碁盤の目の街路構成が及んでいる。中心部から北へ、北大路通あたり、西へ西大路のあたり、そして鴨川を越えて東大路のあたり。これらの場所は、もちろん平安京の範囲ではない。それなのに、整然とした碁盤の目の街区となっている。

実はこれは、ちゃんと計画されて実現されたものなのである。昭和の初めのことである。現在、外周道路とも呼ばれる北大路、西大路、東大路、九条通、これらの道に沿って、計画的な土地区画整理が実施され、整然とした街区がつくられたのである。これにより、中心部の碁盤の目の構成が、周辺部にも続くような市街地が実現したわけだ。このことは、現在の京都の都市景観を考えるうえで、とても重要なことであろうと思う。

周辺町村の編入と外周道路計画

そもそも、この土地区画整理は、外周道路の敷設と同時に実施されたものである。その外周道路はどのように計画されたのか。それは、新しく京都市に編入された地域を結ぶ計画道路として敷設されたものであった。京都市は１９１８年（大正７）に、周辺の16町村を合併する形で京都市域を拡大した（図１）。土地区画整理が実施された外周の幹線道路は、まさにその新しい市域を貫き結ぶ街路であった。

合併するまでの京都市は、基本的に現在の上京区、中京区、下京区の中核部分だけが市域だった。そこから、大きく市域を広げることになったのだが、その際に街路を建設することは、上水道の敷設などとともに必須のことであった。市街に接する周辺町村では、そうした生活インフラが備わって

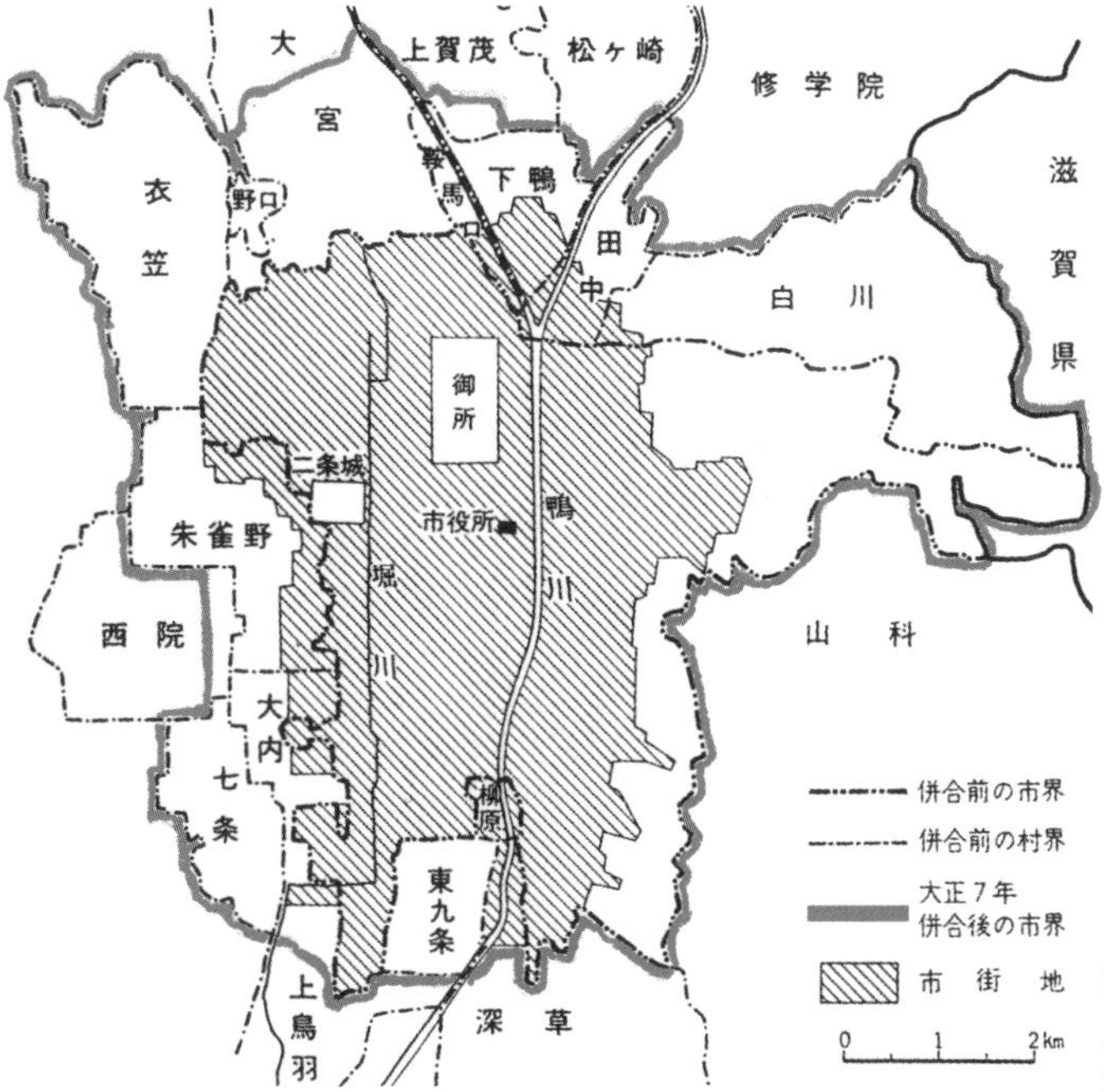

図1　京都市域図
（出典：『写真でみる京都100年』京都新聞社、1984年）

いなかったからである。しかし、朱雀野村（現在の中京区の一部）や衣笠村（現在の北区の一部）などでは、明治末ごろから、たとえインフラがないための生活の不便があっても、家賃が格安なこと、市内で課せられる重い税金（戸数割）がないことなどに惹かれて、低所得者がしだいに暮らすようになり、少しずつ市街化が進みつつあった。

当時の地図を見るとわかるが、市域拡張の時期には、こうした周辺町村の街路には碁盤の目は存在しない。農地を基本とするために、細い畦道の類いが見られるだけだった。それをそのままにして市域編入を契機として市街化が進めば、今のような整然とした町並みにはならなかったはずなのである。

都市計画として実施された区画整理

実は、市域拡大の翌年の1919年（大正8）に、わが国ではじめての都市計画法が制定されている（現在の都市計画法と区別するために、ここでは旧都市計画法とする）。この旧都市計画法で最も重要であったのが、土地区画整理について制定されたことであった。これにより、大阪、名古屋などでは市街地周辺部に大規模な土地区画整理が実施されることになった。そして京都でも、大規模な土地区画整理が実施されたのだが、それが外周道路沿いにおこなわれた土地区画整理だった。ただし、その区画整理は、他の大都市のものと大きく異なるものだった。

少しややこしい話になるのだが、旧都市計画法で制定された土地区画整理には二種類のものがあった。一つが、地権者が中心となり民間によっておこなわれる任意的土地区画整理(12条認可)。もう一つが、都市計画事業として強制力を持って実施されるもの(13条認可)だ。そのうち、大阪や名古屋などで見られた土地区画整理は、みな民間施行の12条施行だった。だから、土地区画整理地どうしの調整はほとんど期待できない。ばらばらである。しかし、京都の土地区画整理は13条施行だった。つまり、都市計画事業として実施されたものだったのである。したがって、いくつもの区画整理地が全体として統制のとれた計画のもとに実施されている。実は、旧都市計画法で、13条施行としてこれだけの規模を持って実施された例は、この京都市の例が唯一のものだったのである。

なぜそのような区画整理が実現したのか。最初は京都市により、古くからの街区も含んで、市域全体を整然とした碁盤の目状に整備するという、全面的な区画整理案が考えられた。帝都・東京では、関東大震災後の帝都復興事業として、そうした全面的な土地区画整理事業が実施されたが、まさにそれと同様な計画案が示されたのである。しかし、京都は大規模な災害を受けたわけではない。それなのに、既存市街地にもおよぶ全面的区画整理は、地権者との交渉を考えれば、きわめて困難な計画であった。

一方で、それと同じ時期に京都市は、新市域を貫く外周道路(北大路、西大路、東大路、九条など)の計画を立て、用地買収を進めていた。しかし、これも困難をきわめた。そこで、この道路沿いの帯状の地域に限り区画整理をおこなうという方法が浮上した。区画整理をおこなう際には、それによる地価の上昇を見込んで、土地所有者から公共用地分を提供してもらう(これを減歩という)。外周道路沿いに区画整理地を設定すれば、その分を道路敷地にあてることができる。区画整理もできて、道路もできる。これはきわめて合理的なアイデアであった。

ただし、このアイデアそのものは帝都復興事業の際にも、(実施されなかったものの)考えられていたことがわかっており(それを地帯的区画整理と呼んだ)、京都市の独創的アイデアというわけではなかったようなのだが、それにしても、それを日本で唯一実施した、というのが、この外周道路沿いの土地区画整理であった。

図2は、その事業の概要をまとめた報告書の表紙である。まさに、その地帯的土地区画整理のあり方を誇

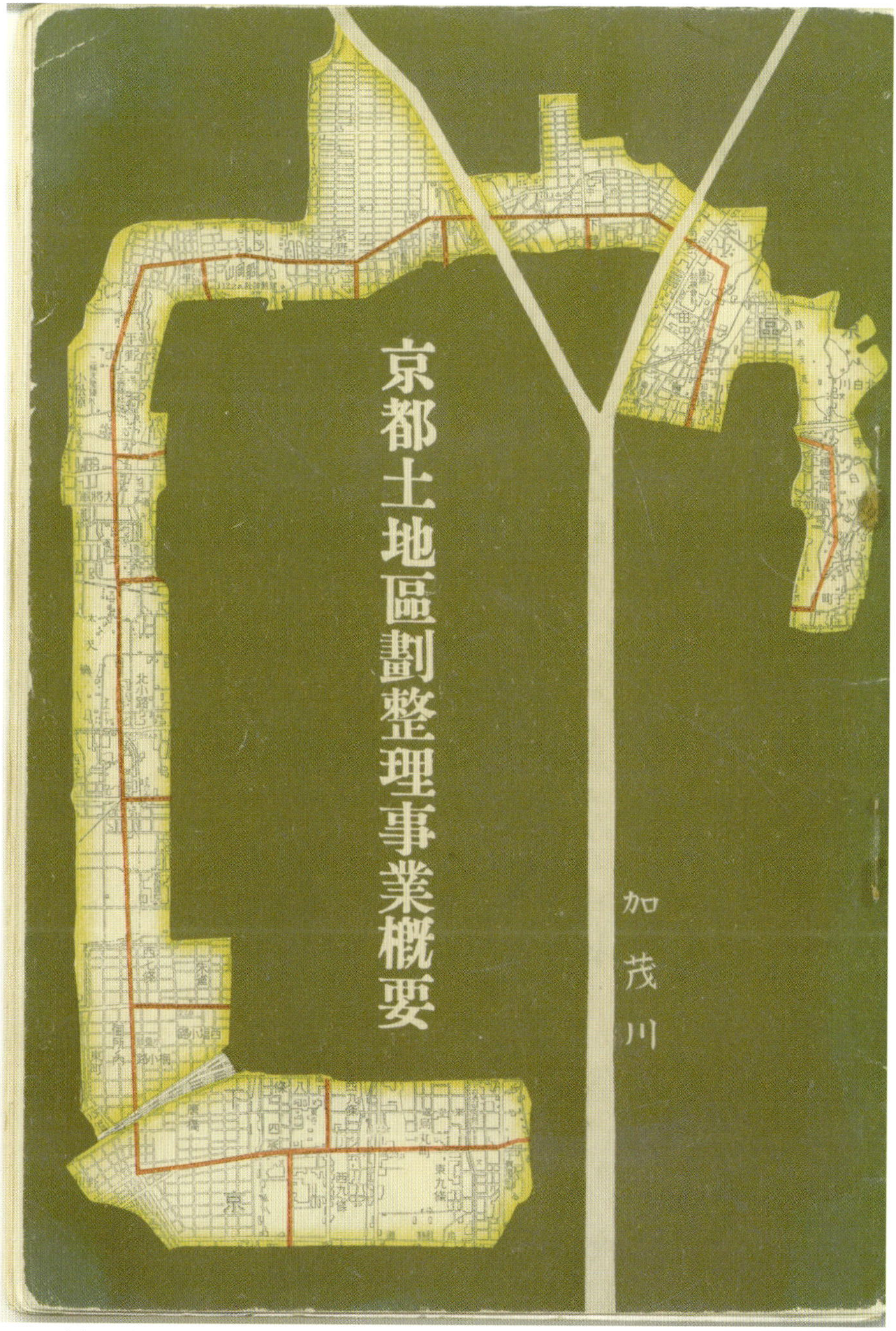

図２　京都土地区割整理概要

らしげに示した図が描かれている。
ただし、この外周道路沿いに限定した土地区画整理事業についても、すべて計画通り実施されたわけではなかった。そもそも、できたばかりの旧都市計画法では、都市計画として実施する13条施行の区画整理について、十分な法整備ができていなかった。都市計画として実施するにしても、区画整理は地権者による組合をつくる必要があるのだが、その組合を結成させることが難しい場所が多かった。半ば強制的につくったケースでも、その後の事業着手に強制力がないため、工事がほとんど進まない場合も多かったようだ。京都市は、施行手続きなどにあった欠陥や不備を内務省に訴え、新たな施工令などを出させるなどした。それでも事業の進捗には、場所によって大きな差がでた。

とりわけ、西大路通については、まだ市街化の進展が見られない場所も多く、施行がまったく進まないケースも見られた。そこで、京都市は1932年（昭和7）からは、そうした地域で代執行を実施している。つまり、京都市が地権者に代わり施行を進めることもあったのである。結局、西大路沿いの区画整理では、戦後にようやくその工事が着手された場所も残ったようだ。

一方で、北大路通沿いは地権者による組合が順調に結成され、整然とした町並

図3　金閣寺土地区画整理組合
施行地及之ニ隣接スル土地水面ノ現形図

みが続々と登場した。その中で最も注目されるのが、北大路と西大路の交差点の部分にあたる金閣寺土地区画整理組合である。この地区は、先に述べたようにインフラがなくても、低所得者がしだいに暮らすようになり、市街化が進みつつある場所だった。しかし、道路の幅員は狭い農道がほとんどで、土地の高低差が大きく、また地区の中心を南北に流れる紙屋川付近は大きな窪地となり、耕地としても使用されず荒廃した状態だった（図3）。

それが、土地区画整理により図4のような市街地に生まれ変わることになった。紙屋川の窪地は埋められ、整然とした区画の土地になったのである。そ

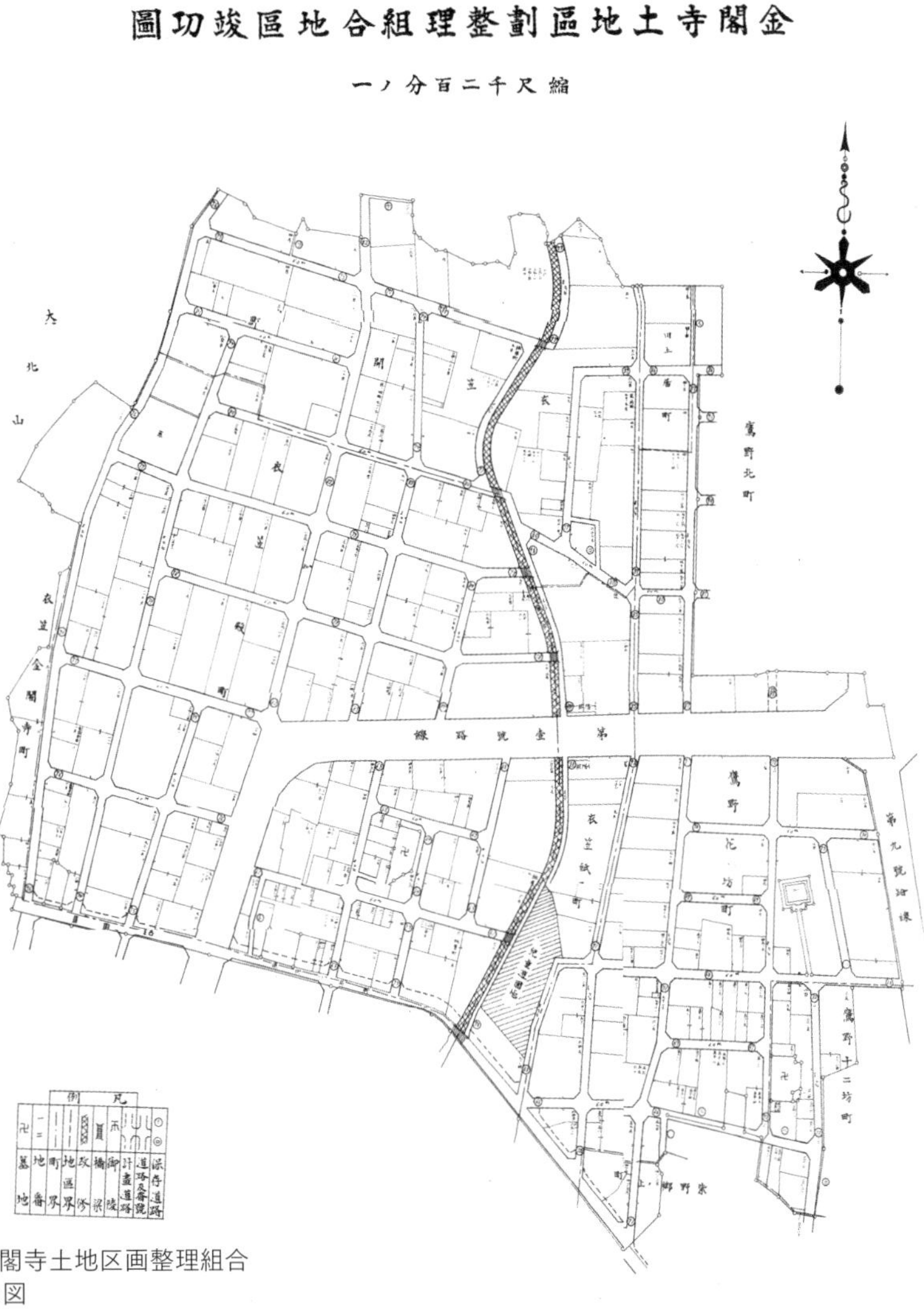

図4　金閣寺土地区画整理組合地区竣功図

して、この区画整理により、地価は跳ね上がることになる。大正末期に坪単価5、6円であったものが1926年（大正15）に区画整理計画が発表されると、同20円となり、工事竣工後には7、80円に急騰したという（『金閣寺土地区画整理組合誌』1934年）。つまり、区画整理の工事が始まる前から、地価の高騰が始まり、竣工後は10倍以上に跳ね上がったのである。

観光寺院としての金閣寺が立地し、北大路と西大路の交差点という地の利もあってこれだけの急騰が起こったということだろうが、他の北大路沿いの土地区画整理事業地においても、程度の差はあれ、整理後の地価急騰はどこでも見られたと考えられる。

都市計画博覧会

ところで興味深いのは、この土地区画整理を成功させるために、京都市がさまざまな啓蒙活動をおこなっていることである。

1926年（大正15）に、京都市土木局が『京都都市計画土地区画整理とはどういふことをするか』というパンフレットをつくり広く市民に配布している。それは、名前のとおり、住民にとってそれまで経験のない土地区画整理の内容と意義を広く伝えるためのものであったが、ここで注目したいのは、口絵として、「土地区画整理をした場合」（図5）、「土地区画整理をせぬ場合」（図6）という二つの

図5 「土地区画整理をせぬ場合」

絵を示していることである。「土地区画整理をした場合」の整然と区画された市街は、延々と続くように描かれている。

そこには、区域が限定される民間施行ではなく、広域で実施される都市計画としての土地区画整理の理念が明確に示されていると言えるだろう。

また、京都市が主催して、1924年（大正13）には、大丸呉服店を会場に「京都都市計画展覧会」が開催された。それは、一般にまだなじみの薄かった都市計画への理解を広めるものとして実施されたものだった。その2年後にも「都市計画展覧会」なる展示が、同じ大丸呉服店を会場に開催されていて、こちらは、さらに具体的に土地区画整理への理解とその普及を目的としたものだった。初日だけで2万5000人を超える入場者があったという。

そして、こうした展示で最も注目しなければならないのは、区画整理による市街地整備が、京都の都市としての歴史からして妥当で正統なものであるという解説がおこなわれていたことである。つまり、碁盤の目は、京都の街の正しき姿であり、それを実現するのが土地区画整理という都市計画であるということが主張されていたのである。

図6　「土地区画整理をした場合」

近世の河川環境が見えてくる

「京都市明細図」と洪水の歴史

河角直美

京都を流れる川

京都の市街地を流れる河川といえば、鴨川と桂川が思い浮かぶ。遊歩道が整備された鴨川の両岸では、散歩をする人や等間隔で座るカップルが、のんびりとした時間を過ごしている。一方、嵐山を背景に渡月橋の架かる桂川は、京都をイメージさせる景観の一つとして定着しているといえるだろう。

京都の河川として、この二つが注目されるものの、市内を流れる河川はほかにもある。とりわけ平安京域と関わるのが、堀川と天神川（紙屋川）である。川幅の狭い堀川は、平安京造営時に運河として開削された。現在、押小路通以南で暗渠となっているため、その存在に気づかないこともあるかもしれない。他方、北野天満宮の西を流れる天神川（紙屋川）は、御室川と合流して桂川に注ぐ小さな河川である。

これらの河川は、京都の自然景観として認識されているものの、いずれも人工的な景観である。鴨川は、1935年（昭和10）に氾濫したのちに大規模な改修工事がおこなわれ、現在のように整備された。今、私たちは、平安時代の人々、江戸時代の人々、そして近代の人々が見たものとは違う河川景観を見ている。

天神川の描画

図1は、京都学・歴彩館の所蔵する「京都市明細図」のNW69番である。この地図には、天神川の景観に関して興味深い描画がある。

図1を見ると、まず、濃い実線で描かれた区画が目に入る。直線的に描かれた天神川は、この区画に沿いつつ、一部が重なるように描かれている。

一方で、南に流れる天神川と、この天神川に沿うような点線の地割がみられる。図1と長谷川家住宅所蔵のNW69番（図2）を比べてみると、天神川の描画とともに、点線の描画もよく似ていることがわかる。

すなわち、図1には、整然とした区画に、改修前と改修後の天神川が描かれているのだ。改めて図1をよく見てみたい。個々の建物の描画と着色は、点線の地割や改修前の天神川を無視し、新しい区画と、改修後

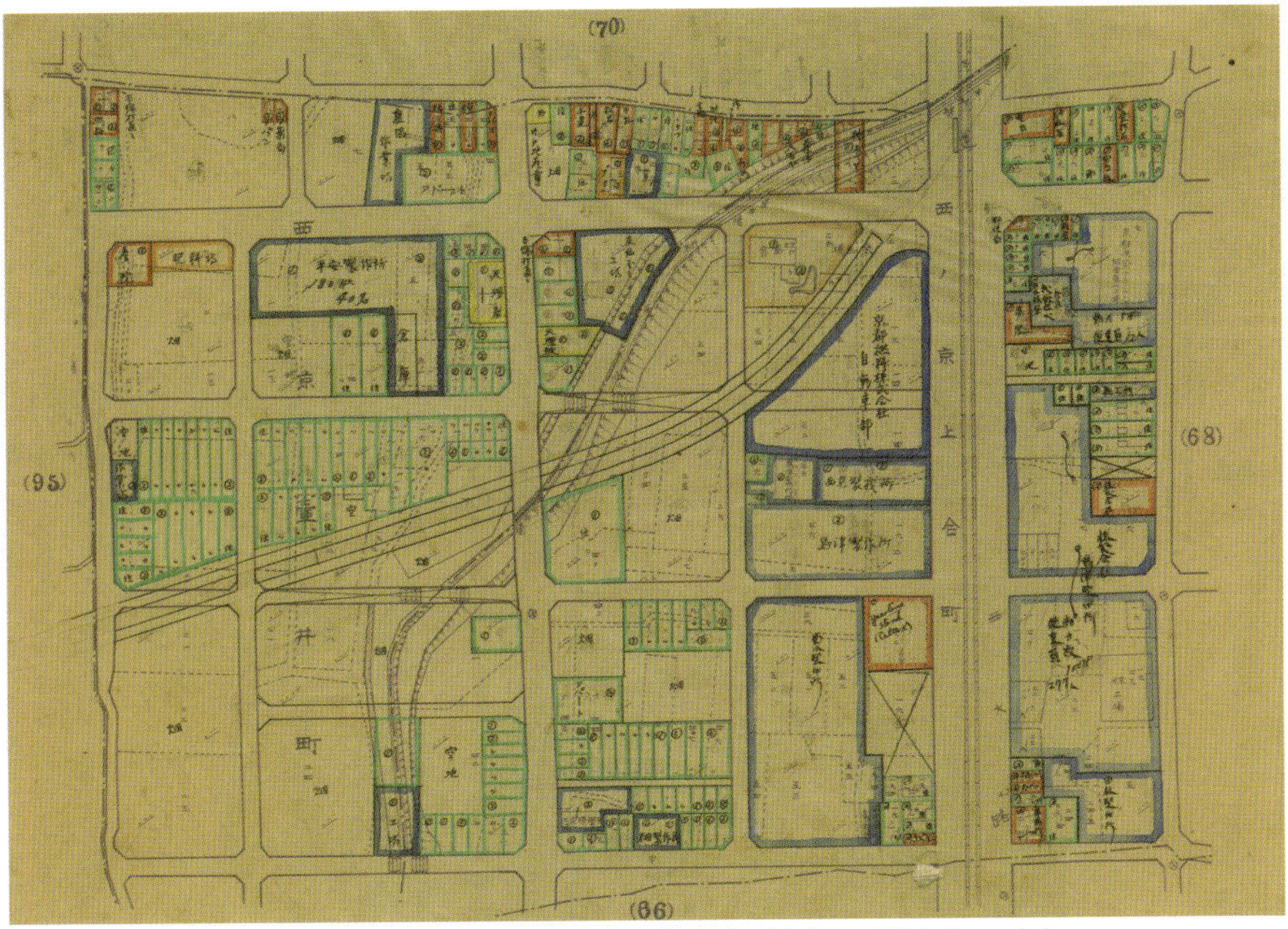

図１　西大路太子道周辺（京都府立京都学・歴彩館所蔵「京都市明細図」から）

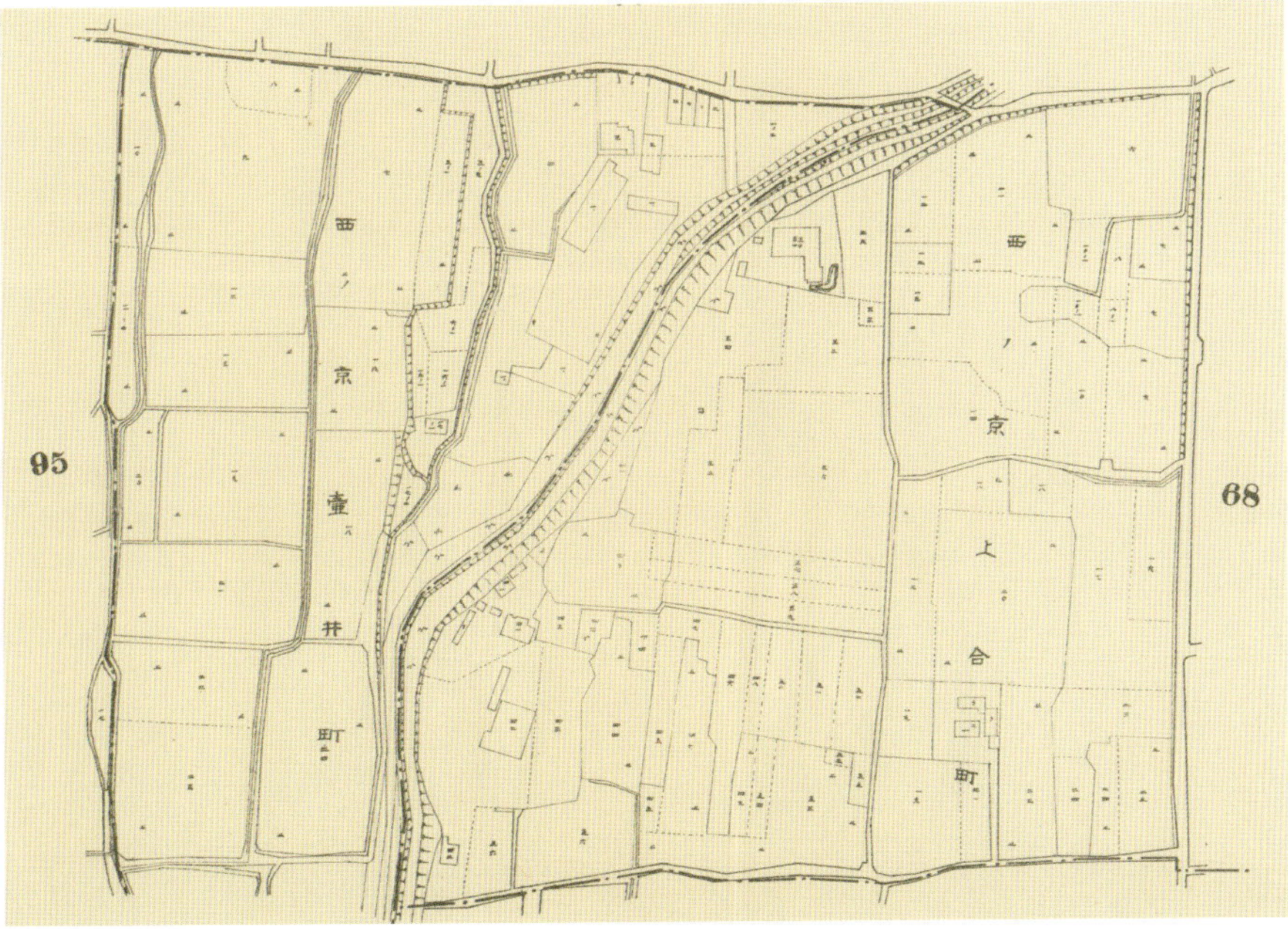

図２　西大路太子道周辺（長谷川家住宅所蔵「京都市明細図」から）

の天神川に沿うように施されている。なかには、天神川の旧河道の上に描かれ、着色されている建物もあった。

どうやら、このNW69番には、昭和初期から戦後にかけてこの地域で起こった景観の変化が、天神川の改修前後を含め、凝縮されて描かれているのである。もう少しいえば、原図に貼りつけた更新図に、新しい区画と河川だけが描かれたのではなく、改修前の河川と周辺の地割も描かれたのだ。そのうえで、個々の建物が加筆され、着色や書き込みが施された図となっていた。

天神川は、上流部で谷底が深い。長谷川家住宅所蔵の明細図で流路を追ってみると、北大路よりも北側でその様子が描画されている。

ところが、北野天満宮の西を過ぎたあたりから、様相が変わってくる。谷を形成しているものの深くはない。地表と河床の差が低くなり、河床に降りようと思えば可能なほどだ。

さらに、JR嵯峨野線（山陰線）をこえると、今度は周りの土地よりも高いところを流れていることが、〝ケバ〟の向きから読み取れる。図3は、その〝ケバ〟の部分を茶色で示したものである。天神川は、天井川化していたのだ（図3）。

天井川とは、洪水を防ぐため、繰り返し堤防を高く築造したことで、周囲の低地よりも河床の方が高くなっている河川を指す。天

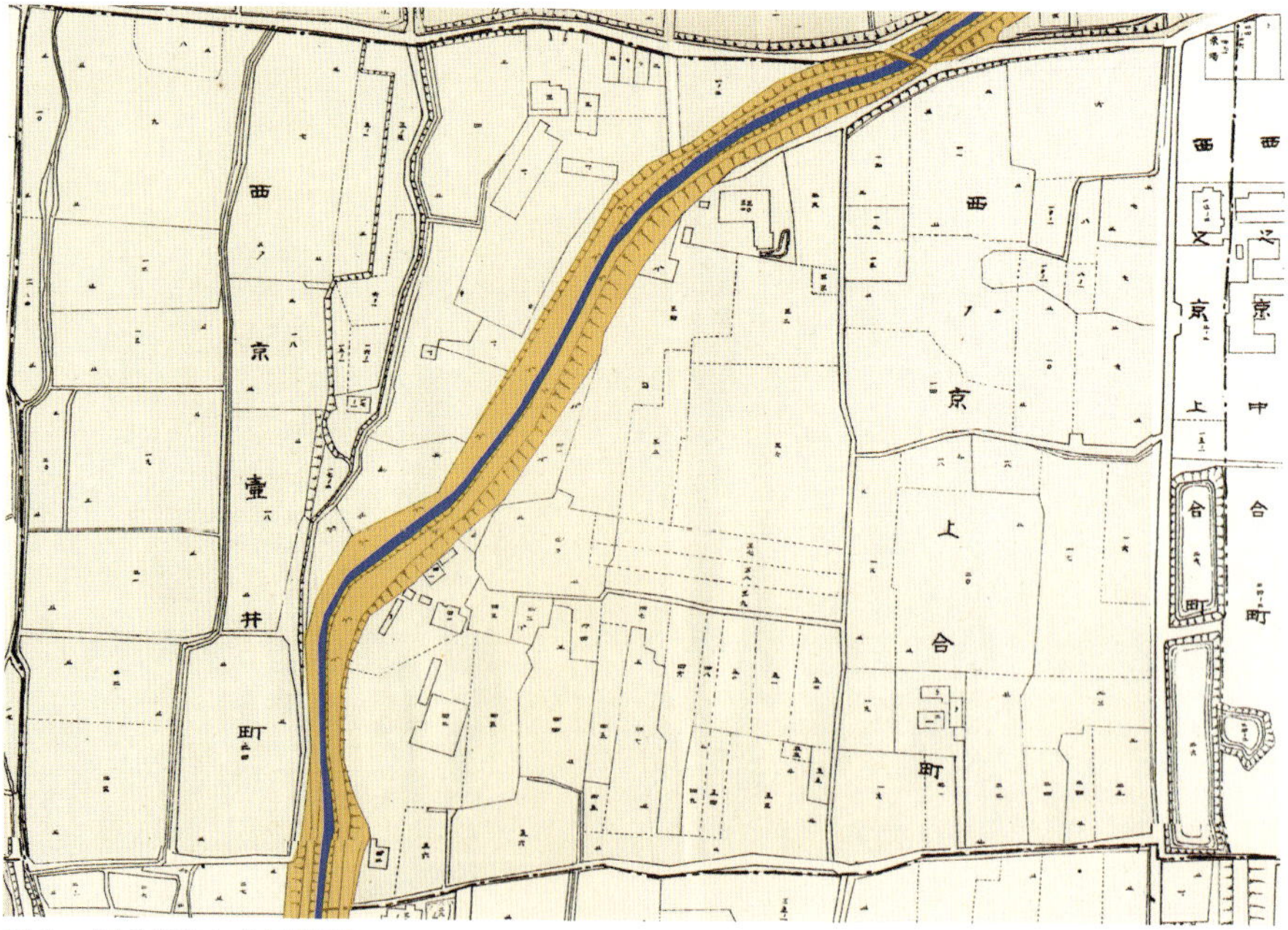

図3　天井川化した天神川
（長谷川家住宅所蔵「京都市明細図」に筆者加筆）

井川が氾濫すれば、その被害は大きくなりやすい。したがって、天神川周辺では、洪水が多かったと考えられる。

図2をさらに読むと、天神川の周辺は耕地である。洪水の被害を受けやすい環境であったことから、市街地には向いていなかったのだろう。天神川の改修は長年の課題であった。

天神川の河道は、1935年（昭和10）の水害を契機としておこなわれた改修工事により、変更される。同時に、かつて耕地（おそらく水田）が広がっていた周辺の景観も変化していった。

このように、「京都市明細図」の描画から、近代や近世の人々が見ていた河川環境について考え、河川改修とその周辺の景観変化を知ることができる。

京都の街と地形

京都の市街地は、周囲を山で囲まれた盆地にある。たしかに、断層が繰り返し動くことで形成された盆地の底に、京都の街はある。

さらに、詳しく地形をみれば、京都の市街地、なかでも平安京域は扇状地に位置していることがいえる（図4）。平安京は、北から南にかけて緩やかに傾斜する扇状地に開発された。2m間隔の等高線で地形を表現すれば、その傾きを読むことができる（図4）。

そして、平安京域の地形をもっと細かく分類すれば、図4のように、形成された

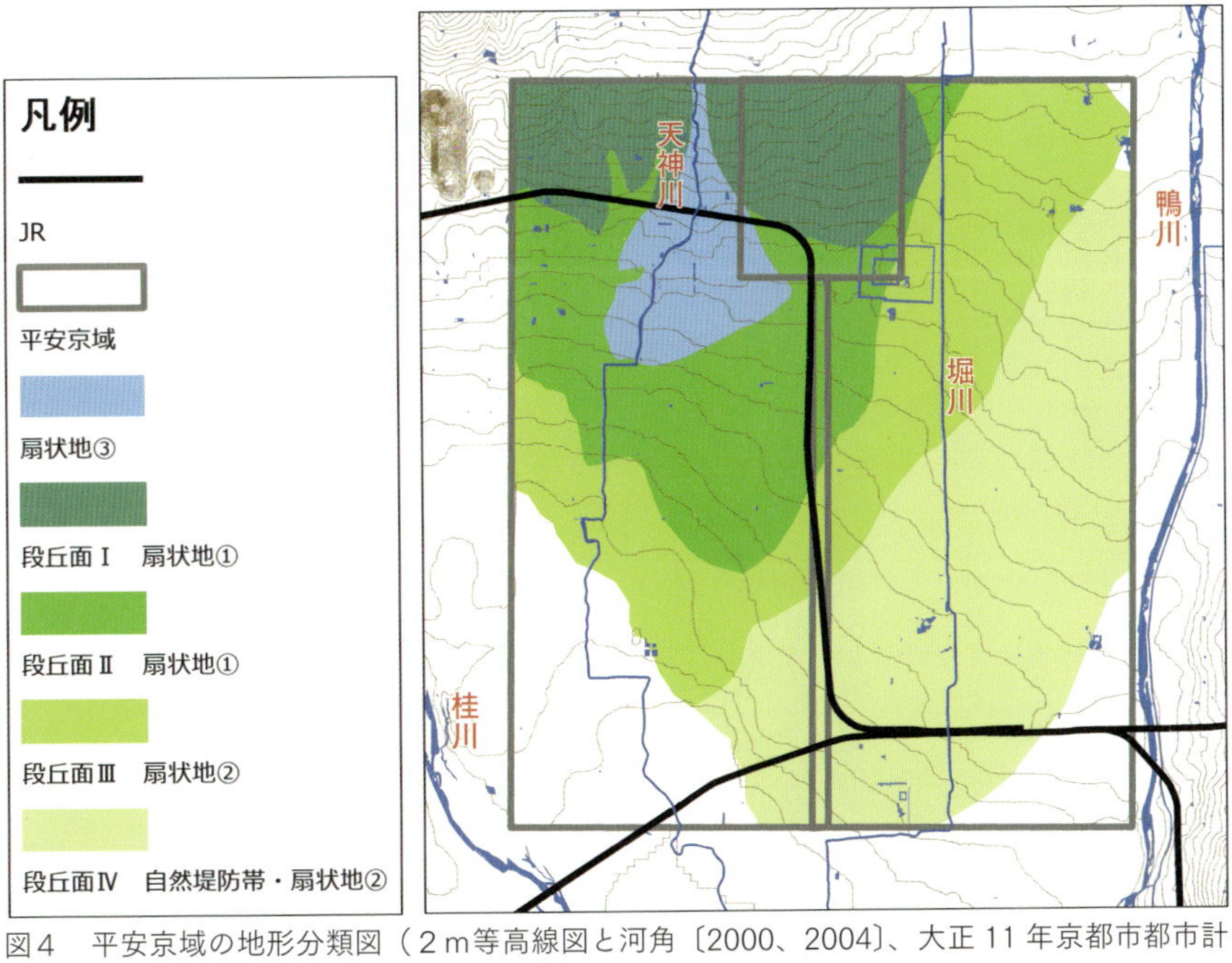

図4　平安京域の地形分類図（2m等高線図と河角〔2000、2004〕、大正11年京都市都市計画基本図から作成）

時期の違いから扇状地を①、②、③に分けることができる。天神川はもっとも新しく形成されていた扇状地③を流れていた。そもそも、天井川は、扇状地でよくみられる河川である。

日々の生活のなかで、京都市内の地形を認識することはほとんどないが、自転車で移動する時には、その緩やかな傾きに気づく。自転車での東西移動は、場所にもよるが、それほど体力を消耗することはない。しかし、南北の移動となると、特に北に進む際には、ひたすらペダルを踏んで傾斜をのぼっていくことになる(もちろん、南に向かう時には、ペダルを踏む回数は少なくてすむ)。

こうしたなかで、「京都市明細図」における天神川の描画から、過去の河川景観とともに、地形を類推することができる。

京都と洪水の歴史

京都盆地の複数の扇状地は、いつどのように形成されたのだろうか。

扇状地は、谷口で河川が氾濫を繰り返すことでつくられる、半円錐状の地形である。高野川や賀茂川、そして鴨川、天神川が洪水を起こすたびに、扇状地はつくられてきた。

平安京が遷都されて以降も洪水は多発しており、発掘調査の現場で観察できる地層には、洪水による堆積物も確認されている。扇状地の形成は、都ができてからも続いていたのである。

一方で、人々は堤防を築き、洪水を防ぐ努力をしてきた。その結果、天神川は天井川化したのである。そこに洪水の歴史を考えることができるだろう。

ところで、図４からわかるように、天神川周辺は平安京右京に相当する。平安京造営時には、右京にも貴族の邸宅をはじめ、建物や諸施設が建設された。しかし、平安時代末期には右京は衰退し、田畑が広がりつつあったと言われている。その後、１９３０年頃まで市街地化することはなかった。二つの「京都市明細図」から、平安京以来、約９００年の空白期間を経た開発のありようを、読み取ることができるのである。

二つの「京都市明細図」をながめると、市街地に描かれた個々の建物、四条通や河原町通の描画に目を奪われる。こうした市街地に対して、都市の周辺地域はどうだろうか。二つの明細図を比較したとき、近郊農村の変容にも驚く。整然とした街が広がる地域も(図５)、かつては田畑で占められ用水路が縦横に走っていた(図６)。これらの土地利用も、自然条件と関わっていたのかもしれない。

景観の劇的な変化は、自然と人との関わり方の変化をも示唆している、といえるかもしれない。

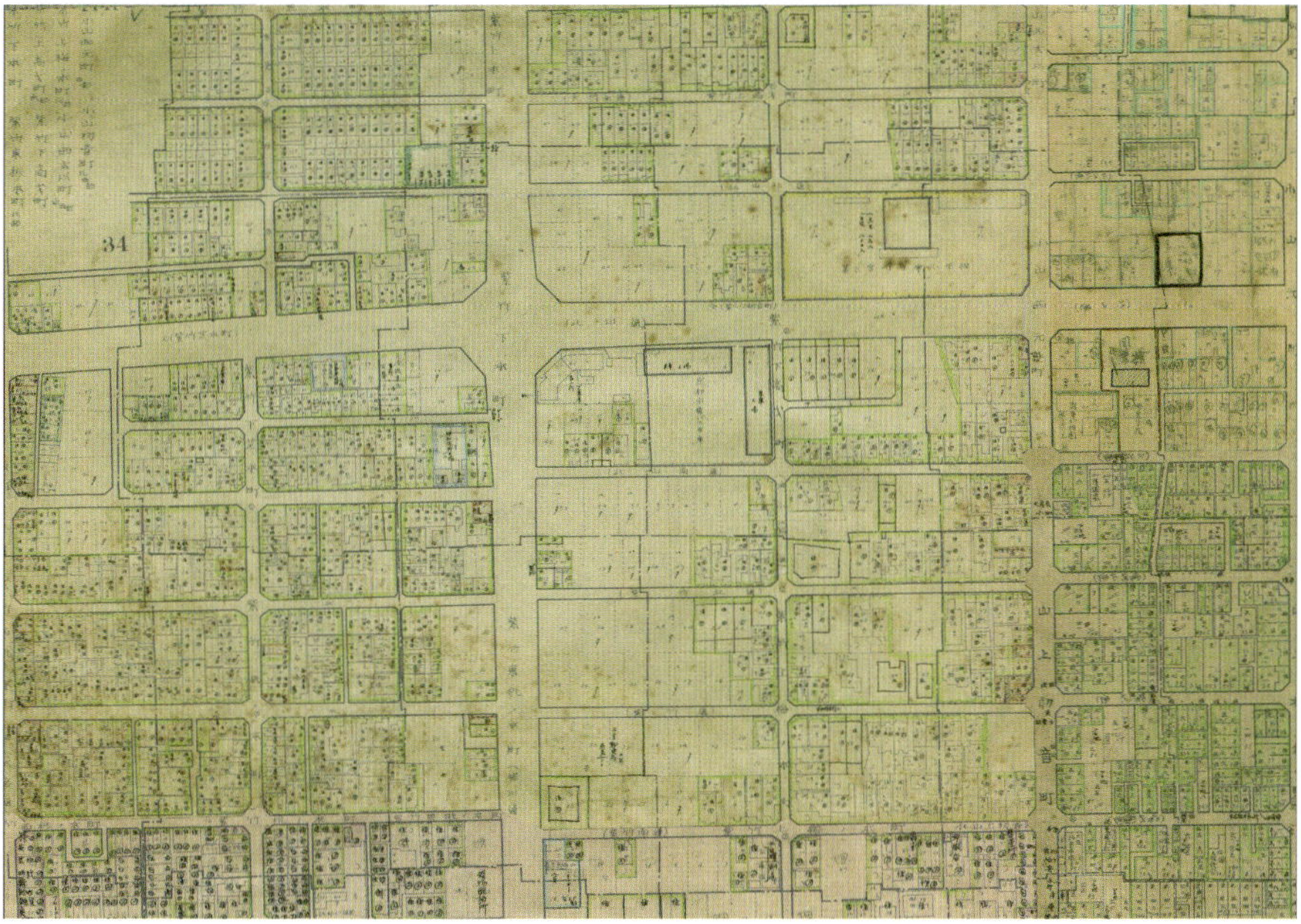

図５　堀川北山付近の土地区画（京都府立京都学・歴彩館所蔵「京都市明細図」から）

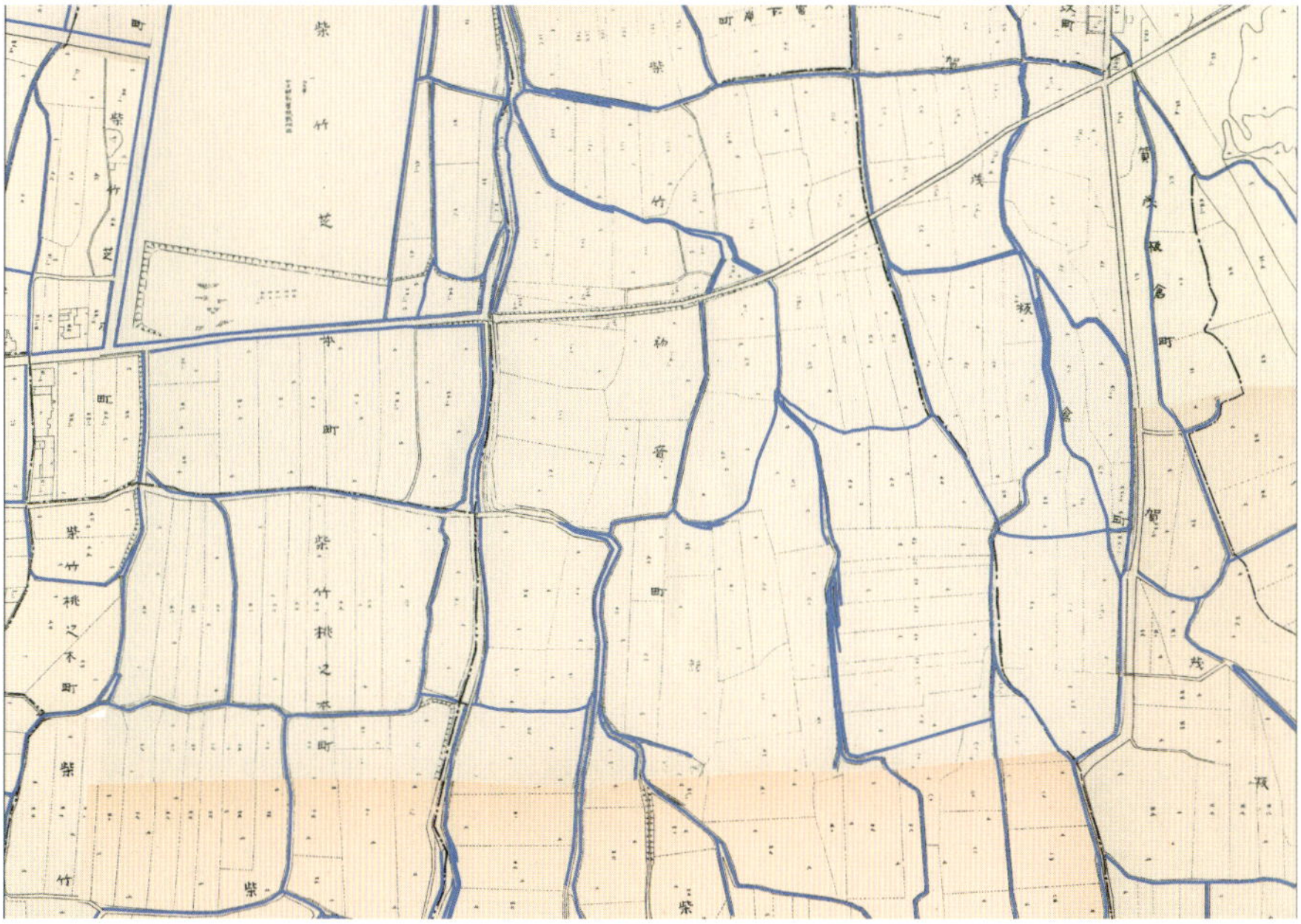

図６　堀川北山付近の田畑と用水路（長谷川家住宅所蔵「京都市明細図」から作成）
青いラインが用水路である

【column ②】四条烏丸の交差点

烏丸通

現在の四条烏丸交差点

この絵はがきは、四条烏丸の交差点を西から東に向かって撮ったもの。左に見える建物は長谷部竹腰建築事務所設計の三井銀行京都支店（1914 年竣工）、右は桜井小太郎設計の三菱銀行京都支店（1925 年竣工）で、京都の金融街を代表する建物だった。

これらの建物は、その後、建て替えられたが、どちらもファサードの一部保存が図られており、往時の記憶をわずかにとどめている。

Part3

地図が語る、地図と語る

近代にも「聖地巡礼」があった？

お俊伝兵衛と近代京都

竹内祥一朗

お俊伝兵衛と聖地巡礼

お俊・伝兵衛――この名を聞いてピンとくる方は、歌舞伎・浄瑠璃に造詣の深い人にちがいない。この二人は、悲恋の末の心中を描いた歌舞伎・浄瑠璃の登場人物なのである。二人のイメージは、浮世絵や錦絵にも描かれた（図1）。

図1　「伝兵衛女房おしゅんが相」、喜多川歌麿作
（出典：慶応大学メディカルセンターデジタルコレクション）

二人が登場する代表的な作品である『近頃河原達引』は、江戸時代の京都で起きた八百屋おしゅんと米屋庄兵衛による「米屋心中」に題材をとっている。そこに、四条河原での喧嘩事件と、親孝行の猿廻しが表彰されたことを絡ませて脚色された物語はひとびとの涙を誘ってきた。

ところで、彼らの名が人口に膾炙していた時代、その墓が近代京都図上に描かれていたのをご存じだろうか。想像上のキャラクターの墓があるのも興味深いが、それが地図に載る以上、そこを訪れる者もいたはずである。舞台芸術と観光行動が地図を介して結びついたとしたら面白い。

近年、漫画・アニメの登場地をファンが巡る「聖地巡礼」が一種の社会現象となっている。お俊伝兵衛の場合は、さながら近代版「聖地巡礼」というわけだ。

地図上での出現と変化

管見の限りでは、お俊伝兵衛墓に関する情報が京都図上に現れるのは、1890年（明治23）4月出版の『京都市名所一覧』が最初である。そこには、鳥辺山附近に「おしゆんでんへえのはかあります」と控えめに記されている。本図の版元高木仙之助が、この地図出版の一カ月前に出版した『京都市郡名所略図絵』という名所案内記には、墓の所在を示す記述がすでにある。墓から直線距離にして数百メートルのところに店を構えていた高木仙之助だったからこその趣向であったのだろうか。これ以降、高木仙之助以外の版元から出版された地図にも墓は描かれ、さらに墓石の図像が添えられるようになるなど、徐々にその存在感を増していく。図2・3の1895年の「京都市図」では、鳥辺山の墓地の墓石群のなかでひときわ大きく描かれた墓石に、「おしゅん傳兵へ墓」の文字が添えられる。図4・5の「京都市街全図」（1907年刊）では、完全に墓地から独立した存在として描かれている。なお、墓の近辺に位置する佐藤継信・忠信兄弟の墓は、江戸中期の絵図にも登場する古典的存在で、図3・5を見比べても、枠に囲まれた表現に変化はない。対し

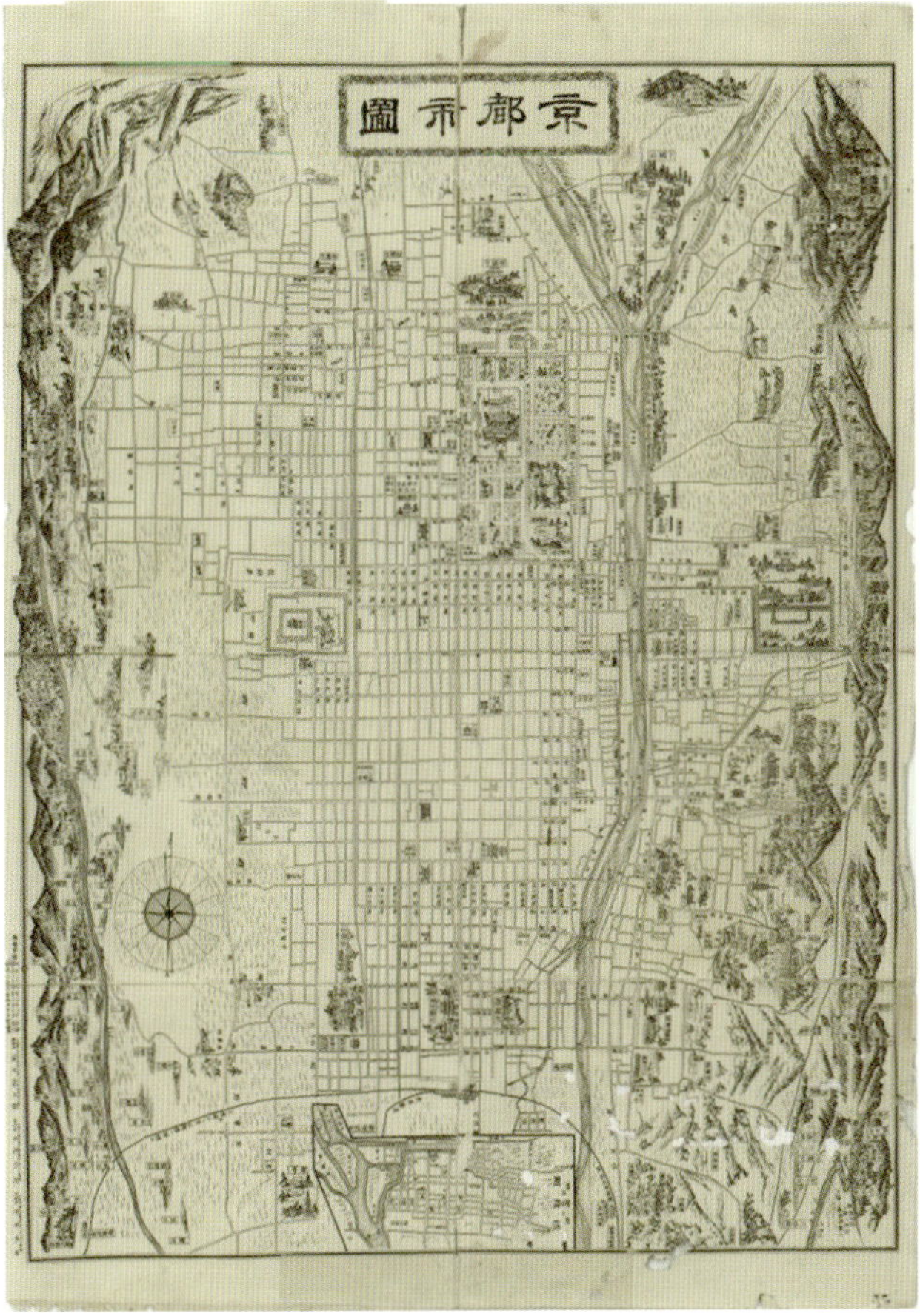

図２　京都市図　国際日本文化研究センター所蔵

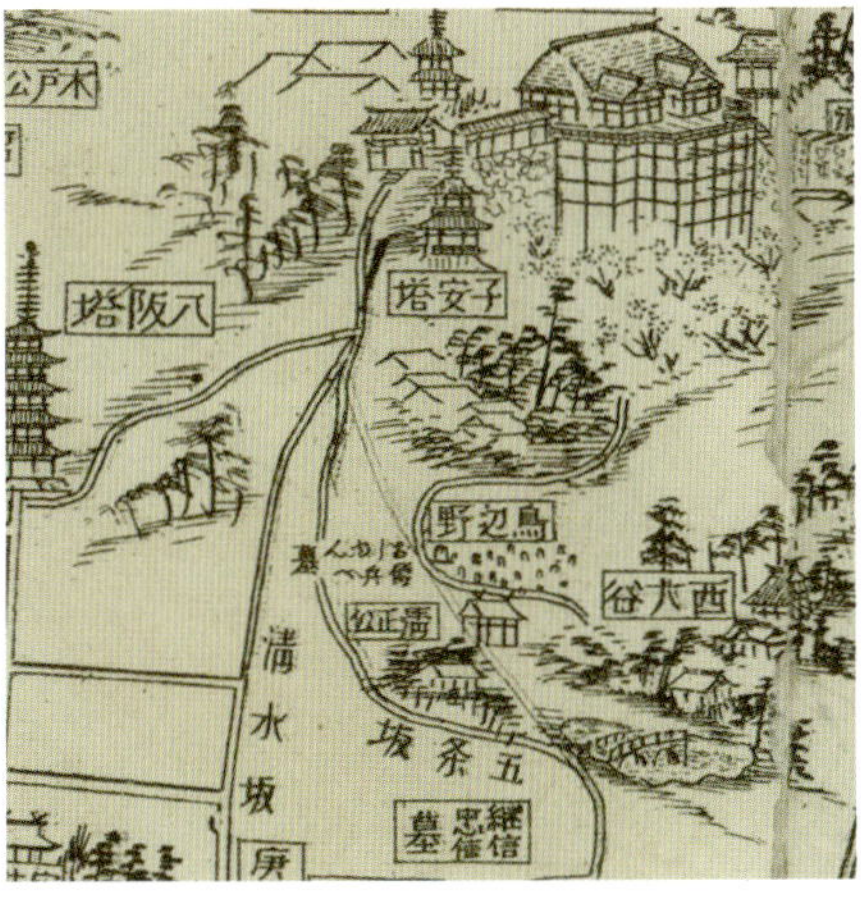

図３　同部分

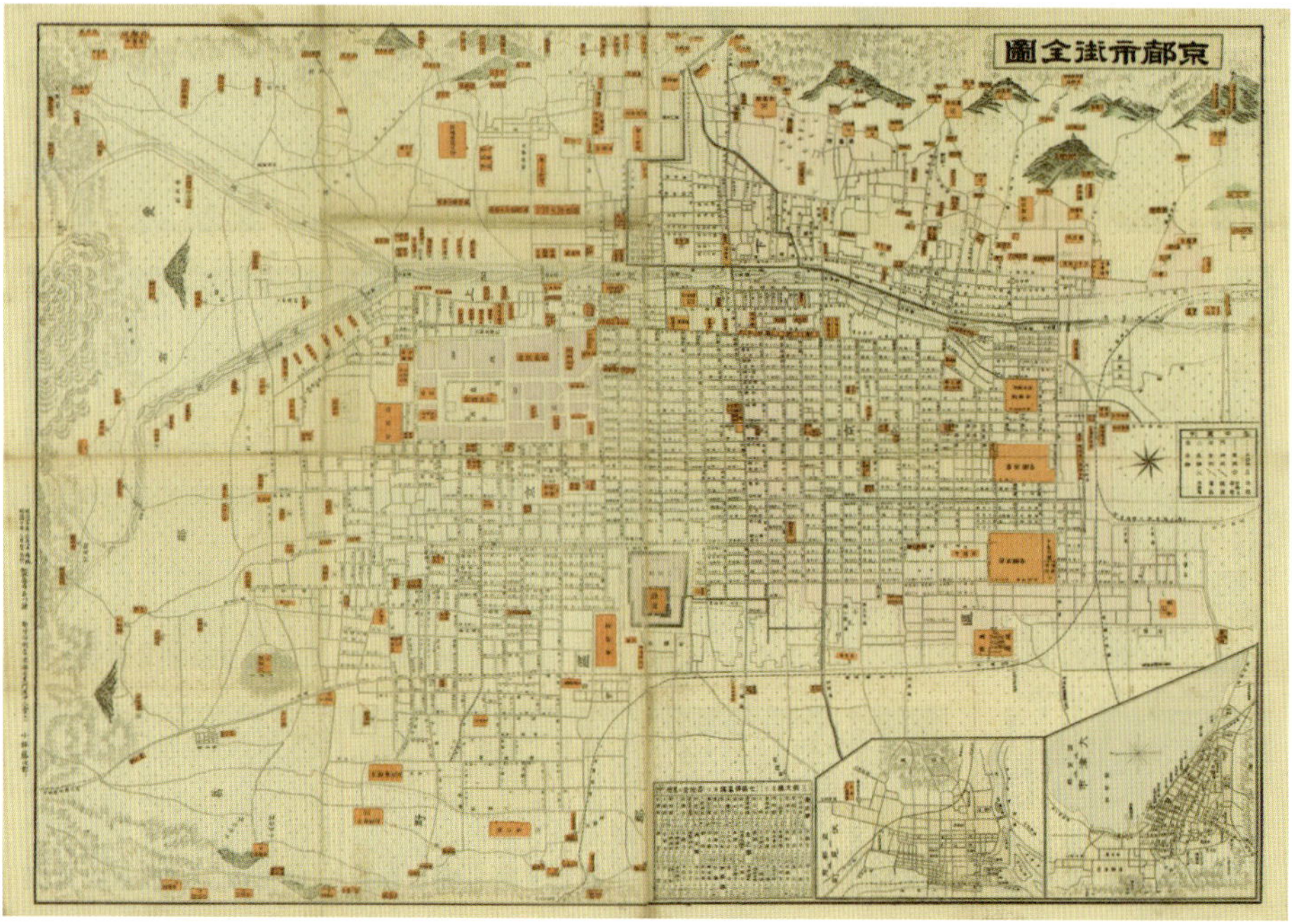

図４　京都市街全図　国際日本文化研究センター所蔵

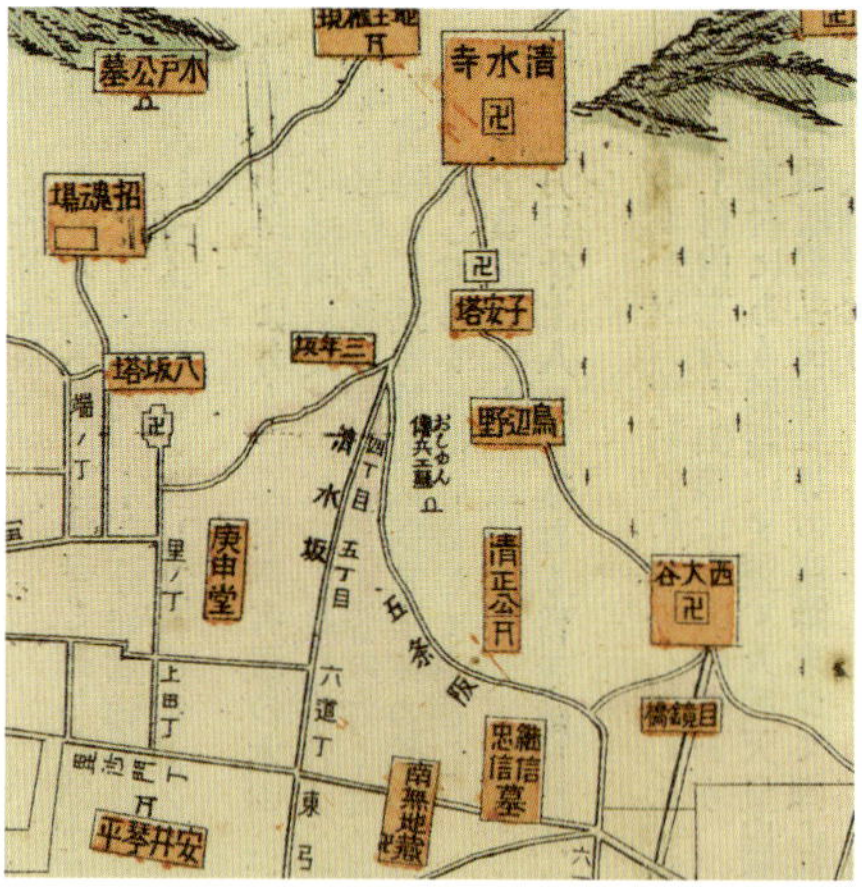

図５　同部分

て、お俊伝兵衛墓の一定しない描かれ方からは、新名所の扱いをめぐる試行錯誤が感じられる。

価値づけされる墓

現在、お俊伝兵衛の墓と伝わる石造物は、鳥辺山に二つある。そのうちの一つは実報寺に存在するが、境内入り口脇には、墓へと案内するように一基の石碑が立つ。そこには井桁のマークとともに井筒屋八ッ橋本舗の名が刻まれている。劇中で伝兵衛の実家とされる井筒屋と井筒八ッ橋本舗の関係は不明だが、建碑に寄与したことは確かである。

もう一つの墓は、別人を祀ったものとも伝えられる本寿寺の「比翼塚」である。

その前には、四世実川延三郎など、幕末から大正期に没した歌舞伎役者・義太夫の墓が象徴的に並んでいる。このように、墓をめぐる環境は、企業や役者の参入により、整備され、価値づけされていった。

背景としてのお俊伝兵衛ブーム

『近頃河原達引』の京都における上演記録をまとめたものが図6である。グラフからは、1900年前後の明治後期から大正末年の時期を上演回数が増加した最盛期として評価できよう。

この時期には、『近頃河原達引』以外にも、歌舞伎や浄瑠璃、または浪花節や新派劇といった型式で、お俊伝兵衛を題材とした数多くの新作が書き下ろされ、そして上演された。そのなかには、『おしゅんでんべえ比翼鳥辺』など、墓が所在する鳥辺山の名を冠するものもあった。

この最盛期は、京都図における登場後、墓石の描かれ方が強調されていく時期に相当している。おそらくは墓周辺の整備も同様に、このようなお俊伝兵衛ブームを背景に展開されたのではなかろうか。

また、浄瑠璃の公演の内には、女義太夫や素人浄瑠璃も多く確認でき、お俊伝兵衛イメージの定着には、アマチュアの義太夫として自ら稽古し、公演するという、芸事・習い事として浄瑠璃文化の裾野の広さが強く働いていた可能性がある。

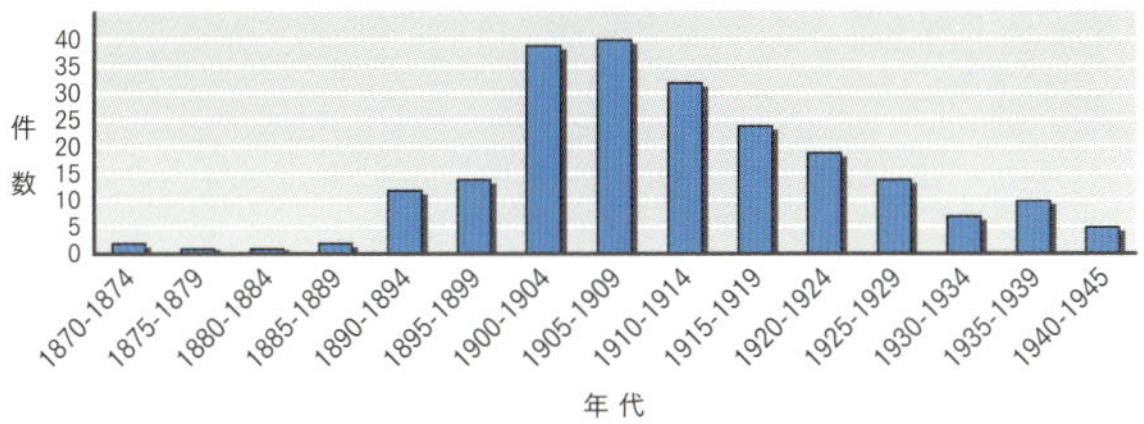

図6　近代京都における『近頃河原達引』の上演回数
参考：国立劇場近代歌舞伎年表編纂室編『近代歌舞伎年表　京都篇』第1巻-第10巻ならびに別巻、1995-2005、八木書店

お俊伝兵衛と現代京都

最盛期以後も、お俊伝兵衛の人気熱は冷めず、ゆかりの地への価値化も、聖護院に飛び火する。1952年、積善院準提堂の境内に、義太夫の豊竹山城少掾らの発起により、供養塔と「お俊伝兵衛恋情塚」が建てられた（図7）。この碑は、劇中でお俊伝兵衛が消えていく聖護院の地に建てられている。

しかしながら、現在、鳥辺山の墓、比翼塚、そして聖護院の恋情塚は、観光地図上には現れることもなく、静寂の中に月日を重ねている。

図7　お俊伝兵衛恋情塚と供養塔

物語の舞台を読み解く

水上勉の《五番町》

加藤政洋

西陣の花街

旧市街地の北西部に位置する西陣には、徳川時代から三つの廓があった。最古とも言われる《上七軒》、大正期に消滅した《下之森》、そして一度は「北新地」と改称しながら旧称のままで呼ばれつづけた《五番町》である。

その名の知られた《祇園》や《島原》があるためなのか、それとも繁華の巷、四条河原町周辺とは対蹠的な西陣に位置するからか、これら三つの花街が一般に知られてきたとは言いがたい。いずれも小規模な廓であり、隠れ里とは言えないまでも、地元に密着した遊里であった。

とかく有名性に欠ける西陣の花街のなかで、「五番町」と言えば「夕霧楼」と返ってくるほどに、その名を広く人口に膾炙させたのが、水上勉の小説『五番町夕霧楼』（初出は1962年）である。発表の翌年には佐久間良子の主演で映画化され、1980年には松坂慶子の主演でリメイクされたことも、影響力をもったであろう。

廓の地理空間

通称《五番町》は、水上が「西陣の中心地」と呼ぶ千本中立売の南東に位置していた（図1）。市電の通る南北の幹線道路である千本通、同じく東西の中立売通に面した表通りに妓楼が立地することは一切なかった。1912年（大正元）に制定された取締規則によって、営業区域が明確に定められていたからだ。

この立地規制によって、〈廓〉という空間自体が裏町性を帯びる。妓楼の集積の様態からすると、南から廓へアプローチするとは考えにくい。複数の東西街路によって、西から入ることもできるが、七本松通は「強制疎開」（建物疎開）によって取り拡げられた街路で、必ずしも幹線道路というわけではなかった。すると、（水上も指摘していることだが）やはり中立売・千本からのアプローチが一般的であったはずだ。

「もちろんどこから入っても自由」と水上は言うのだけれども、ダイレクトに廓に入ろうとする場合、実のところ入り口はかぎられている。いまいちど図1をみ

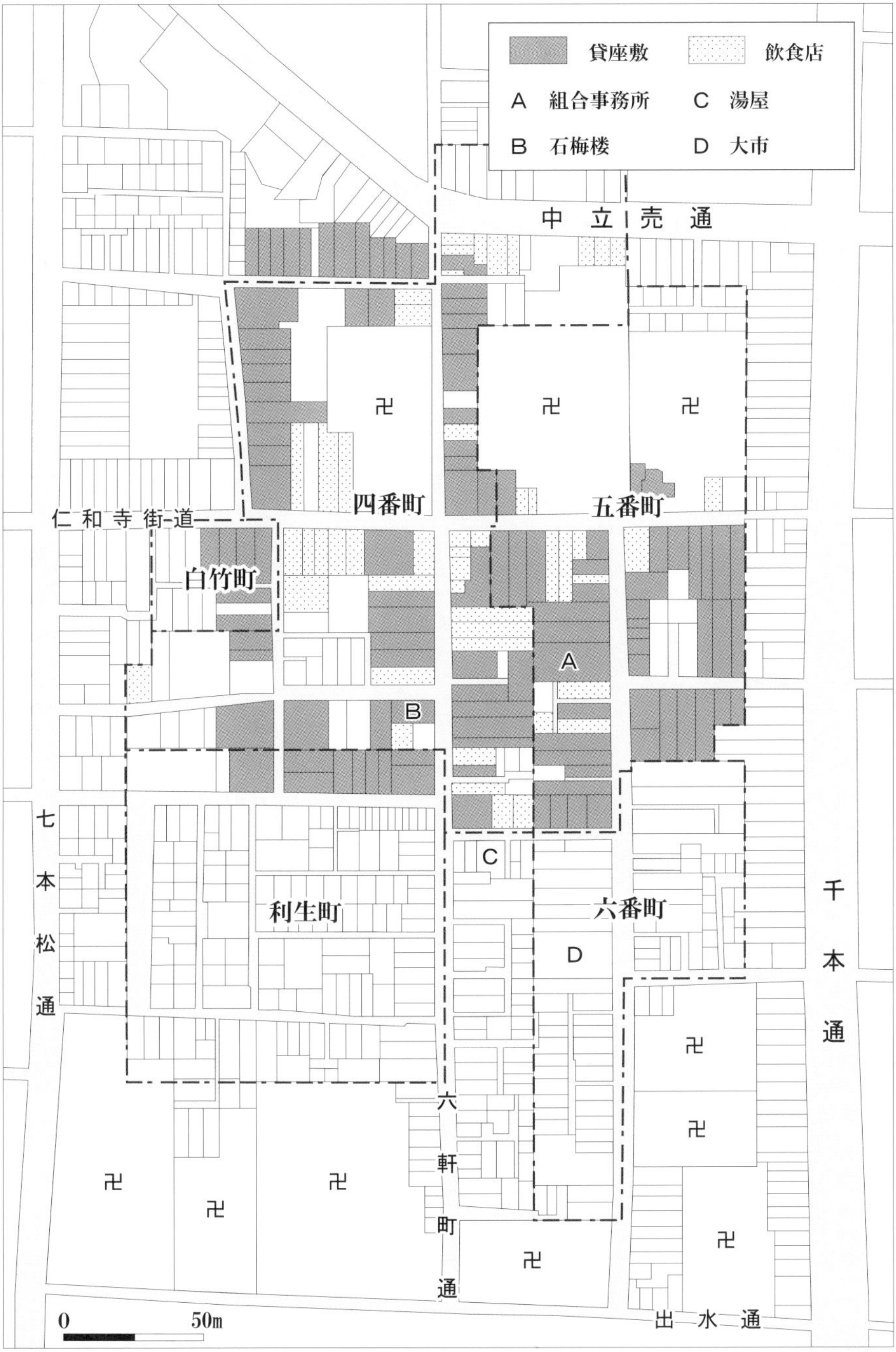
貸座敷
飲食店
A 組合事務所
B 石梅楼
C 湯屋
D 大市
中立売通
仁和寺街道
四番町
五番町
白竹町
利生町
六番町
七本松通
千本通
六軒町通
出水通
0
50m
A
B
C
D

図１　五番町位置図

てみよう。

　あえて遠回りをする遊客もあっただろうが、中立売通の場合、入り口は道路が北西にカーブする箇所しかなく（すなわち六軒町通）、千本通は中立売をさがった2本目までしか該当しない。水上も記しているが、1本目は仁和寺街道だ。

　興味が持たれるのは、千本から西へ入ると、表通りの商家の奥行を越えたところでとつぜん路幅がひろがり、空間的にぱっと開けた感じを受けることだ。六軒町通をさがった場合も同様で、仁和寺街道まで出ると、にわかに街並みの展望が開けるのである。

　水上は入口を「小暗い」と表現したが、10mほど進むと急にひろがる空間ギャップから、そのように感じていたのかもしれない。

　この廓のもうひとつの特徴は、北側に三つの寺が横並びに立地し、まるでそれらを攻囲するかのように妓楼が建ち並んでいることだ。京都の遊興空間を観察すると、寺院との位置関係に特色があるのだが、ここではふれない。

《上七軒》とは地続きでありながら、《五番町》はどちらかと言えば娼妓を本位とする遊廓色の濃い花街であった。1926年（大正15）の名簿によると、9割以上を娼妓が占めている。明治維新後、《下之森》から移転してきた業者が娼妓をかかえるようになったのがはじまりである。

　水上は言う――「上七軒は、つまり、西陣の旦那衆があそんだ町」である一方、「丁稚や小僧」はそこから「しめ出されて五番町へきた」のだ、と（「ああ京の五番町」）。

　このような二項対立的区分では見落とされがちになってしまうのだが、通称《五番町》の内部はゆるやかに空間分化していたことにも注意しておきたい。1926年（大正15）に芸妓を中心とする東部貸座敷組合と、同じく娼妓の西部貸座敷組合とを組織して廓運営を分担したのは、営業実態を反映してのことであった。

　なお、営業区域は六つの町域にまたがることから、「五番町」という名称は不適切であるとし、1914年（大正3）に《北新地》と改称したものの、その名が定着することはなかった。

水上勉の足どりと語り

　以上のような空間性を有する《五番町》を水上はどのように歩き、そして叙景したのだろうか。まずは『五番町夕霧楼』の冒頭の場面を参照してみたい。時代設定は1951年である。


　五番町は、京都人には「ゴバンチョ」と少し早口でよばれる語調をもった、古い色街である。

　詳述しておくと、西陣京極のある千本中立売から、西へ約一丁ばかり市電通りを北野天神に向って入った地点から南へ下る、三間幅ほどしかない

図２　五番町

図３　五番町

通りである。この通りは丸太町まで千本と並行してのびているが、南北に通じるこの通りを中心にして、東西に入りこむ通りを含めて、凡そ二百軒からなる家々は軒なみ妓楼だった。（『五番町夕霧楼』）

「京都市明細図」の用途区分で花街関連業種を示す「紫」色の区画は113件、1926年（大正15）の最盛期でも154軒であるから、200軒という規模はいささか誇張に過ぎる。

若くして《五番町》に馴染んだ水上は、この廓を「青春の町」、あるいは「人生の大学」とさえ呼んで、いくどとなくふりかえり、おりにふれて探訪している。《五番町》に対する思い入れは、「ああ京の五番町」、「五番町遊廓付近」、

「千本丸太町付近」、「京の五番町にて」、「遊廓の女」など、随筆風の一連の作品からも読み取ることができるだろう。

《五番町》を訪れる際、彼がきまって歩くのは、『五番町夕霧楼』のなかでアプローチとして描かれた、中立売通を千本通から西に入り、その「一筋目」を南にさがる街路である。

> 久しぶりに京都の五番町遊廓跡を訪れた。千本中立売を少し西へ入った一筋目を、出水のあたりまで散歩してみたのである。むかし、まだ売春禁止法が施行される前まで、この界隈は「五番町」とよばれた遊興地の中心で、両側に妓楼がならんでいる。この通りだけでなく、もうひと筋西よりの通りと交叉する東西通りが何本かあって、その横筋も、辻のあたりはとりわけて、賑やかだった。(「京の五番町にて」)

水上は、この南北の筋を「何通りといったのかわすれた」とうそぶくが、六軒町通にほかならない――「丸太町まで千本と並行してのびている」のはたしかだが、一直線ではない。

彼が必ずといっていいほどこの通りを歩くのにはわけがあった。それは、初めて登楼したときの強烈な印象を、いつまでも拭い去ることができなかったからである。

中学五年生のとき(17、18歳)、修行中の寺を抜け出し《五番町》へと走った水上少年は、中立売から六軒町へと入る。狭い通りの右手(西側)には「寺の墓地のみえる土塀」がつづき(実際には墓地は見えなかったはずだ)、左手には「軒のひくい二階屋の妓楼」が建ち並んでいた。

前方に見える大きな妓楼のネオンに気圧された少年は、緊張のあまり「かかり口でひっかかって」しまう――「中立売から入って三軒目の、軒ひさしのかたむいた何とか楼とは名ばかりの、ふつうのしもた屋を改造した置き家」に登楼したのだった(「遊廓の女」)。

ここで水上は、生涯忘れることのなかった女性――千鶴子さん――と出会う。

その後、「小遣い銭ができると、この千鶴子さんのところへ登楼するようにな」り、そのたびごとに六軒町通を歩いたのだろう。

後年、《五番町》を訪れた水上は、往時のごとく六軒町通を歩き、そして次のように記す。

> 今日も、往時の町家はのこって、散策しても昔とまったく変わらぬ四、五の妓楼の建物があるので、私には懐かしい。(「五番町遊廓付近」)

架空の町

水上にとっての《五番町》とは、「千本中立売から、わずかに西へ入った地点から、下へ降りる筋を中心に、仁和寺街道をすぎ出水に至る廓の町である」(同前)。図1をみると、水上は六軒町通を南北の軸線として、ずいぶんとひろく《五番町》の範囲をイメージしていることがわかる。

中立売から、ひと筋目の通りを出水にむけて歩き、出水通りを大市のすっぽん屋の方にまがると、大きな風呂屋がある。ここはむかしのままの構えで、ちっともかわらない。遊廓のどまん中にある銭湯だから、当然、ここには妓らも通ったことがあったろう。入口に重々しい飾りがあって、のれんもなかなか古びて趣がある。その向かいは妓楼だった名残りを示す建物だ。むかし、私はよく、このあたりの楼へきた。のちに小説『五番町夕霧楼』を書いた時、出水通りを想像して、空想の楼をつくったのだった。もちろん、夕子という娼妓も架空だったけれど、似たような妓がいたことを告白しておく。(「京の五番町にて」)

別のところでは、「実在した遊女の名を『夕子』とあらため、私がよくいった妓楼を『夕霧楼』などと勝手に名をかえて、書いてみたのだった」(「五番町遊廓付近」)とも述べているから、妓も楼もモデルがあったのだろう。自身の体験を踏まえて作品世界を造形していたのだ。

だが、「出水通りを想像して」といっても、そこはすでに廓の範囲外である。また、先ほどの彼の足どりをたどると、たしかに大きな湯屋を確認することができるけれども(図1のC)、ここにしても南側は範囲外で、『五番町夕霧楼』の冒頭に描かれたにぎやかな音風景をイメージすることなどできない。すると『五番町夕霧楼』は、彼の足どりや語りにまどわされることなく素直に読んだ方がよさそうである。

さて、最後にひとつ。「四番町あたりに行くと、懐かしいですよ。まだ当時の遊廓のまんまの建物がのこってるんです」——こう述べたのは、付近に住んだことのあるという小説家・花村萬月である。

そう、水上勉が描いた作品世界は、「五番町」そのものではなく「四番町」の風景を通じて仮構された架空の廓なのであった。

＊引用文献
花村萬月『愛の風俗街道』光文社、2000年
水上勉『五番町夕霧楼』新潮文庫、1966年
水上勉「ああ京の五番町」(『京都物語（三）』立風書房、1966年)
水上勉「京の五番町にて」(『京都遍歴』立風書房、1994年)
水上勉「五番町遊廓付近」(『京都遍歴』立風書房、1994年)
水上勉「遊郭の女——五番町」(『京都』河出書房新社、2000年)

近代都市の祝祭空間

博覧会の風景

上杉和央

博物会から博覧会

　各地から珍しいモノを集めて展示する博物会は、近世の中ごろには全国規模で開催されるようになっていた。中には海外からもたらされた品物もあり、なかなかに国際的だった。

　こうした流れを汲みつつも、近代の博覧会は、展示する内容も、そして集める客も、近世よりもずっと多くなる。西洋で開催されていた国際博覧会の刺激も受けつつ、モノだけではなく、技術や産業といった最新の動向が晴れやかに喧伝されるようになっていった。内国勧業博覧会を中心として、殖産興業政策とも結びついた多種多様な博覧会が日本各地で開催されていったのである。

京都の博覧会場

　京都での博覧会開催は、1871年（明治4）が最初で、西本願寺が会場だった。翌1872年には第一回京都博覧会が西本願寺などで開催され、その後は京都御苑内が使用されるようになる。大宮御所や仙洞御所が利用されていたが、1881年には、御苑内の一角に常設の博覧会場が設置され、一般の地図にも示されるようになる（「名所いまむかし」項を参照）。京都御苑は、京都の歴史的なシンボルのみならず、京都の未来、殖産興業を支えるシンボル空間としても機能していたことになる。

　ただ、御苑内の常設博覧会場は、スペースにどうしても限界があった。そのため、平安京遷都1100年にあわせて内国勧業博覧会を京都に誘致しようとしたとき、新たな会場が求められることになった。そして、その白羽の矢が立ったのが岡崎であった。

　市街地に隣接しつつも田畑の広がる岡崎は、新たな博覧会場として最適だった。しかも、琵琶湖疏水《そすい》が1890年に開通、水力発電も1891年に始まり、インクラインが稼働するなど、近代京都の展開を推進する事業が岡崎周辺で起こっていた。電気を使った趣向をおこなうにも、また電車による輸送を構想するにも都合がよかったのである。

　こうして、1895年に第四回勧業博覧会が実施された後も、岡崎には博覧会館（1897年）、そして京都市勧業館（1914年）が建設され、京都で開催される博覧会のメイン会場としての地位を確固たるものとしていった。

大礼記念京都大博覧会

近代の京都で開催された博覧会の中で、最大の入場者数を記録したのは、昭和天皇の即位を記念した大礼記念京都大博覧会で、1928年（昭和3）9月20日から12月25日までのおよそ3カ月の間に311万もの人が訪れた。

この博覧会は、岡崎だけでなく、二条城北西の公有地を西会場、そして博物館（現・京都国立博物館）を南会場とし、3会場で開催された。西会場となった公有地は、江戸時代に京都所司代下屋敷だった場所で、明治以降は刑務所として利用されていたが、刑務所は博覧会開催の前年、1927年に山科に移転していた。

この3会場を鳥瞰図風に描いた「大礼記念京都大博覧会鳥瞰図」という資料が残されている。表面には東会場、西会場、南会場それぞれの鳥瞰図が描かれ（図1・2）、裏面には会場配置図（図3）と会場を歩くモデルルート、京都市内電車の路線略図が記されている。

東会場の岡崎はメイン会場である。大礼館が備わっているほか、朝鮮館、台湾館、樺太館、さらには満蒙参考館といった特別館が並ぶと同時に各府県の売店も軒を連ねており、当時の

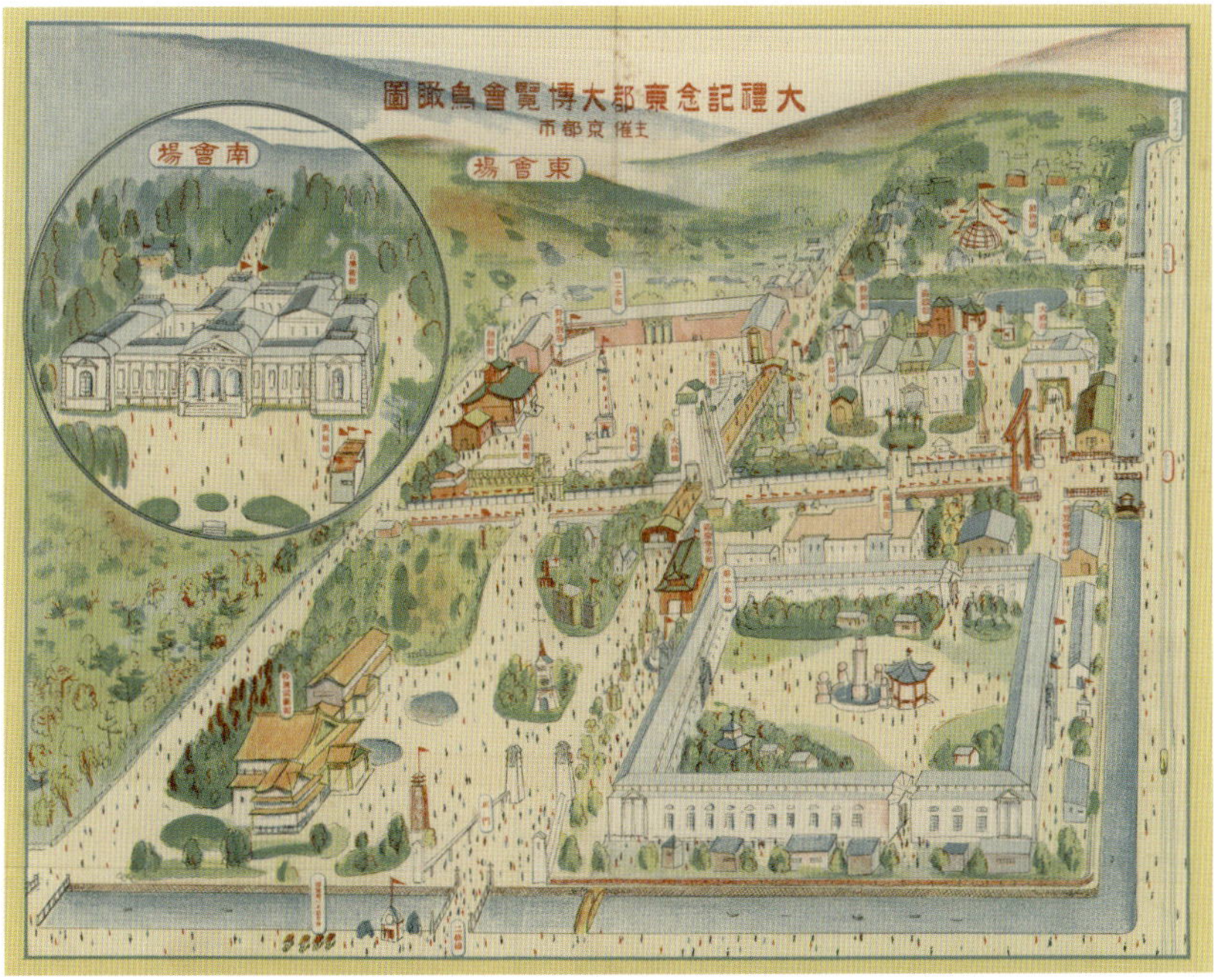

図1　大礼記念京都大博覧会鳥瞰図（1928年頃）部分（東会場・南会場の鳥瞰図）

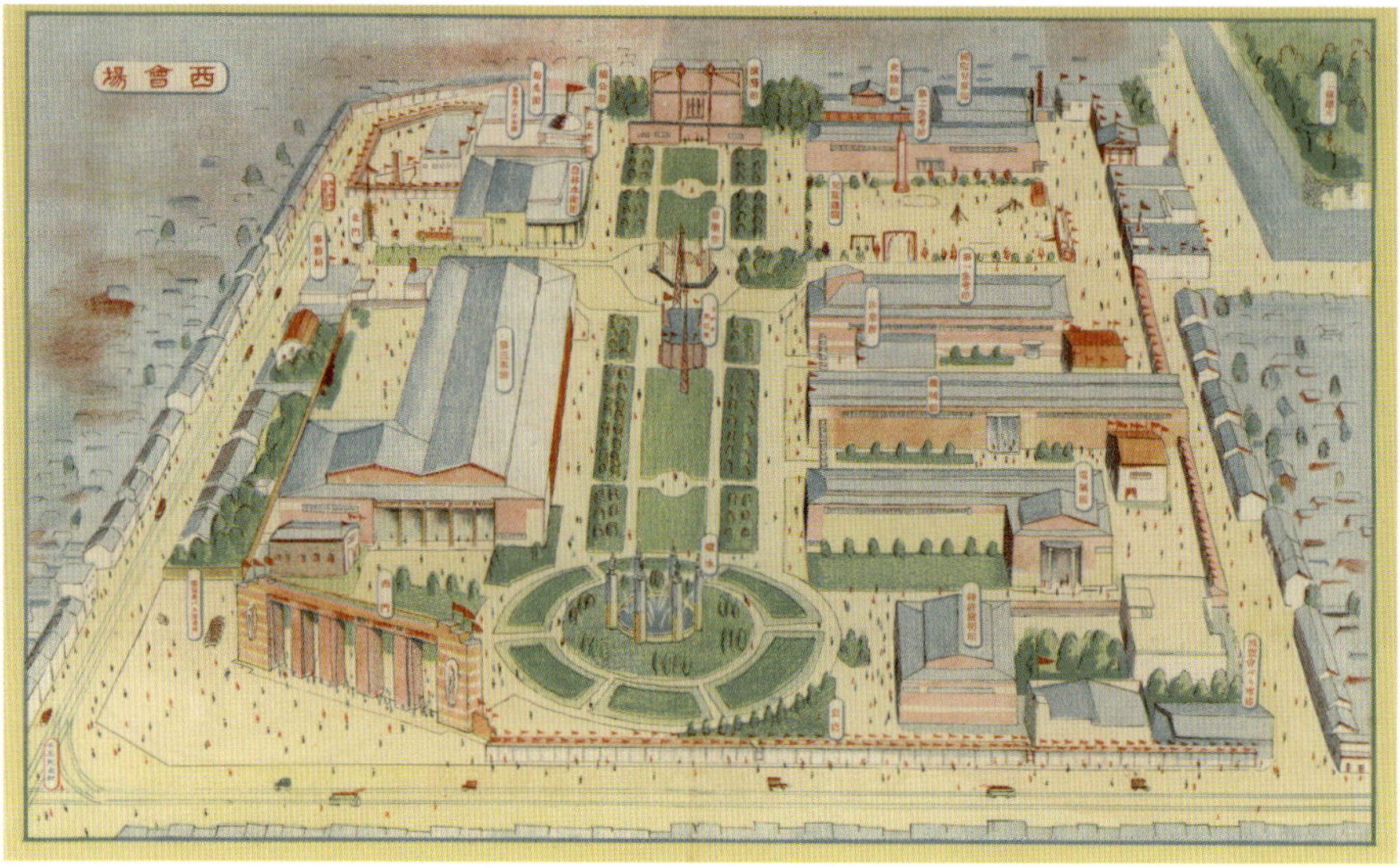

図２　大礼記念京都大博覧会鳥瞰図（1928年頃）部分（西会場の鳥瞰図）

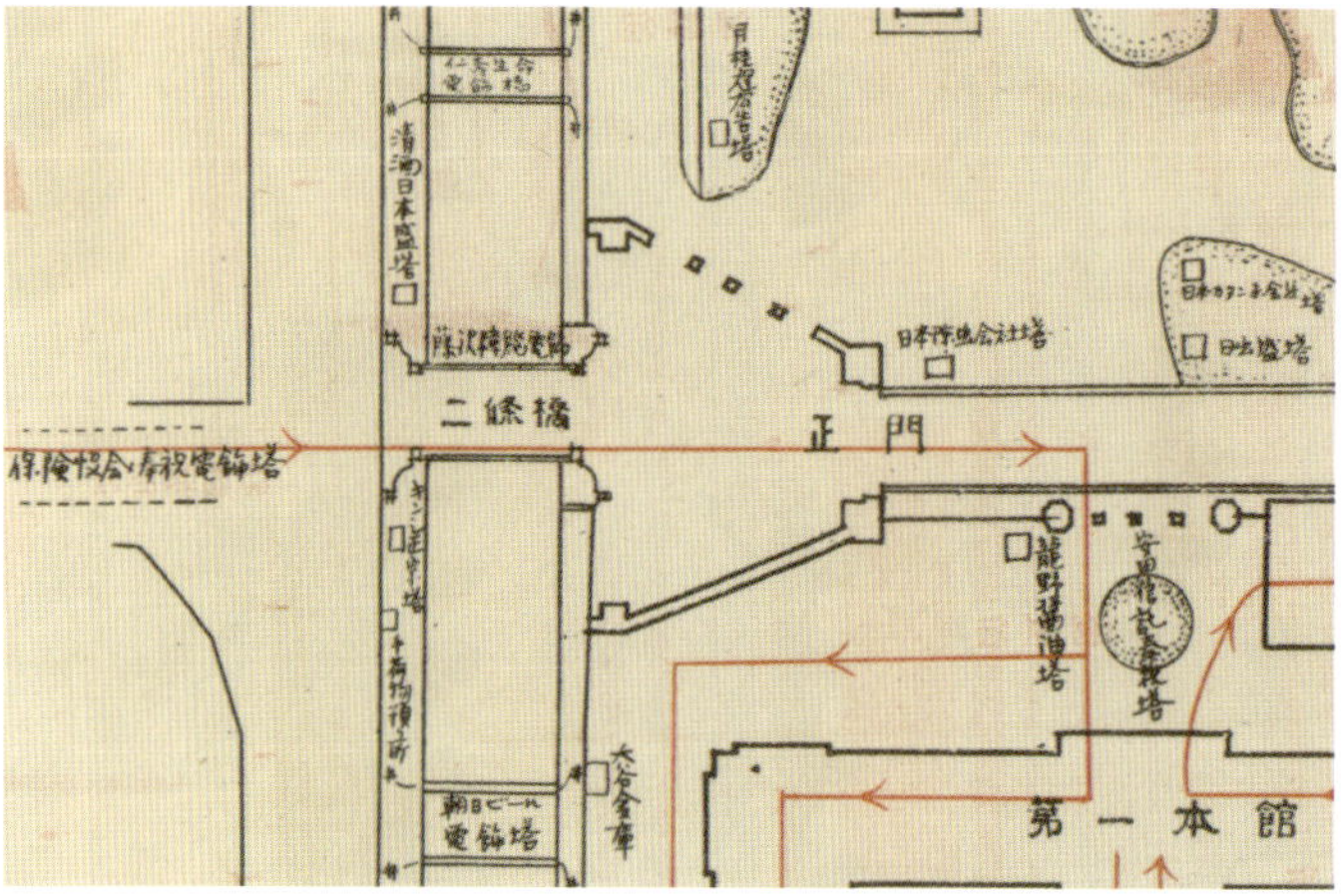

図３　大礼記念京都大博覧会鳥瞰図（1928年頃）裏面部分
東会場正門付近。メインストリート沿いには企業広告塔が建てられ、博覧会を盛り上げた。

「日本」が強く意識された構成となっている。

　西会場で目を引くのは、機械館や農林水産館、特許発明館、電気館といったテーマ館で、殖産興業という近代日本の博覧会の重要な一側面が切り取られた感じである。

　南会場の中心は古美術館で、このときに使用された建物は、1895年に竣工した片山東熊設計のもの。つまり、現在の明治古都館（旧・本館）である。

塔の乱舞

「大礼記念京都大博覧会鳥瞰図」の裏面の配置図を見ると、東会場や西会場にはたくさんの記念塔が建てられたことがわかる（図3）。空に伸びる巨大な構造物は、人々の祝祭的な気分をさらに盛り上げるのに一役買っただろう。博覧会に関する写真絵はがきでも塔を入れ込む構図が多く採用されている（図4）。

また、大礼を祝う塔は、博覧会場だけにみられるものではなかった。京都の玄関口となった京都駅前には、奉祝塔が建てられ、祝祭的な気分を盛り上げた（図5）。

図4　塔の「美観」を伝える写真絵はがき（『（大礼記念京都大博覧会東会場）二條通第一本館前の美観』）　図3の正門を入ったあたりから撮影されたものと思われる。

図5　京都駅前の奉祝塔の写真絵はがき（『（御大礼の都）京都駅前の奉祝塔』）

塔ではないが、この博覧会の期間に完成した巨大な人工物がある。疏水を渡る慶流橋から平安神宮に向かう先にそびえる、高さ24・4mの朱塗りの施設。そう、平安神宮の大鳥居である（図6）。この大鳥居も大礼記念事業として計画されたもので、今なお岡崎の景観のアクセント、いやシンボルとなっている。

大鳥居の竣工の奉告祭は翌1929年（昭和4）4月1日であり、竣工は博覧会期よりも後である。しかし、工事自体は博覧会期間中に終わっていた。会場の鳥瞰図に表現されているのも、そのためである。

図6　平安神宮の大鳥居

名所の巡り方指南？

双六で名所めぐり

上杉和央

京都名所双六

1906年（明治39）9月に印刷発行された「京都名所双六」（小林藤次郎刊）という双六がある（図1）。

この双六では、右下の「ふり出し」から時計回りのらせん状に43マス進むと、紙の中央の「上り」に到達する。ふりだしの1マスを含めた全44マスが京都の名所を示しており、双六の駒を進めると想像の京都観光旅行が楽しめる趣向となっている。なお、あがりのマスには三つの場所が書かれているので、名所の数としては46カ所となる（表1）。

表1 「京都名所双六」に登場する名所

順番	名称	順番	名称
ふりだし	七條停車場	23	銀閣寺
1	稲荷神社	24	吉田神社
2	東福寺	25	下鴨神社
3	泉桶寺	26	上鴨神社
4	三十三間堂	27	大徳寺
5	博物館	28	金閣寺
6	豊国神社	29	平野神社
7	大佛鐘堂	30	北野天満宮
8	西大谷	31	妙心寺
9	清水寺	32	御室仁和寺
10	八坂塔	33	高雄
11	高臺寺	34	嵐山
12	東大谷	35	二條城
13	八坂神社	36	東寺
14	知恩院	37	本国寺
15	粟田青蓮院	38	佛光寺
16	大極殿	39	五条大橋
17	動物園	40	建仁寺
18	インクライン	41	三条大橋
19	南禪寺	42	六角堂
20	永観堂	あがり	御所
21	黒谷		西本願寺
22	真如堂		東本願寺

＊名称の表記は資料に準じており、現在とは異なるものがある。

ふりだしは七條停車場（京都駅）で、「次ヱ廿八丁」という指示がある。隣は稲荷神社（伏見稲荷）なので、まずは南に向かうようだ。

その後、東山を北上し、洛北、洛西と続くので、名所は盤面とは反対の反時計回りに配置されている。

嵐山を最後に今度は洛中へと入る。嵐山の次が京都駅に近い東寺なので、ふりだしに戻る感も強いがそこはご愛敬。五条大橋から東山の建仁寺にもよりつつ、三条大橋、六角堂から御所・西本願寺・東本願寺の三つがゴールとなる。東西両本願寺には七條停車場への距離が書かれているので、まさにふりだしに戻ることができる。

名所で一休み

サイコロ片手に名所を巡ってみよう。といっても、サイコロの目は天に任せず、我が意のままに出していく。

まずは七條停車場から4を出して三十三間堂に。そして、そこから連続で1を3回出して近くの博物館、豊国神社、大佛鐘堂を廻りたい。というのも、この4カ所、もとは豊臣秀吉が建設した大仏（方広寺）の境内だったからだ。三十三間堂自体は13世紀の建立で、中世から近代にかけての見どころが凝縮された空間となっている。

秀吉ファンなら次は4を出したい。高台寺は秀吉の正室、北政所（ねね）が建立した寺院である。

高台寺からは6を出し、動物園へと進む。京都市動物園は開業が1903年で、上野動物園に次いで2番目に古い動物園だ。といっても、そうした歴史的感慨は今でこそのこと。双六が刊行された当時は最新の名所だったに違いない。

それから、近代ファンであれば、1マス戻って大極殿（平安神宮）に寄った後、2マス進んでインクライン、さらに1マス進んで南禅寺境内の水路閣と、琵琶湖疏《そ》水《すい》関連施設を観に行くこともお忘れなく。

南禅寺からしばらくは世界遺産「古都京都の文化財」の構成資産巡りでもどうだろう。慈照寺《じしょうじ》（銀閣寺）、賀茂御祖神社（下鴨神社）賀茂別雷神社（上賀茂神社）、鹿苑寺《ろくおんじ》（金閣寺）、仁和寺《にんなじ》、二条城、教王護国寺（東寺）と目白押しだ。なお、嵐山に位置する天龍寺もその一つだし、既に通過してしまったが、清水寺も世界遺産に含まれている。

東寺から1マスいった本《ほん》圀寺《こくじ》は、西本願寺の北側にあった日蓮宗の大本山である。1970年代に山科に移ったため、もし現在行くとすれば、この双六のルートだと少し難しい。

本圀寺からは2マスずつ進んでいけば、五条大橋、三条大橋と近代にかけ替えられた橋を眺めつつ、めでたくゴールにたどりつける。

問題は3カ所のどこをゴールにするか。京都駅に戻ることを考えれば、西本願寺か東本願寺の方がいい。でも、少し遠いが御所も捨てがたい。ここまでの疲れを勘案して、選んでみるか……というのは実際の旅での話。双六は疲れ知らずの空想の旅。全てを想像しながら楽しく廻ってみたい。

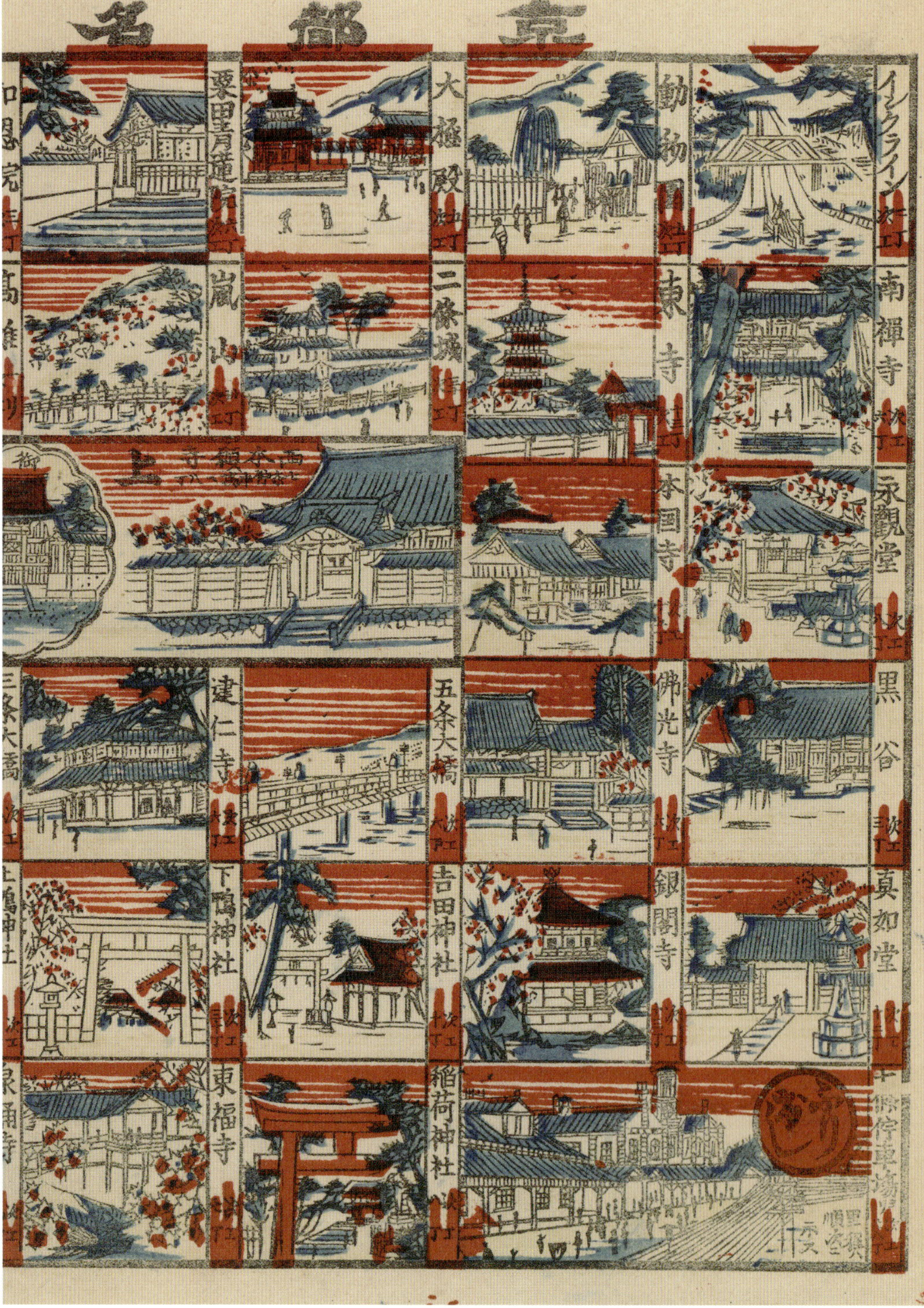
京都名
インクライン
動物園
大極殿
粟田青蓮宮
知恩院
南禅寺
東寺
二条城
嵐山
永観堂
本国寺
西本願寺
上
黒谷
佛光寺
五条大橋
建仁寺
三条大橋
真如堂
銀閣寺
吉田神社
下鴨神社
上鴨神社
停車場
稲荷神社
東福寺
泉涌寺

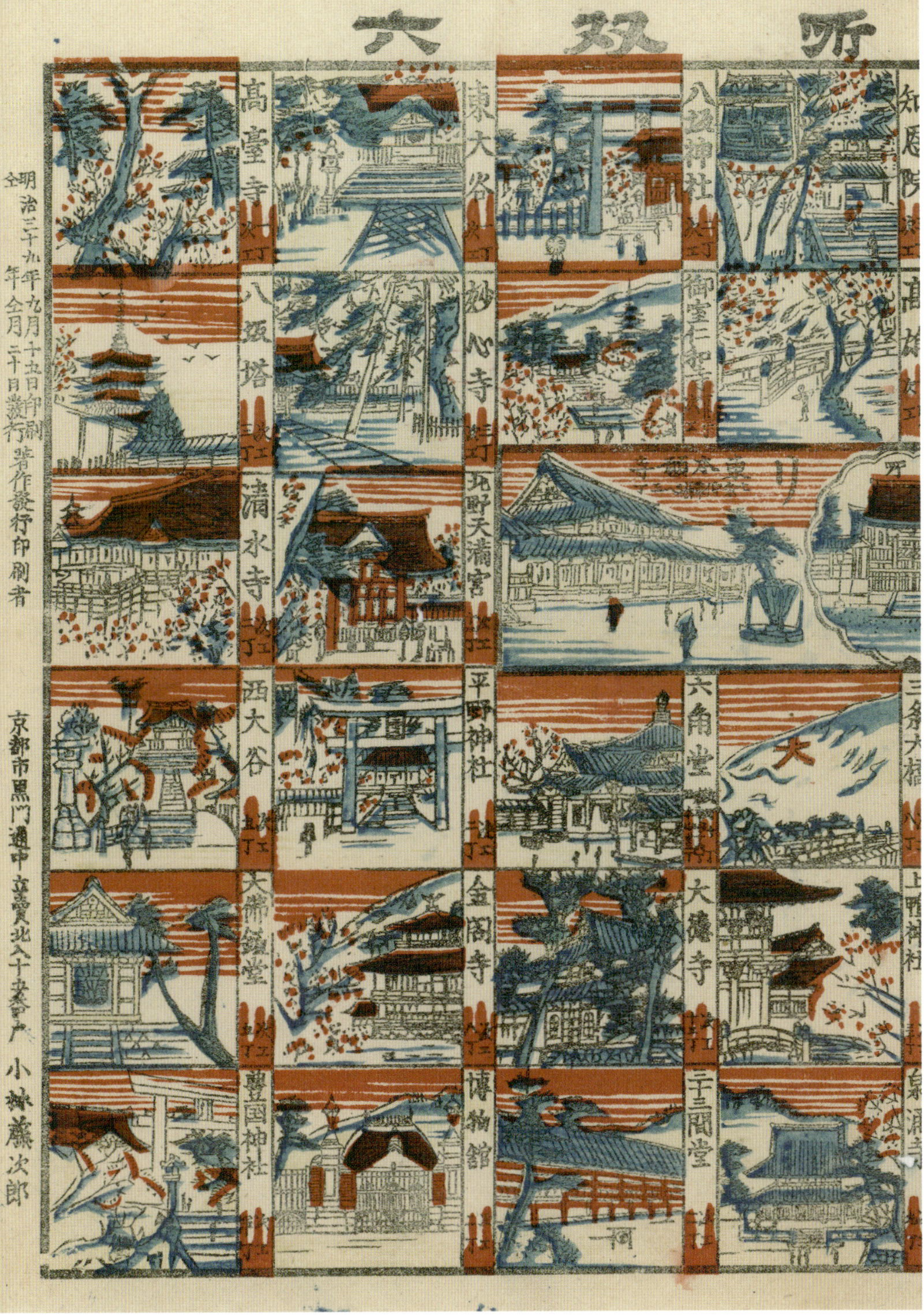

図１　京都名所双六（小林藤次郎刊、1906年）

観光地の老舗と新興

名所いまむかし

上杉和央

名所を取り上げた地図

近代京都に刊行された地図のなかには、「名所」や「名勝」を冠する地図がある。地図中に名所を絵画的に表現するもの、周囲に挿絵や写真を配するもの、地図の裏面に名所案内を載せるものなど、その趣向は地図によって違っており、そうした作製者の工夫をみていくのも面白い。

もちろん、地図によって名所として取り上げている場所も少しずつ違う。そこには作製者の選択も含まれているが、もう一つ、作製・刊行される時期ごとの違いという側面もある。ここでは、1887年(明治20)に刊行された「改正新刻京都区組分名所新図」(樺井達之輔編、風月庄左衛門刊)を使って、当時の名所の特徴をみていこう(図1)。

なお、この図、定価は「金十五銭」であった。物価が違うので現在の値段に換算するのは難しいが、はがきの郵便料金が1銭だった時代のことである。

老舗の名所

この図は周囲に45カ所の

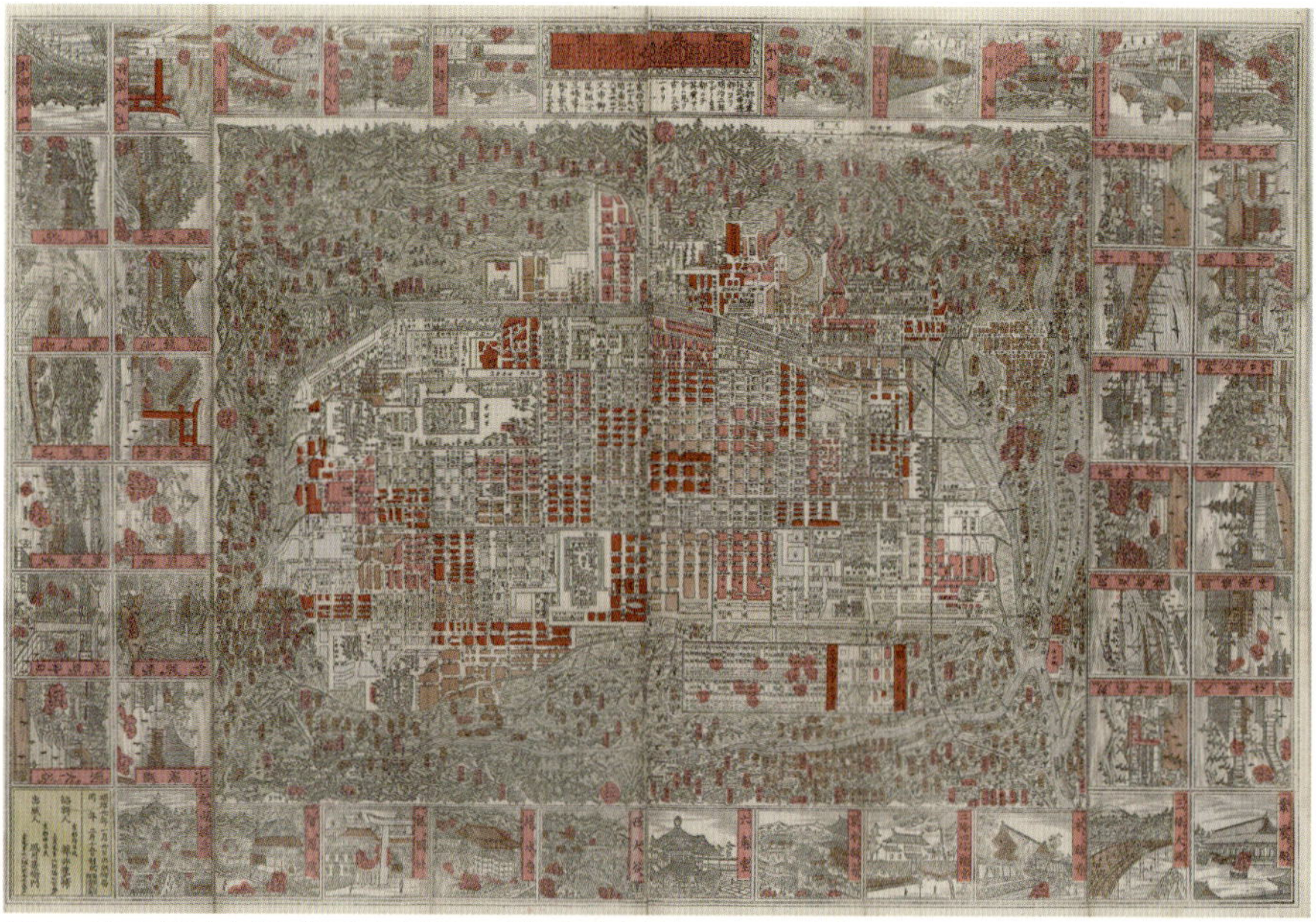

図1　改正 新刻京都区組分名所新図（樺井達之輔編、1887 年）

図３　御影堂　改正 新刻京都区組分名所新図（部分）

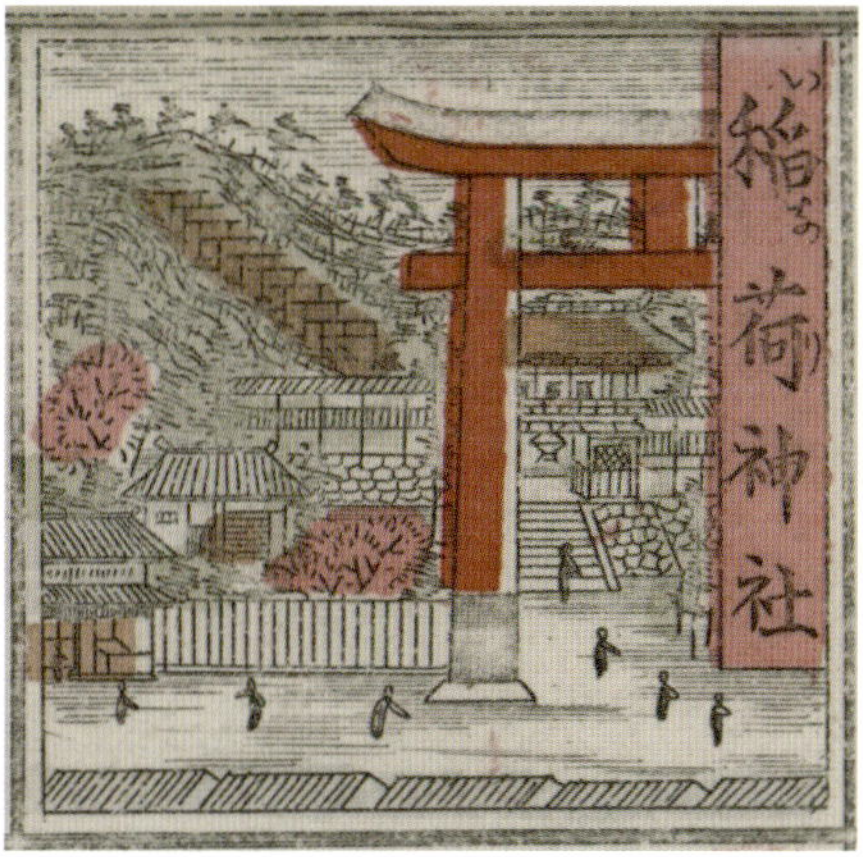

図２　稲荷神社　改正 新刻京都区組分名所新図（部分）

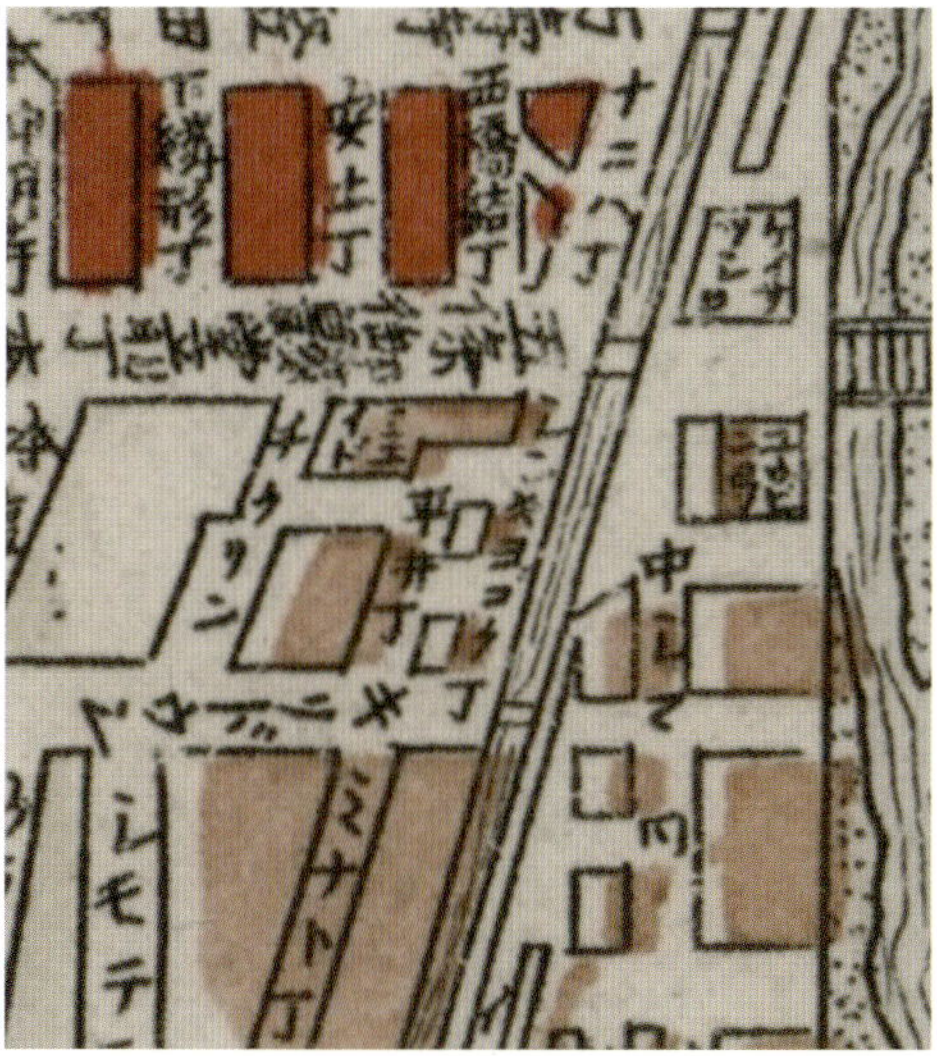

図４　地図内の御影堂　改正 新刻京都区組分名所新図（部分）

名所絵を配している。そのうち「稲荷神社」（図2）や「金閣寺」など、寺社関係が34カ所を占めており、この図を手に取る者は、京都の名所の中核が寺社なのだということに改めて気付かされることになる。

　こうした寺社は、ほぼすべて現在もあるが、唯一、見られないのが「御影堂」だ（図3）。御影堂は、挿絵が示す通り、川に架かる橋の近くにあった。地図内を注意深くみていくと、五条大橋の西詰に「御影堂前丁」があり、そこに「ミエイド」というカタカナ表記で御影堂が記載されている（図4）。ここは時宗御影堂派の本山、新善光寺である。御影堂や五条御影堂と呼ばれていた。

　この挿絵が新善光寺であることは、表現された図像からもわかる。挿絵の右下に看板のような図像が見える。扇を横にしたような形だと思えた人は勘が鋭い。というのも、ここでは高品質の扇が製作・販売されており、江戸時代の『拾遺都名所図会』にも「御影堂扇

図5　扇塚と五条大橋

折」と題した挿絵が載るほどであった。「改正 新刻京都区組分名所新図」に近い時期のガイドブック『新撰京都名所図絵』（1894年）にも、「坊中に扇を折て業とする家数軒ありて名物なり」とあり、「名物」になっていたことがうかがえる。

御影堂は戦時中の五条通の拡張に伴って滋賀県に移転したという。現在、御影堂の跡地付近、五条橋西詰北側には御影堂扇を顕彰する「扇塚」が建てられており、御影堂の在りし日を偲ぶことができる（図5）。

橋の競演

「御影堂」にも橋（五条橋）が描かれていたが、「改正 新刻京都区組分名所新図」には他にも橋が名所として取り上げられている。「三條大橋」「四條鉄橋」「宇治橋」がそうであり、「嵐山」でも渡月橋が中央に配置される構図となっている。

このうち、三条大橋は京都の東の玄関口であり、もっとも重要な橋の一つだった（図6）。江戸時代

図6　三條大橋　改正 新刻京都区組分名所新図（部分）

図7　四條鉄橋　改正 新刻京都区組分名所新図（部分）

の地図には洛中洛外の里程表示が記載されるものがあるが、多くはその起点を三条大橋としていた。「改正新刻京都区組分名所新図」でも、そうした江戸時代以来の作法を踏襲し、三条大橋から各名所への里程が表示されている。

　今の三条大橋には木製の欄干が取り付けられているが、その擬宝珠の一部にはなんと天正年間のものが使用されている。400年以上も前のものが、あの往来の激しい橋でまだ現役で使われているのは驚きだ。とはいえ、立ち止まって三条大橋をまじまじと眺めるような人はあまりいない。

　それにも増して現在の人々から注目されていないのが四条大橋である（図7）。四条大橋の上から鴨川やその河畔を眺める人はいるが、四条大橋を名所として眺めるような人はめったにいない。

　ただ、明治の頃はそうではなかった。鉄橋はまだ珍しく、それだけで「絵」になる対象だった。『新撰京都名所図絵』にも「四條鉄橋」の項目があり、鴨川の納涼といった内容のほかに橋が「明治七年四月一日落成」したことや「万點の燈火煌々として天を照らして奇観なり」といった夜の情景が語られている。

新たな名所

　鉄橋も近代化の象徴だが、他にも近代らしい場所が、いくつか取り上げられている。

　まずは鉄道やその駅。45カ所の名所のうち、「柳谷向日町」には汽車が描かれ、また京都駅を示す「ステーンシヨ」も取り上げられている（図8）。

図8　ステーンシヨ（京都駅）　改正 新刻京都区組分名所新図（部分）

　現在の京都駅の駅舎は4代目だが、ここに描かれているのは初代の駅舎だ。ステーンシヨという表記はstation の音をとったものだろう。他の部分では「ステンシヨン」や「ステーション」と書かれていて、表記は一様ではない。また、ステンショと表記される地図もある。

　地図内には向日町駅（向日町ステンシヨン）と山崎駅（山崎ステンシヨン）も見える。向日町駅は、大阪からの鉄道が京都駅まで延伸する前の一時期、終着駅となっていた駅で、京都駅よりもわずかに古い歴史を持つ。

京都府庁と二条城

新奇の名所ということで言えば、「京都府」という挿絵も見える（図9）。

京都府庁は現在地（京都守護職屋敷跡）に置かれた後、しばらく二条城内に置かれていた期間があった。現在地に再び設置されたのが1885年6月、地図の刊行される1年半ほど前のことだった。そうした新しさが名所への取り立てにつながったのだろう。

その後、1904年には新しく庁舎が建てられた。「改正 新刻京都区組分名所新図」の挿絵にある建物と

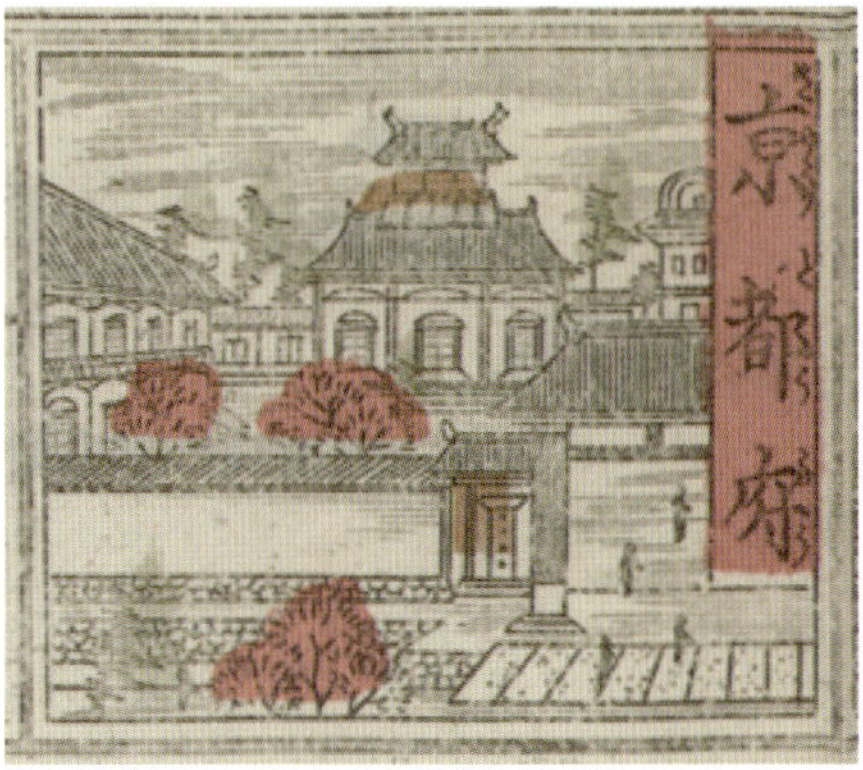

図9　京都府　改正 新刻京都区組分名所新図（部分）

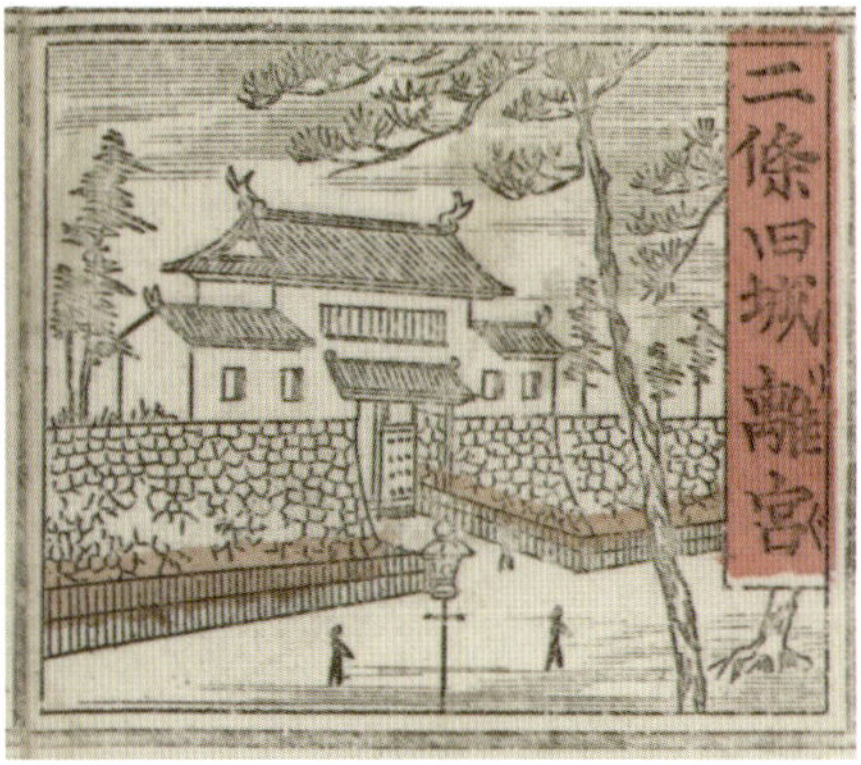

図11　二條旧城離宮　改正 新刻京都区組分名所新図（部分）

図10　京都府庁

図12　明治末～大正初期の二条城　京都府立京都学・歴彩館 京の記憶アーカイブ から

は違い、ルネサンス様式の建物だ。今ではその庁舎が「旧本館」と呼ばれ、2004年には国の重要文化財に指定されている（図10）。

　直前まで府庁の置かれていた二条城も、名所の一つに数え上げられている（図11）。名前が「二條旧城離宮」なのは、二条城が1884年に宮内省管轄となり、離宮に位置づけられたからである（その後、1939年に京都市に下賜された）。

　挿絵は東側の表大門を描いたものである。一方、京都府立京都学・歴彩館には明治末～大正初期と推定される二条離宮東側の写真が残されている（図12）。両者を比べると、写真には大門と東南隅櫓（写真左側）との間に土塀がみえるが、地図の挿絵では大門から伸びる土塀はない。

　二条城は世界遺産「古都京都の文化財」の構成資産の一つでもあり、多くの観光客が訪れている。もちろん、二条城の歴史のメインは江戸時代なのだろうが、離宮と呼ばれたり、府庁と呼ばれたり、そして世界遺産と呼ばれたりと、多様な側面を見せる近現代史も意外に面白い。

京都御苑の近代

　名所の一つに「紫宸殿」も挙げられている（図13）。描かれているのは、江戸時代後期の1855年に再建されたもので、現存する建物と同じである。

　禁裏とその周辺は、天皇や公家の住まう空間であったが、明治時代の東京奠都に伴い、急速に荒廃していった。こうした状況を改善すべく、1878年以降、宮内省から委託を受けた京都府が整備を進めていく。「改正 新刻京都区組分名所新図」の挿絵や地図本体に描かれているのは、こうした整備による近代化がなされた京都御苑である。

　現在、明治期の整備結果をもっとも感じることがで

図13　紫宸殿　改正 新刻京都区組分名所新図（部分）

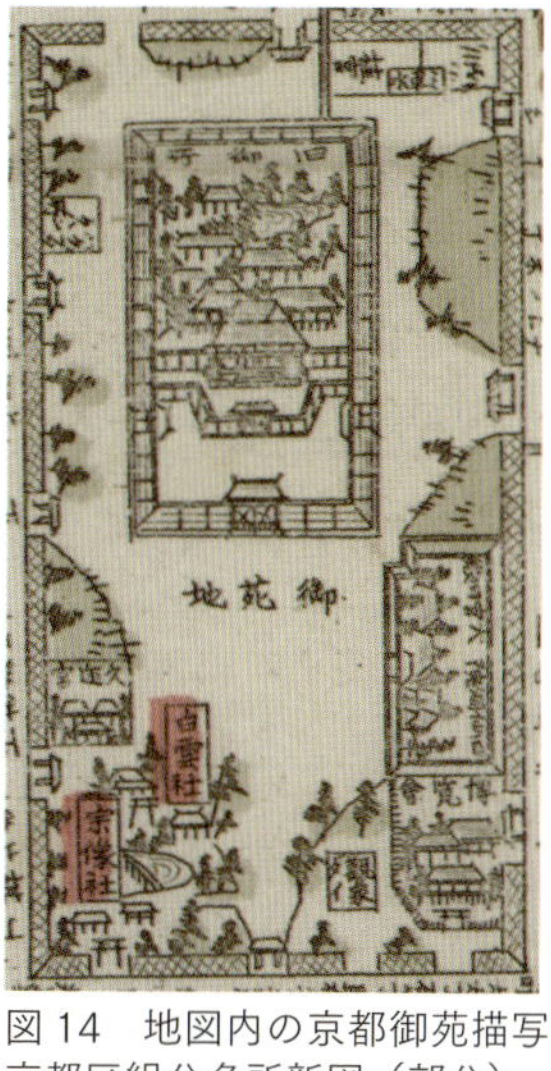

図14　地図内の京都御苑描写　改正 新刻京都区組分名所新図（部分）

きるのは、京都御苑の外周の石垣・土塁だろう。地図上でも斜格子状の模様でこうした石垣・土塁の外周が表現されている（図14）。

御苑内の博覧会場

一方で、地図には現在の京都御苑には見えないものも描かれている。なかでも東南部にある「博覧会」は、いったい何のことかと思う人も多いだろう。これは、常設の博覧会場で、１８８１年に竣工された。この年以降、岡崎の平安神宮東南に新たな博覧会館が竣工する１８９７年までの間、京都博覧会など各種の博覧会が開催されていった。岡崎移転後も建物はしばらく京都博覧協会の事務所として利用されたようだが、１９１3年に取り壊されている。

なお、御苑内の常設博覧会場の設置を記念する石碑が残されている。当初は御苑内に建てられていたが、その後、岡崎の勧業館（現在のみやこめっせ）内に移築された。現在も、みやこめっせ構内（東側）にひっそりと立っている（図15）。

図 15　京都博覧会碑

東山で温泉!?

最後に、45カ所の挿絵の中でも、ひときわ異彩を放つ名所を紹介しよう。その名も「丸山温泉」である（図16）。

現在、「まるやま」と言えば、東山にある円山公園がまず思い浮かぶ。江戸時代まで八坂神社や長楽寺、安養寺などの敷地の一部だったものを、１８８６年に公園としたものが円山公園だ。安養寺は寺号慈円山を略して円山安養寺と呼ばれており、それが公園名にも利用された。

図 16　丸山温泉　改正 新刻京都区組分名所新図（部分）

東山の斜面に位置した安養寺は景勝に優れ、塔頭では旅館や料亭の類が営まれていた。江戸時代の『都名所図会』（１７８０年）にも「洛陽に遊筵の地は多いが、この地に勝るところはない」と絶賛されている。

こうした江戸時代の様相が明治にも継承される。ただし、旅館は洋風のホテルへと変わり、より近代的な様相を帯びる。そして、そうしたなかで、温泉も開業されていくのである。

図16の中央には三層の楼閣が見えるが、これが1873年に開業した吉水温泉。手前の建物群は1879年開業の也阿弥《やあみ》ホテルだ。

京都府立京都学・歴彩館には「円山温泉」や「円山全景」と題された明治期の写真が残る（図17）。三層の楼閣やその付近では次々と建物が増えており、人気を博していたことがわかる。

銅板彫刻の名所絵集『京都名所五十景』（1891年）には「洛東丸山公園」と題した一枚があり、円山公園の全景を見渡すことができる（図18）。手前には桜が満開の園地が広がり、奥には大規模な建物や楼閣が立ち並ぶ。そしてその背後には東山の山並み。自然と歴史とが折り重なる地に新たな趣向を追加した最新の姿。まさに明治の京都を代表するような名所だったと言っていい。

ただ、残念ながら、ホテルや温泉施設は火災の影響で1906年に姿を消してしまう。

その後、1912年（大正元）になると、近代日本を代表する作庭家、小川治兵衛（七代目）によって池泉回遊式の庭園が整備された。現在、見ることのできる円山公園は、この頃に整備されたものが原型である。

図17　明治期の円山温泉写真　京都府立京都学・歴彩館 京の記憶アーカイブ から

図18 『京都名所五十景』内「洛東丸山公園」（1891年）京都府立京都学・歴彩館 京の記憶アーカイブ から

祝祭空間を演出する舞台 洛東の遊楽地

加藤政洋

近代京都の空間形成に「琵琶湖疏水《そすい》」の及ぼした影響はとてつもなく大きい。ここでは、その事業にまつわる1枚の絵地図を読み解いてみたい。

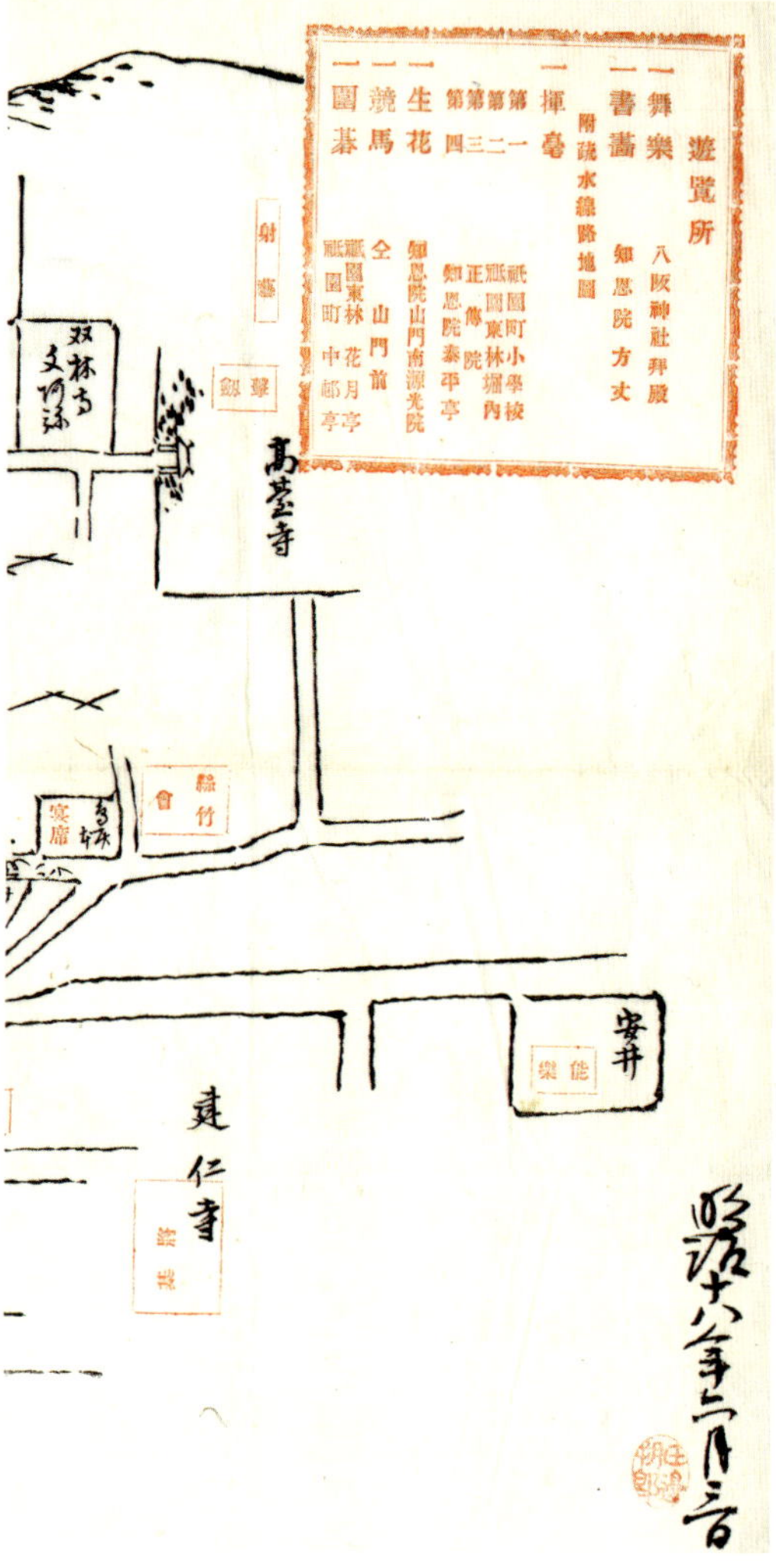

疏通から百年を記念して設置された「琵琶湖疏水記念館」（入館無料）を訪れると、現在、第一展示室を入ってすぐの右側に、とても興味ぶかい1枚の絵地図が展示されている。「第一琵琶湖疏水起工式余興場案内絵図」である。

これは、1885年（明治18）1月末に建設事業の許可を受けて計画された、「起工式」と一連の催事（饗応と祝賀の余興）を想定した配置図として読むことができそうだ。かりに、この図のとおりに各会場が設定されたのならば、そのまま案内図の役割もはたしただろう――地元紙『日出新聞』の報道ではこのとおりに実施されたことになっている。

図幅の右下には「明治十八年二月三日」と記され、建設工事に携わった田邊朔郎の押印がある。この日付が絵地図の作成年月日を示すならば、起工式の関連イヴェントは、事業決定の直

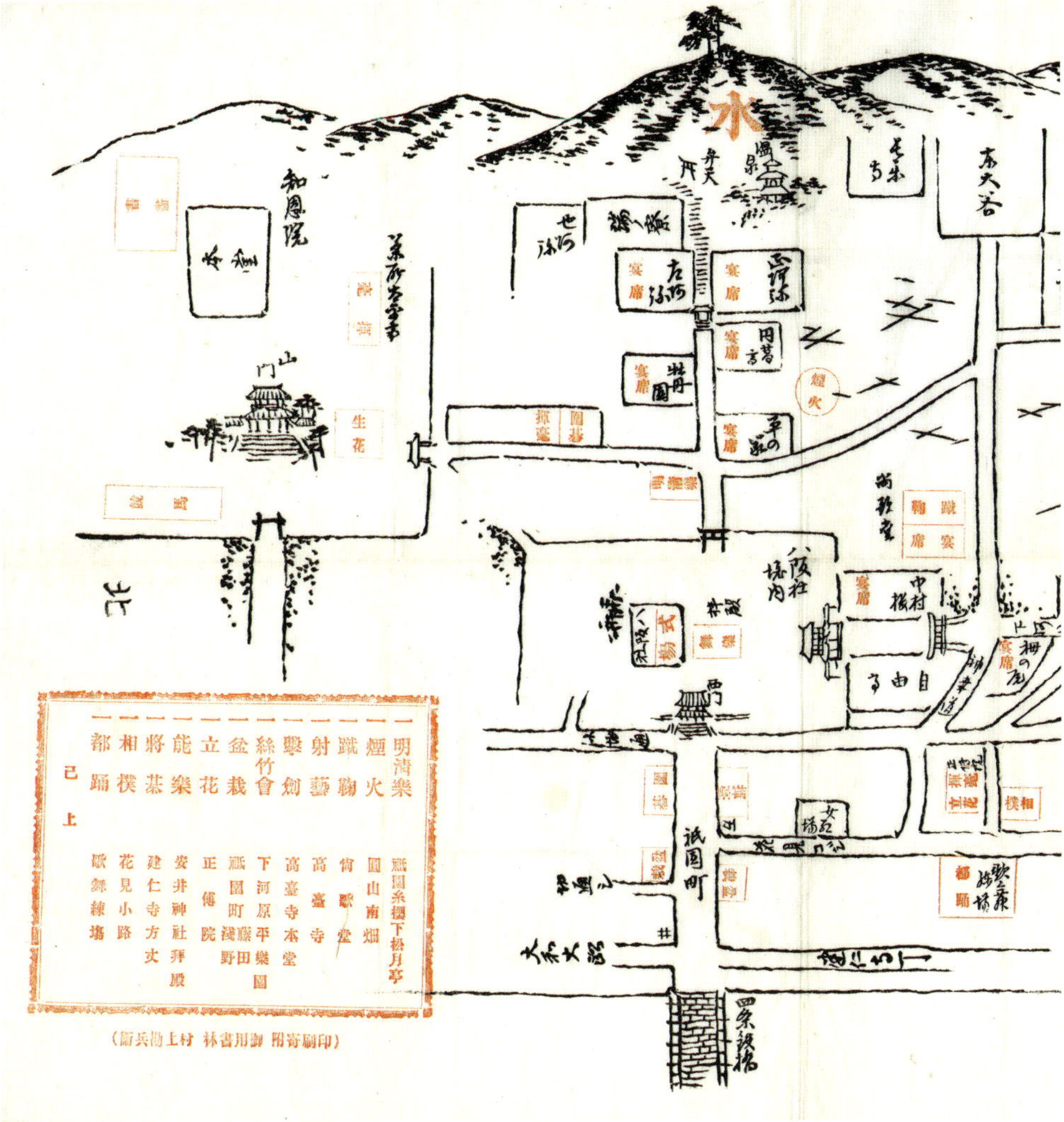

図1　第一琵琶湖疏水起工式余興場案内絵図　京都市上下水道局所蔵

後、驚くべき具体性をもって企図されていたことになる。あるいは許可を見越して、周到に準備を進めていたのかもしれない。それにしても田邊の押印は何を意味するのだろうか……。

　二色刷りの絵地図そのものに注目すると、右上と左下に分けて枠内に催事の内容と会場が列挙されている。くわえて、図中にも赤色で各々の位置が示された。

　いっけんして明らかなのは、これらの催事場は神社仏閣の境内（諸施設）のみならず、江戸期以来の遊楽地であった円山や真葛ケ原、さらには明治前期に誕生した祇園花街南側に布置されているということだ。

　1885年（明治18）6月2日に催された琵琶湖側

の起工式は、まさに「起工」する場を含めて執りおこわれた一方、京都側では着点となる南禅寺方面ではなく、八坂神社を中心に据えた江戸期以来の遊興空間をあてがったことになる。

起工式当日の招待者は大津の87名に対して、京都は849名という規模にふくれあがっていたことが背景にあったのだろう。期待を集めた建設事業の起工式にふさわしい祝祭空間を演出すべく、洛東の遊楽地が舞台に選ばれたのである。

とはいえ、余興・宴席のじつにたくみな配置は、洛東の空間文化史をひもとく手だてをわたしたちにあたえてくれる。

神社仏閣の境内

絵地図の構図は、ほぼ「八坂社境内」を中心にしている。「八坂社」の本殿がメインとなる「式場」に充てられていたからだ。「拝殿」（現・舞殿）は「舞楽」の舞台となった。

図中最北の知恩院では、四つの催しがなされた。「本堂」（国宝の御影堂）の北東に位置する「方丈」では、「書画」にくわえて「疏水線路地図」も観覧に供された。「揮毫」は4カ所でおこなわれ、知恩院では「泰平亭」が会場となった。現在の「泰平亭」は、念珠や線香などを販売する売店の名称である。

「生花」の会場は「山門南」（現・三門）の「源光院」であるが、現在は神宮道をはさんだ西側に位置している。同じく「競馬」は「山門前」となっているが、絵地図の描かれ方では境内に位置している。『日出新聞』には「競馬五十頭（知恩院の馬場）」と紹介されているので、三門の北西に適当な空地があったのかもしれない。

次いで、図幅の右（南）側に目をむけると、高台寺の「本堂」（霊屋［重要文化財］）では「撃剣」（＝剣術）が、そして境内東側では「射藝」（＝弓術）がおこなわれた。図幅の南端にあたる「安井神社」（安井金毘羅宮）の「拝殿」では「能楽」が、また隣接する「建仁寺」の「方丈」（重要文化財）では「将棊」（＝将棋）が催されている。

著名な寺院が、祝祭空間の三方の角をがっちりと固めている観である。

祇園花街の周辺

「祇園町」から「花見コジ」（＝花見小路）の周辺にも、さまざまな「遊覧所」が設置された。これらはすべて、京都を代表する花街《祇園新地甲部》の範域におさまっている。

「祇園町」とは、鴨川以東で八坂神社の西の楼門（「西門」）に直通する四条通の両側町を指す。「盆栽」の「藤田・浅野」、そして「囲碁」の「中郎亭」は、お茶屋の可能性も高いが業種は不明である。

「揮毫」の会場となった「祇園町小学校」は、現在は廃校になった弥栄小学校であろう。「祇園町」と「花見コジ」の角にある「万」は、「大石忌」が営まれることで有名な《祇園新地甲部》きっての大茶屋「一力」である。

　上知令によって建仁寺から没収された土地を、明治五年に開発して花見小路が誕生した。いかにも花街らしい名称であるが、由来はさだかでない。明治中期の、花見小路は、ほとんどお茶屋の立地しない未開発の土地で、「祇園町」の南に位置することから「新台湾」ないし「台湾村」などとも称されていた。

　とはいえ、ありあまる広大な土地区画には、「都踊」の舞台となる「歌舞練場」や芸妓の職業訓練施設とでもいうべき「女紅場《にょこうば》」、さらには性病罹患者の医療・隔離機関である「駆黴《くばい》院」といった、近代花街に必須の諸施設が相次いで開設されていく。現在のようにお茶屋の建ち並んだ花街らしい景観が形成されるのは、表通りでのお茶屋の営業が禁じられた1912年（大正元）以降まで待たなければならない。

「相撲」は、花見小路の空地を利用したのだろう。「揮毫」と「立花」の会場となった「正傳院」は建仁寺の元塔頭で、織田有楽斎の旧居として知られた建物である。このイヴェントをきっかけとしたわけでもなかろうが、明治20年代に「有楽館」と称する宴会向きの席貸料理屋へと転じた。「都踊」に際しては、茶席として利用されたこともあったようだ。

円山・真葛ケ原の席貸

　図幅の右上・左下の赤枠に記されていない「遊覧所」にも目を向けてみよう――「宴席」である。図中の「宴席」を北東から列挙するならば、「左阿弥／正阿弥／牡丹園／円葛亭／平の家／尚歌堂／中村楼／梅の尾／鳥居本」となる。

　京都の宴席文化史を多少なりとも知る者からすると、この布置はじつに興味ぶかい。なぜなら、円山安養寺六坊として知られる席貸料理屋と化した元塔頭、江戸時代から「風流」の名所であった真葛ケ原、さらには下河原の老舗料理屋が名を

図2　明治初期の丸山六坊全盛時代（絵はがき）

つらねるからだ（図2）。

明治中期の観光案内書である加藤定穀『京都名所案内』では、先ほどの有楽館、そして牡丹畑・尚歌堂・正阿弥・左阿弥は、いずれも「席貸」に分類されている。

八坂神社境内の東の鳥居からまっすぐにのびる道は円山道と呼ばれていた。道を挟んで南北にひろがるのが真葛ケ原である。当時、「菊圃《きくばたけ》」とも呼ばれた「平の家」（現・平野家）と「牡丹園」は、ともに有名な席貸料理屋であったのだろう。周辺では「揮毫（堀内）」、「囲碁」（花月亭）、「明清楽」（松月亭）、「蹴鞠」（尚歌堂）も催されている。「煙火《はなび》」は雨天のため順延となった。

絵地図にある門よりも上方（東側）が、円山安養寺の境内であった。「左阿弥」と「正阿弥」は安養寺の塔頭に由来する席貸料理屋なのだが、なぜか安養寺は描かれていない。也阿弥や端之寮（重阿弥）も元は席貸料理屋であったが、明治12年に外国人向けのホテルに転じた（図3）。やや離れるが、「双林寺文阿弥」も塔頭（時宗）で、同じく席貸料理屋である。現在でも営業を続けているのは、平野家と左阿弥しかない。

図3　也阿弥ホテル（絵はがき）

ちなみに、正阿弥の東に「温泉」と見えるのは、「長楽寺」の境内の一部に金閣寺を模して建設された三層楼の吉水温泉である（1873年〔明治6〕開業）。それを取り巻くように席貸料理屋が立地し、客はここで茶菓などのもてなしを受けてから浴衣に着替えて浴場を利用し、浴後には眺望を楽しみつつ一杯やるのだった。安養寺の塔頭に由来する左阿弥などとは異なり、明治京都の新名所に付随した席貸ということになるのだが、いささか風紀が乱れがちであったようで、起工式後の「宴席」に選ばれることはなかった。

下河原周辺の料理屋

「東大谷」をまっすぐに下（西）へ進むと、下河原通（「下河ハラ」）に出る。八坂神社の鳥居周辺から下河原にかけては、江戸時代から有名な料理屋が集積していた。「宴席」の会場にも当然これらの料理屋が選ばれている。

鳥居の内側に位置する「中村楼」（図4）は、向かいに位置した「藤屋」とともに二軒茶屋と呼ばれ、琵琶湖疏水に関連する京都府の会議や宴会は、必ずといってよいほどここで催さ

図４　中村楼（絵はがき）

れた。
藤屋の跡地に立地する「自由亭」は、１８７７年（明治10）に開業した外国人向けのホテルである。円山の也阿弥ともども、西洋料理を供するホテルは起工式関連のイヴェント会場には選ばれなかったわけだ。

下河原の「栂の尾」は、芸妓たちの盃ごとで利用される料理屋で、「鳥居本」は古くから長崎の卓袱料理にヒントを得た「祇園料理」で知られた（現在は場所を祇園花街に移して営業中）。また、詳細は不明なものの「糸竹会」の催された「平楽園」も席貸か料理屋だったのだろう。

計画では、来賓のランクに応じて「皇族方は鳥居本」、「奏任以上は中村楼」、「判任以上は左阿弥」といったように「宴席」が割り振られ、いずれも「酒饌」を供されることになっていたが、残念ながら実際の祝宴の様子まではわからない。

「水」の謎

さて、最後に謎解きをひとつしておこう。絵地図の上部に二本松のはえたはげ山がある。その二本松と「弁天」（吉水弁財天堂）・吉水温泉のあいだに大きな「水」という文字が見える。なにゆえ「水」なのか。

「疏水」にちなんだから、という単純な答えは導きやすい。だが、これは絵地図中のたんなる一文字ではなく、赤で印字されている以上、ひとつの催事とみなされなければならない。山に巨大な「水」という文字を再現しようというのだ。

京都の山で巨大な文字ということになれば、特定の文字や形象を火で浮かび上がらせる「五山の送り火」がすぐに想起される――ただし「水」はない。だが、ここがポイントで「水」に近似する文字が送り火にある。如意ケ嶽の「大文字」だ。驚くべきことに、「大」文字の中央部へタテに一本の線を引いて「水」という文字につくりかえることが真剣に検討されていたのである。

琵琶湖疎水起工式の夜、送り火の形式で「水」の文字を浮かび上がらせようとしていたのだ。絵図中では円山安養寺付近になっているけれども、実際は如意ケ嶽が想定されていたのではあるまいか。

はたして、この粋狂な仕掛けを思いついたのはいったい誰だったのだろう。

80年前の商店街イラストマップを探検する

昭和の盛り場《新京極》漫遊

加藤政洋

これから修学旅行で京都へ行く人、以前に修学旅行に来た人に一番なじみ深い街が、ここ新京極。

——『マップちゃんの京都』*

かつて修学旅行生の街として知られた《新京極》は、1872年（明治5）11月、時の京都府参事・槇村正直の発案によって、寺町通に面した寺社の境内を上知して開発された南北の街路である。西の寺町通と東の裏寺町通がともに豊臣秀吉の都市改造期に開かれたことを考えれば、比較的新しい通りであるといっても過言ではない。

三条から四条まで帯状につらなる古刹とその境内（墓地）を貫通した新京極通には、またたく間に芝居小屋や飲食店が建ち並び、近代京都を代表する盛り場へと成長した（図1）。

ここでは1枚の地図（「昭和九年六月 京極と其の附近案内」）（図2－1、2、3）をたよりにして、ときには寄り道をしたり、異なる時代をも行き来しながら、昭和京都の盛り場《新京極》の風景を探訪してみたい。なお、以下の文中の〈〉内は地図中の文字に対応している。

三条通から六角通まで

三条通から《新京極》へはいると、ゆるやかな坂になっている。その勾配から、誰言うとなく「たらたらおり」と呼ばれていた。「むし羊羹・有平糖」の〈西谷堂菓子〉は、1892年（明治25）の創業で、いまもかわらず同じ場所で「でっちようかん」を販売している。

坂をおりると、左手には高濱虚子の自伝的小説『俳諧師』に登場する善哉の「錦魚亭」（金魚亭とも表記される）があった。庭の池で金魚を飼育していたことから屋号にしたといい、創業は1877年（明治10）前後にまでさかのぼる《新京極》草分けの店舗のひとつである。跡地には軽食・

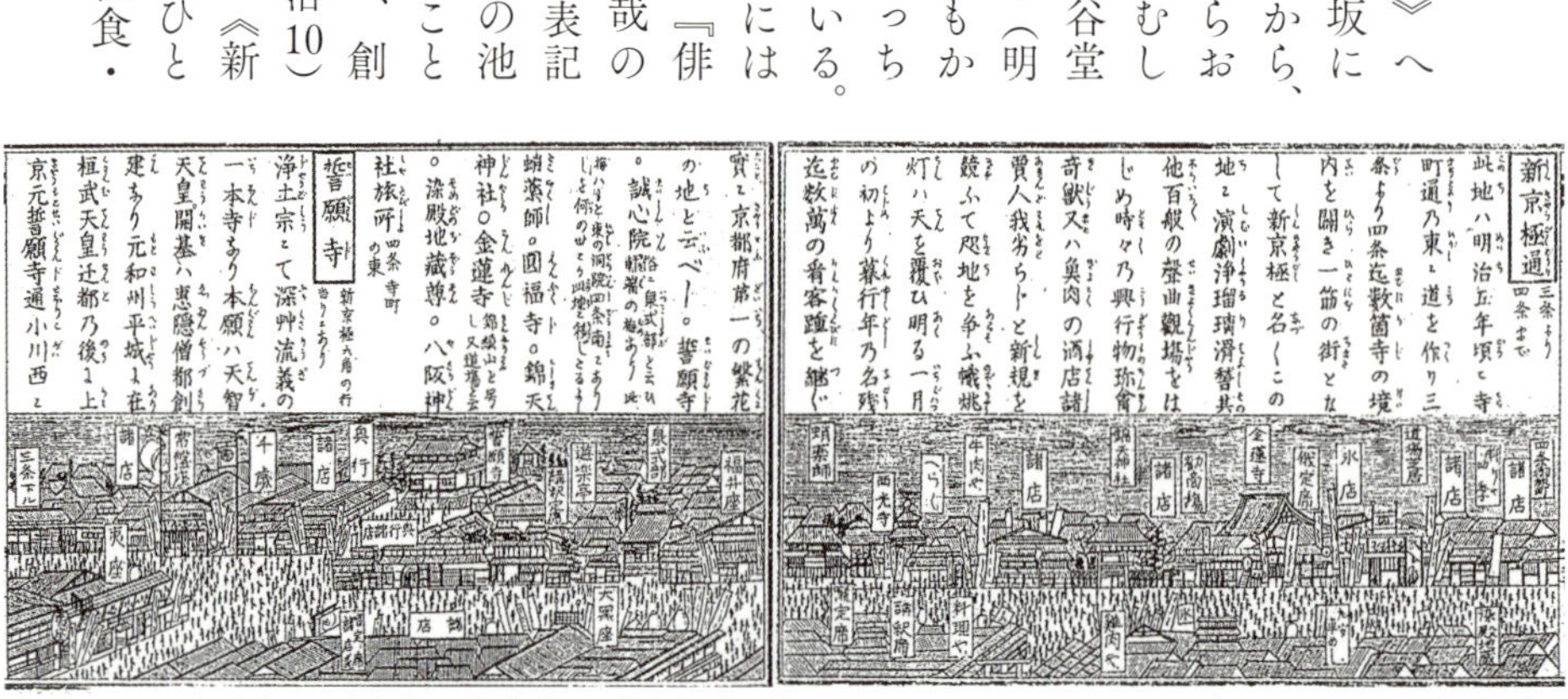

図1　新京極通（出典：内藤彦一『京都名勝便覧図会』奎運堂、1895年）国立国会図書館デジタルコレクション

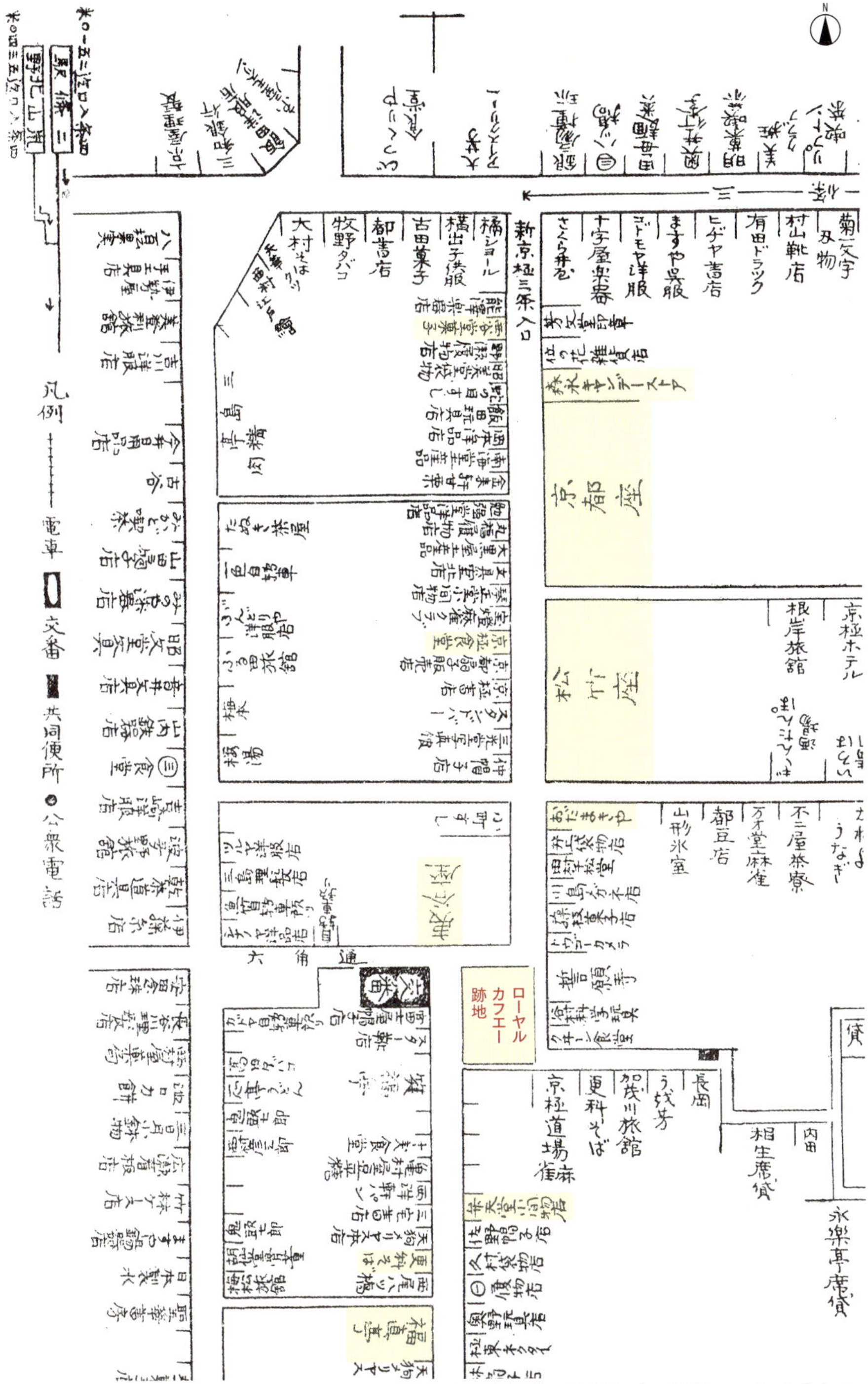

図 2-1　昭和九年六月 京極と其の附近案内　京都府立京都学・歴彩館 京の記憶アーカイブ から

喫茶の〈森永キャンデーストア〉が立地している。

歩を進めると〈京都座〉と〈松竹座〉がならび、南東の角地には〈夷谷座〉がみえている。〈松竹座〉と〈夷谷座〉は、双子の白井松次郎と大谷竹次郎の兄弟が創業した、松竹株式会社ゆかりの劇場である。

二人は年少のころから両親の経営する劇場の売店で売り子として働き、経営ノウハウを身につけながら、芸を見る目も肥やしていた。〈松竹座〉の前身、誓願寺境内の芝居を端緒とする常盤座の経営に竹次郎がたずさわるようになったのは、1895年（明治28）のことであった。

他方、兄の松次郎は〈夷谷座〉の売店ならびに隣接する料理屋（三亀）を経営していた白井亀吉の娘と結婚して、白井家の養子にはいる。その後、松次郎の働きぶりが座主に認められるところとなり、1897年（明治30）に〈夷谷座〉の経営を引き継いだのだった。《新京極》北部に位置するこの二つの劇場から、松竹ははじまるのだ。

〈松竹座〉に対抗すべく大阪から進出してきたのが、1911年（明治44）開業の〈京都座〉である。柿落しには、上方の有名な役者を一同に集めることを計画したものの、松竹兄弟がさきに手をまわして役者はそろわず、やむなく東京から松本幸四郎らを呼び寄せるほかはなかった。その後も俳優の差配はうまくゆかず、結局〈京都座〉も松竹の手に落ちている。

〈松竹座〉の向かいに〈京極食堂〉がある。ここも《新京極》草分けの店として知られ、ふるくは「お多福」と称する氷屋であった。その名残か「ふくや」とも

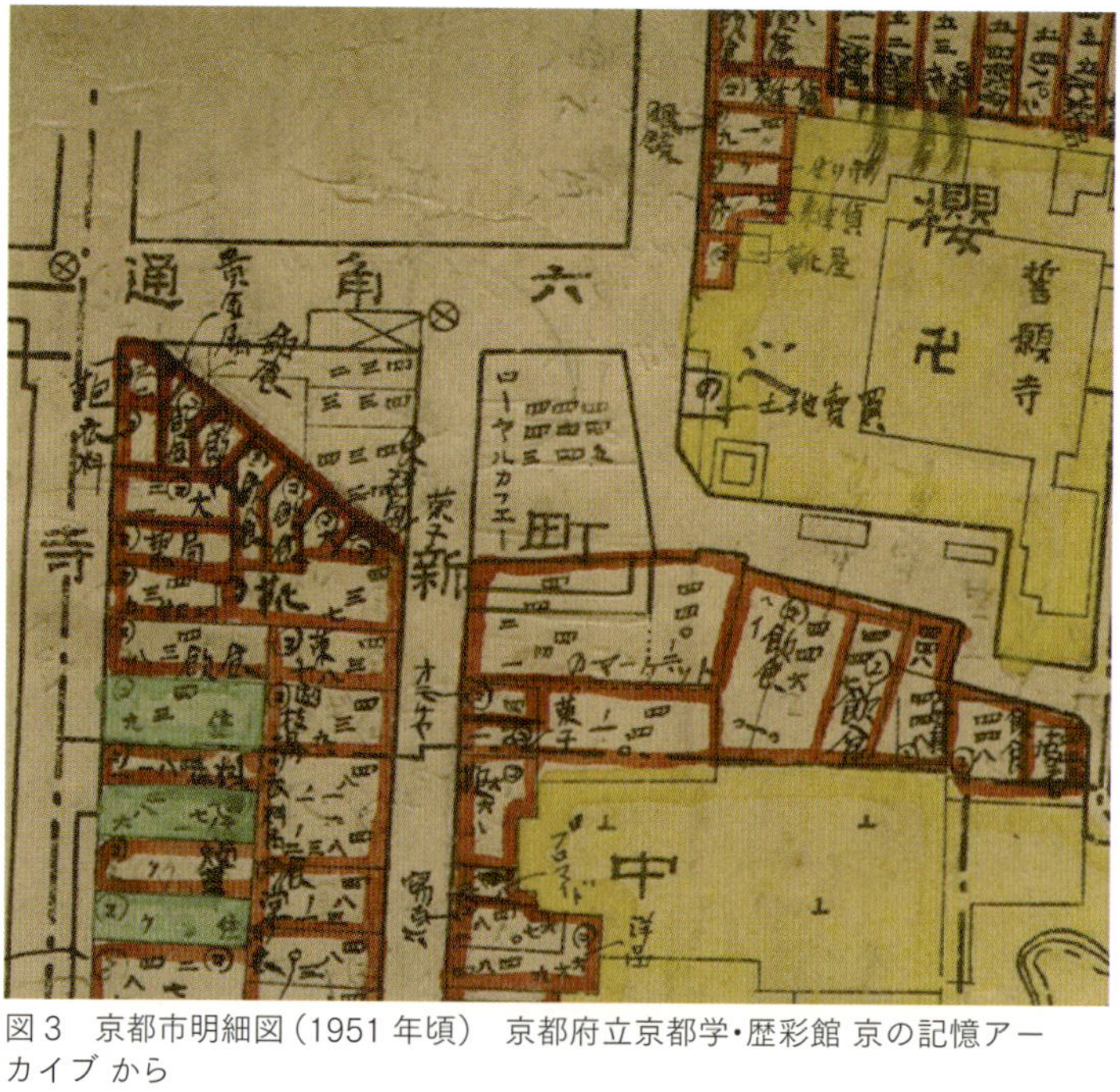

図3　京都市明細図（1951年頃）　京都府立京都学・歴彩館 京の記憶アーカイブ から

呼ばれ、この当時は「野菜のにぎりすし」を名物とする料理屋となっていた。同じく〈松竹座〉の南にある〈おだまきや〉（小田巻屋）は、うどんを入れた茶碗蒸し「おだまき蒸し」を供する老舗であった。

六角通から蛸薬師通まで

六角通をさがったすぐのところに、白抜きの四角い区画がみられる。ここは、1922年（大正11）に開業した「ローヤルカフェー」の跡地で、「京都市明細図」（1951年）にもはっきりと描かれている（図3）。洋食にくわえて中国料理も供していたが、1927年（昭和2）に廃業して「京極マート」となった。

この一帯は、戦時中のいわゆる「強制（建物）疎開」によって西側の落語席〈笑福亭〉もろとも除去されてしまい、現在は逆三角形状の新京極六角公園となっている。

〈弁天堂小間物店〉は現在も土産物店として営業する店舗である。1877年（明治10）創業の「尾張製めんるい」の〈更科そば〉は（ウェブページでは創業1874年〔明治7〕）、いまもかわらず「きしめん」を名代としている――それにしてもなぜ、京都の蕎麦屋で「きしめん」なのだろう。

ひとつ南のブロックにさがると、浪花節の〈福真亭〉と「萬歳斯界の覇者揃独特の幕間ジャズ」をうりにした〈勢國館〉とが立地する。このあたりは、もともと「東向の芝居」という大劇場のあった場所で、同劇場の水茶屋（売店）を経営していたのが松竹兄弟の母、その縁故か兄弟も一時期この劇場を借り受けたことがあった。

左手（東側）には〈朝日クラブ〉、そして〈カナリヤ蓄音器店〉をはさんで〈キネマクラブ〉がみえる。図4の手前右側〈平野チクオン［蓄音］器店〉に隣接するのが〈キネマクラブ〉だ。日覆《ひおい》のかかっている〈カナリヤ蓄音機店〉の向こうに〈朝日クラブ〉の屋根が映る。

ここまでさがってくると気づかされるのだが、「昭和九年六月 京極と其の附近案内」には、不思議なことに主要な寺院が書き込まれていない。誓願寺もしかり、〈朝日クラブ〉の北に位置する和泉式部で有名な誠心院もまたしかり。《新京極》を漫歩される際には、商店のあいだに穿たれた、まるで路地のような寺院の門にも注意されたい。隠れた名刹がつづくはずだ。

蛸薬師通から錦小路通まで

〈蛸薬師御霊場〉の入り口を過ぎると、どちらも吉本興業の経営にかかる「萬歳・落語・漫談」の〈花月〉ならびに「高級 落語講談」を謳う〈富貴亭〉とが向かい合う。地元の方にお話をうかがうと、〈富貴亭〉は1959年に衣替えした「京極ミュージック」のイメージがつきまとうらしい。戦前の高級寄席から

図４　新京極絵はがき

図５　新京極絵はがき

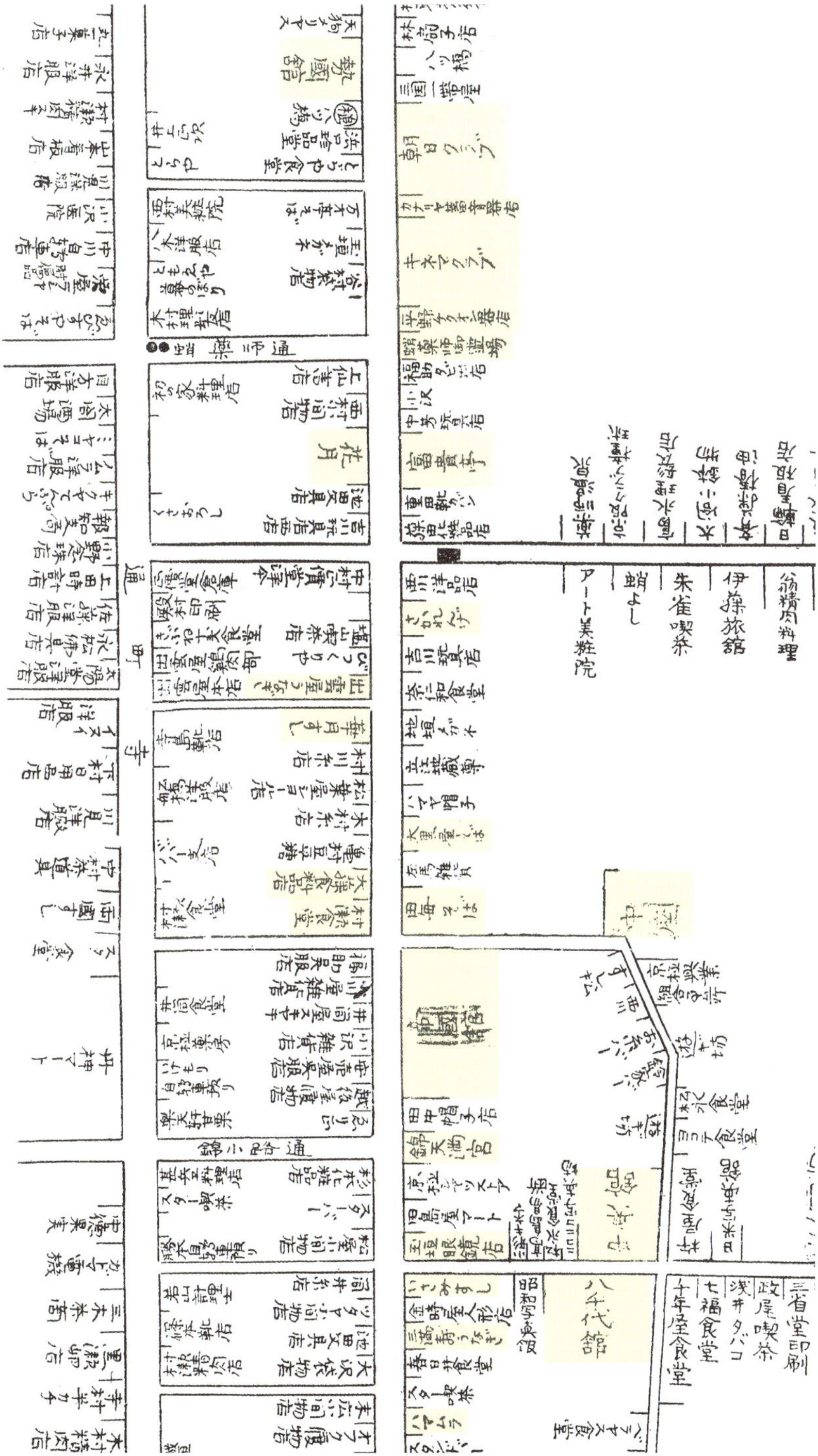

図 2-2　昭和九年六月 京極と其の附近案内　京都府立京都学・歴彩館 京の記憶アーカイブ から

ストリップ劇場へ衣替えしたためだ。

下の蛸薬師通をこえたところに、〈さかれんげ〉とある。ここに位置する安養寺本尊の阿弥陀仏の蓮台がさかさまになっていることから、「倒蓮華《さかれんげ》」と呼ばれているのだった。

少しさがると、西側の建物の二階壁面に大きな蕪をあしらった看板が目にはいる。千枚漬の元祖として知られる〈大藤食料品店〉だ。

このあたりには、老舗の〈出雲屋うなぎ〉——現在は《先斗町》へ移転——や〈華月すし〉、〈大黒屋そば〉に〈田毎そば〉、そして草鞋のように大きい「ワラジカツ」で有名な〈村瀬食堂〉があつまり、まさに食の街となっていた。

やや読みにくいが、西側の広大な区画に〈帝国館〉が立地している。もとは大虎座という「にわか」の興行場であったが、日本で初めてシネマトグラフを興行した横田永之助が1913年（大正2）に〈帝国館〉を建設して日活の直営館となった。

〈帝国館〉の北東には〈中座〉が位置する。

〈中座〉は、錦市場の魚問屋が出資した竹豊座（人形浄瑠璃）、松竹の「文楽座」などを経て吉本興業の事業所となるが、いずれも経営は安定しなかったようだ。〈中座〉は、この地図の発行後の11月に「花月劇場」と改名される。

錦小路通から四条通まで

法善寺を大阪の顔と呼んだ織田作之助にならって言うならば、〈錦天満宮〉は《新京極》の顔である。寺町通をこえて西へゆけば、京の台所「錦市場」に通ずるが、ここで寄り道はするまい。

〈玉垣眼鏡店〉を左へ折れると、《第二京極》である。1911年（明治44）の街路開発にあわせて、〈中央館〉、〈三友倶楽部〉、「京極常設館」（後の〈新富座〉）、そして〈八千代館〉などが相次いで建設され、たちまちのうちに劇場街となった。「第二」の京極と称されるゆえんである。

新京極通にもどると、東側には飲食店がならぶ。角の〈いさみすし〉は明治10年代から立地する老舗である。〈三満寿うなぎ〉は関西風の鰻店で、江戸期京都の名所的料理屋であった高瀬川沿い（木屋町四条上ル）の「生洲」（鮒寅）に由来する。

顔マークでなじみの中華料理屋〈ハマムラ〉も、ここに支店をおいている。そして〈スタンドバー〉は、現在、昼呑みの聖地のひとつに数えられる「京極スタンド」（1927年〔昭和2〕創業）で、通り過ぎた〈松竹座〉前の〈スタンドバー〉はその北店であった。

1900年（明治33）11月、金蓮寺（四条道場）の道場芝居に由来する劇場の跡地に松竹兄弟が花見小路の祇園館を引き移して建てたのが、〈歌舞伎座〉である。1934年（昭和9）3

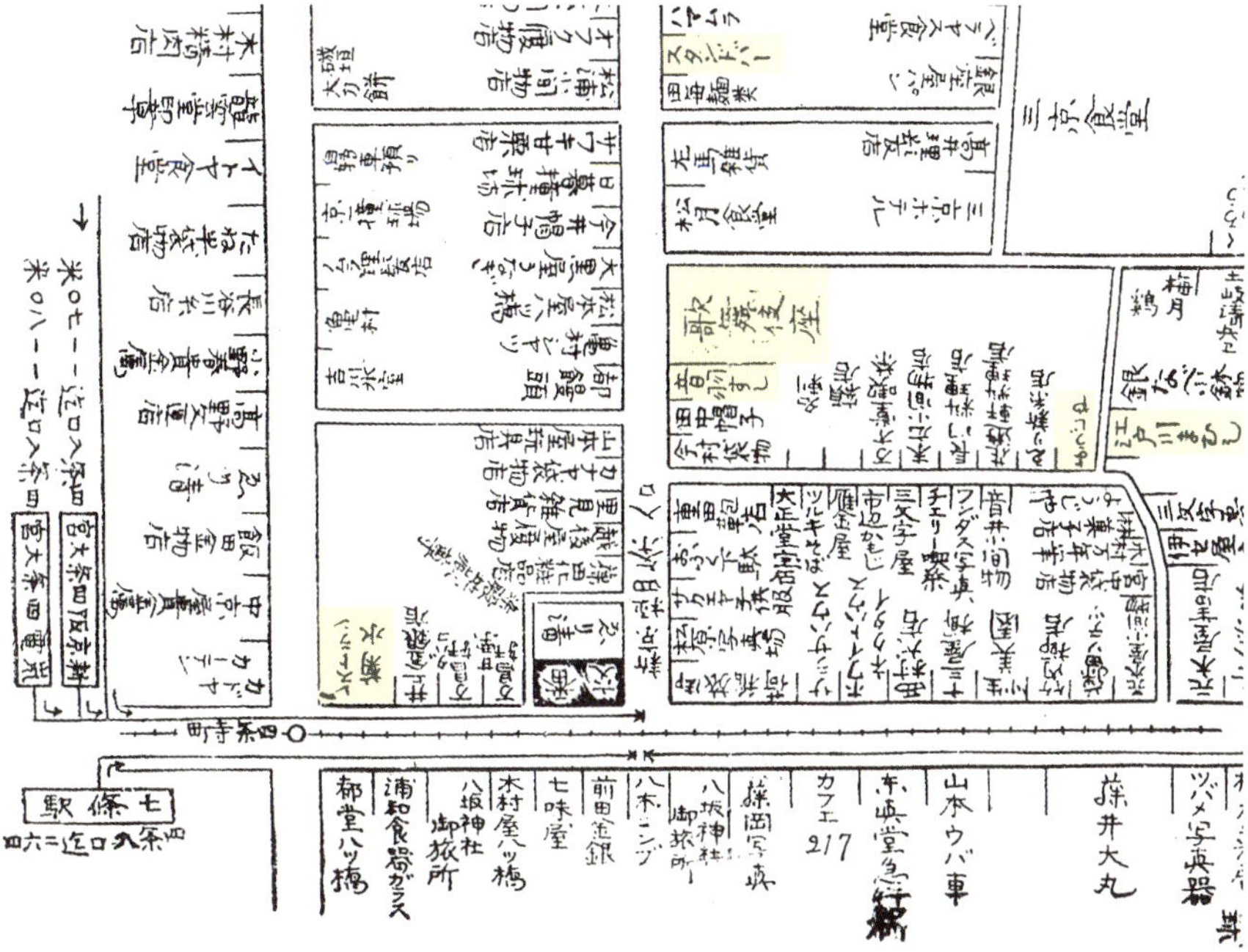

図 2-3　昭和九年六月 京極と其の附近案内　京都府立京都学・歴彩館 京の記憶アーカイブ から

月に新築したものの、昭和11年1月の火災で焼け落ちる。同年末に「京極映画劇場」として再建され、戦後にいたる。

　四条通はもうすぐだ。〈歌舞伎座〉の南にある〈音羽すし〉は「乙羽」の誤りだろう。錦魚亭とならぶ善哉屋であった「丹金」（丹波屋金七）の子が大阪の寿しに範を取って開業した店で、寒い季節にせいろで蒸す「むし寿し」は今も名物となっている。

《新京極》南端の横町が、花遊小路である。「芋ぼう」で知られた精進料理屋「花遊軒」（四季）の跡地を再開発して、大正元年に開通した。「あぶらとり紙」で有名な〈ようじや〉も奥のほうにみえている（現在の表記は「よーじや」）。

　その向かいの「江戸川まむし」は、名のごとく江戸焼きの鰻屋で、「まむし」は「うな丼」を指す。もともと川魚専門の問屋を営んでいた創業者が、花遊小路の開発後に料理屋を開いたのだった。川魚屋らしく鮨料理も供していた。

　花遊小路の西口から少しさがると四条通に到着、漫遊もここまでだ。ノドも渇いたことだし、四条寺町角の〈菊水レストラン〉で黒ビールでも飲んで帰ることにしよう。

*日地出版株式会社、1990年改訂新版、26ページ

参考文献

足利健亮編『京都歴史アトラス』中央公論社、１９９４年

石田志朗「自然をうまく利用した都市づくり京都」、大場秀章／藤田和夫ほか編『日本の自然５　近畿』岩波書店、１９９５年

植村善博『京都の治水と昭和大水害』文理閣、２０１１年

牛垣雄矢「昭和期における大縮尺地図としての火災保険特殊地図の特色とその利用」、「歴史地理学」47-5、２００５年

大阪鉄道局運輸課編『大阪鉄道局の貨物輸送』１９２８年

大島藤太郎『封建的労働組織の研究――交通・通信業における』御茶の水書房、１９６１年

大塚隆「西ノ京の下立売通」、『上京乃史蹟』上京文化振興会、１９７９年

大塚隆編『慶長昭和京都地図集成』柏書房、１９９４年

大西國太郎『都市美の京都――保存・再生の論理』鹿島出版会、１９９２年

小川一真『京都綿子ル株式会社創業十周年記念写真帖』１９０７年

柏木隆法『千本組始末記――アナキストやくざ笹井末三郎の映画渡世』平凡社、２０１３年

川井銀之助「北野天満宮と七保御供所攷」、「史迹と美術」第41号、１９３４年

河角直美／矢野桂司／山本峻平「二つの『京都市明細図』の概要とそのＧＩＳデータベースの構築：京都府立総合資料館所蔵本と長谷川家住宅所蔵本」、「地理学評論」90-4、２０１７年

河角龍典「平安京における地形環境変化と都市的土地利用の変遷」、「考古学と自然科学」42、２０００年

河角龍典「歴史時代における京都の洪水と氾濫原の地形変化――遺跡に記録された災害情報を用いた水害史の再構築」、「京都歴史災害研究」1、２００４年

河原典史「木材集散地・二条地区の変貌」、植村善博／香川貴志編『京都地図絵巻』古今書院、２００７年

京都産業観光センター社史刊行委員会『京都タワー十年の歩み』１９６９年

京都市『京都市隧道圖譜』１９１３年

京都市編『京都の歴史５――近世の展開』学芸書林、１９７２年

京都市編『京都の歴史７――維新の激動』学芸書林、１９７４年

京都市編『京都の歴史８――古都の近代』学芸書林、１９７５年

京都市上下水道局『京都市水道百年史』叙述編・資料編、２０１２年

金度源／大窪健之／荒川昭治「明治期の防災設備『本願寺水道』の再生による防災水利計画の提案――歴史的な水利環境の防災活用を目指して」、「土木学会論文集Ｄ３（土木計画学）」vol.69 No.5（土木計画学研究・論文集第30巻）、２０１３年

金田章裕／上杉和央『日本地図史』吉川弘文館、２０１２年

金田章裕『古地図で見る京都』平凡社、２０１６年

30年史編集委員会編『ひとすじの道――日本写真印刷株式会社30年のあゆみ』日本写真印刷、１９７７年

社史編集委員会編『島津製作所史』島津製作所、１９６７年

杉谷哲夫編『大阪鉄道局史』大阪鉄道局、１９５０年

創立五十周年社史編纂委員会編『道あらたに――日本写真印刷株式会社五十年史』日本写真印刷、１９９７年

寺尾宏二「西高瀬川における筏の運行」、「経済経営論叢」（京都産業大学）第10巻第2・3号、1975年
中川理『京都と近代せめぎ合う都市空間の歴史』鹿島出版会、2015年
中川祐希「国家儀礼を契機とした景観形成――近代期における京都駅前を事例として」、「人文地理」69（3）、2017年
中島暢太郎「鴨川水害史（1）」、「京都大学防災研究所年報」（26B‐2）、1983年
中村武生『御土居堀ものがたり』京都新聞出版センター、2005年
西川祐子『古都の占領　生活史からみる京都　1945‐1952』平凡社、2017年
西川祐子／長志珠江／矢野桂司／玉田浩之／瀬戸寿一／赤石直美『占領期京都を考える』、「アリーナ」15号別冊、2013年
西川祐子「古都の占領　占領期研究序論」、「アリーナ」10、2010年
西村豊 写真／三枝暁子 文『京都　天神をまつる人びと――ずいきみこしと西之京』岩波書店、2014年
日本国有鉄道外務部長編『鉄道終戦処理史』日本国有鉄道、1957年
野田正穂／原田勝正／青木栄一／老川慶喜編『日本の鉄道――成立と展開』日本経済評論社、1986年
幡建樹／荻大陸／岩井吉弥「戦後における京都市地域の製材業の変遷とその要因」、「京都大学農学部演習林報告」第67号、1995年
花園小学校編『花園小学校創立十年記念誌』1967年
花園小学校創立20周年記念事業委員会編『花園』1979年
花村萬月『愛の風俗街道』光文社、2000年
福島幸宏／赤石直美／瀬戸寿一／矢野桂司「「京都市明細図」を読む――いくつかの素材の提示として」、野口祐子編『メディアに描かれた京都の様態に関する学際的研究　平成23年度京都府立大学地域貢献型特別研究（ACTR）研究成果報告書』2012年
藤定穀『京都名所案内』村上勘兵衛、1893年
藤田元春『都市研究平安京変遷史』スズカケ出版部、1930年
松村博『京の橋ものがたり』松籟社、1994年
三枝暁子「豊臣秀吉の京都改造と『西京』」、吉田伸之／伊藤毅編『伝統都市1　イデア』東京大学出版会、2010年
水上勉『五番町夕霧楼』新潮文庫、1966年
森谷尅久／山田光二『京の川』角川書店、1980年
矢野桂司／中谷友樹／磯田弦編『バーチャル京都』ナカニシヤ出版、2007年
矢野桂司／中谷友樹／河角龍典／田中覚編『京都の歴史GIS』ナカニシヤ出版、2011年
山近博義「京都市明細図の作製および利用過程に関する一考察」、「大阪教育大学紀要」第Ⅱ部門64（1）、2015年
横山貞雄「京都盆地の自然環境」、古代学協会／古代学研究所編『平安京提要』角川書店、1994年
立命館大学産業社会学部鈴木良ゼミナール編『占領下の京都』文理閣、1991年
＊
京都大学電子図書館 https://edb.kulib.kyoto-u.ac.jp/60his/1-4_HONBUN.html
『理想旗』（移転開場式記念号）日本写真印刷、1948年12月
国会図書館「火災保険図」https://rnavi.ndl.go.jp/research_guide/entry/theme-honbun-601014.php

おわりに

加藤政洋

地理学では地図を「見る」のではなく、「読む」と表現します。慣用的に「読図」と呼ぶこともあります。それは、たとえば「読書」をするかのように地図を読むということですね。

読書中のわたしたちは、意識するとしないとにかかわらず、「行間」を読んでもいます。主人公の心情や著者の隠れた意図を推し量ったり、舞台や背景を思い浮かべるなどして……。じつのところ読図は「行間を読む」ことに類する行為といえるかもしれません。この点は、地図が美学・文学理論にいう〈表象 re-presentation〉の一形式であることと、深くかかわっています。

英語の字面から察せられるかもしれませんが、〈表象〉には大きくわけてふたつの意味があります。ひとつは描かれるなどして再現されたもの、もうひとつはわが国の代議制のように代表されたものを意味します。

このふたつの意味合いを地図に当てはめてみましょう。そうすると地図は、地物や地形を固有の記号に置き換えて、一枚の図として再現したものということになります。ポイントは記号に置換する際、一定の規則に準じながらも、ある種の作為性がはたらくということです。

たとえば、道路上には電柱や標識、あるいは看板などもありますが、地図上に表記されることはほとんどありません。田んぼで大豆などの畦畔栽培がおこなわれていたとしても、地図に表わされる土地利用はあくまで「田」です。つまり、特定の空間範囲で卓越した植生や用途・機能などに代表させて図化しているのです。逆に、多くの地理的現実が捨象されたうえに成り立つのが地図だともいえるでしょうか。

何が（どのように）描かれているのか、いないのか。地図には都市の〈無意識〉が映し込まれているのかもしれません。この点で、表象としての地図を読むという行為には、少なくともふたつの実践的意図が含まれているように思われます。ひとつは〈図〉を通して地物や地形からなる〈地〉を類推的にイメージ（復原）すること。たとえば近代京都の景観を想像するためには、本書でも大いに活用されたように、種々の旧版地形図が役立ちます。

そしてもうひとつは、〈地〉と〈図〉のあわいにひそむ物語を読み解くことです。ここまで本書を読み進めてくださった読者の皆さんは、すでにお気づきのことと思います。本書の著者たちは、〈地〉と〈図〉のあいだにそれぞれ物語を発見し、著者自身がその読み解きを楽しんでいたのだ、と。

本書に収録した地図や絵図には、わたしたち著者が見つけることのできなかった物語がまだまだありそうです。さあ、今度は読者の皆さんの出番です。ぜひ、地図を通じて、空間や景観を深読みしてみてください。

そして、本書あるいは地図を片手に、現実の風景を透かしみてください。そこにはまだ、誰も気づいていない歴史物語が埋もれているはずですから。

［執筆者紹介］（50音順）

河角直美（かわすみ・なおみ）立命館大学文学部准教授
主な著書・論文に、河角直美／矢野桂司／山本峻平「二つの『京都市明細図』の概要とそのＧＩＳデータベースの構築：京都府立総合資料館所蔵本と長谷川家住宅所蔵本」（「地理学評論」90〔4〕）、赤石（河角）直美「近代における農地の水害復旧―京都市周辺を例に」（野中健一／宮本真二編著『自然と人間の環境史』海青社、所収）がある。

島本多敬（しまもと・かずゆき）立命館大学文学部特任助教
主な論文に、「近世刊行大坂図の展開と小型図の位置付け」（「人文地理」65〔5〕）、「享保期の上方における幕府広域支配と大名預所」（「史林」100〔2〕）がある。

竹内祥一朗（たけうち・しょういちろう）京都府立大学大学院文学研究科修士課程
主な著書に、「戦後沖縄観光の系譜における八重瀬町域の３つの観光事業の展開」（『八重瀬町』京都府立大学文学部歴史学科文化遺産学コース）がある。

中川 理（なかがわ・おさむ）京都工芸繊維大学教授
主な著書に、『京都と近代―せめぎ合う都市空間の歴史』（鹿島出版会）、『風景学―風景と景観をめぐる歴史と現代』（共立出版）ほか。

中川祐希（なかがわ・ゆうき）神戸大学大学院人文学研究科博士課程
主な論文に、「国家儀礼を契機とした景観形成―近代期における京都駅前を事例として」（「人文地理」69〔3〕）がある。

三枝暁子（みえだ・あきこ）東京大学大学院人文社会系研究科准教授
主な著書に、『比叡山と室町幕府―寺社と武家の京都支配』（東京大学出版会）、『京都天神をまつる人びと―ずいきみこしと西之京』（写真：西村豊、岩波書店）がある。

森田耕平（もりた・こうへい）立命館大学大学院文学研究科博士課程
主な論文に、「両大戦間期の貨物輸送における自動車の進出と国有鉄道の対応―大阪、神戸、京都を中心として」（「地理学評論」91〔6〕）がある。

山村亜希（やまむら・あき）京都大学大学院人間・環境学研究科准教授
主な著書に、『中世都市の空間構造』（吉川弘文館）がある。

［編著者紹介］
上杉和央（うえすぎ・かずひろ）京都府立大学文学部准教授
主な著書に、『地図から読む江戸時代』（筑摩書房）、『江戸知識人と地図』（京都大学学術出版会）ほか。

加藤政洋（かとう・まさひろ）立命館大学文学部教授
主な著書に、『モダン京都〈遊楽〉の空間文化誌』（ナカニシヤ出版）、『那覇 戦後の都市復興と歓楽街』（フォレスト）ほか。

装幀／三矢千穂

＊本書収録の 20 万分の 1、2.5 万分の 1 、2 万分の 1、1 万分の 1 地形図は、 国土地理院（前行政組織も含む）発行のものを使用した。

地図《ちず》で楽《たの》しむ京都《きょうと》の近代《きんだい》

2019 年 2 月 20 日　第 1 刷発行　（定価はカバーに表示してあります）

編著者　上杉 和央
　　　　加藤 政洋

発行者　山口 章

発行所　名古屋市中区大須 1 丁目 16 番 29 号
電話 052-218-7808　FAX052-218-7709
http://www.fubaisha.com/
風媒社

乱丁・落丁本はお取り替えいたします。　＊印刷・製本／シナノパブリッシングプレス
ISBN978-4-8331-0182-0

中井均 編著

古地図で楽しむ近江

日本最大の淡水湖、琵琶湖を有し、さまざまな街道を通して東西文化の交錯点にもなってきた近江。その歴史・文化・地理を訪ねて、しばしタイムトリップ。〈近江〉の成り立ちが見えてくる1冊。

一六〇〇円＋税

本康宏史 編著

古地図で楽しむ金沢

江戸から近代へ―。地図が物語るユニークな歴史都市・金沢の知られざる貌を地元の地域研究者たちが読み解いた。金沢地域の近世・近代の歴史や文化について新しい知見を加えながら浮かび上がらせる今昔物語。

一六〇〇円＋税

溝口常俊 編著

古地図で楽しむ尾張

北の犬山城、南は知多半島の篠島まで、尾張地域に秘められた歴史エピソードを、絵図や地形図を読み解きながら立体的に浮かび上がらせる。名所旧跡案内とは一味違った地域再発見の楽しみ。

一六〇〇円＋税